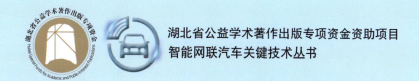

湖北省公益学术著作出版专项资金资助项目
智能网联汽车关键技术丛书

智能网联车辆生态协同驾驶
——未来出行解决方案

马芳武 杨 昱 王佳伟 著

华中科技大学出版社
http://www.hustp.com
中国·武汉

内 容 简 介

本书总结了吉林大学未来出行生态汽车吉林省重点实验室长期研究智能网联汽车驾驶技术的经验和成果，并借鉴了国内外相关的科研成果，对生态协同驾驶技术涉及的重点内容进行了全面的介绍。本书基于车路协同体系研究了非理想通信环境下多车协同控制策略、节能控制策略和生态速度引导策略，并介绍了车联网技术与软硬件实现、人机认知交互研究和未来智慧出行系统。

本书面向从事车路协同技术应用和智能交通系统研究的人员，可作为高等院校车辆工程、智能交通等专业学生的参考教材，同时也可为广大从事汽车、交通行业的工程技术人员提供参考。

图书在版编目(CIP)数据

智能网联车辆生态协同驾驶：未来出行解决方案/马芳武，杨昱，王佳伟著. —武汉：华中科技大学出版社，2022.9
（智能网联汽车关键技术丛书）
ISBN 978-7-5680-8498-7

Ⅰ.①智… Ⅱ.①马… ②杨… ③王… Ⅲ.①汽车-智能通信网-自动驾驶系统-研究 Ⅳ.①U463.67

中国版本图书馆 CIP 数据核字(2022)第 164767 号

智能网联车辆生态协同驾驶——未来出行解决方案　　　　　　马芳武
ZHINENG WANGLIAN CHELIANG SHENGTAI XIETONG JIASHI　　杨　昱　著
——WEILAI CHUXING JIEJUE FANG'AN　　　　　　　　　　　　王佳伟

策划编辑：俞道凯　　胡周昊
责任编辑：李梦阳
封面设计：原色设计
责任监印：周治超

出版发行：华中科技大学出版社（中国·武汉）　　电话：(027)81321913
　　　　　武汉市东湖新技术开发区华工科技园　　　邮编：430223
录　　排：武汉市洪山区佳年华文印部
印　　刷：湖北新华印务有限公司
开　　本：710mm×1000mm　1/16
印　　张：17.25
字　　数：292 千字
版　　次：2022 年 9 月第 1 版第 1 次印刷
定　　价：158.00 元

本书若有印装质量问题，请向出版社营销中心调换
全国免费服务热线：400-6679-118　竭诚为您服务
版权所有　侵权必究

智能网联汽车关键技术丛书
编审委员会

名誉主编　李　骏　李德毅

编委会主任　王飞跃　邓伟文　杨殿阁

编　委（按姓氏笔画排列）

马芳武　王建强　毛国强　田大新　白　杰
朱　冰　那晓翔　孙　超　李升波　李必军
李克强　李灵犀　张　辉　陈　龙　陈　虹
徐　昕　殷国栋　殷承良　曹东璞　熊　璐
潘之杰　薛建儒

作者简介

马芳武，国家特聘专家，英国帝国理工学院博士，吉林大学汽车工程学院教授，世界汽车工程师学会联合会（FISITA）技术顾问、国际自动机工程师学会（SAE International）会士、中国汽车工程学会（China SAE）会士、*Automotive Innovation* 执行主编。长期从事智能网联驾驶、生态出行等前沿汽车技术开发以及未来汽车发展战略规划工作。主持参与多项国家级、省部级、企业级重大项目，在优化汽车设计和改善汽车性能的关键技术方面取得显著成就，已出版专著和译著12部，发表高水平学术论文100余篇，并持有200余项汽车发明专利，具有丰富的国际化研发经验。

杨　昱，吉林大学博士，美国俄亥俄州立大学访问学者，获得俄罗斯托木斯克理工大学双学位，现在国内某知名科技公司担任智能车解决方案高级工程师，FISITA教育委员会通讯委员，曾获吉林大学优秀博士论文荣誉。主要从事智能网联汽车生态协同自适应巡航控制、商用车编队行驶、最优决策与控制、生态驾驶以及车路协同等方向的研究，发表SCI/EI论文20余篇。

王佳伟，吉林大学博士，美国俄亥俄州立大学访问学者，某知名上市汽车公司底盘电控高级工程师，*Automotive Innovation* 主编助理，曾获国家奖学金、国家励志奖学金，以及吉林大学优秀毕业研究生荣誉称号，主要从事协同自适应巡航控制、底盘智能控制、车路协同等方向的研究，以第一作者或通讯作者发表SCI/EI论文10余篇。

前言

全球出行产业正在经历一场前所未有的深刻变革,智能生态出行系统将成为未来智慧城市的重要纽带和主动脉。5G、自动驾驶、人工智能等前沿技术正在重塑出行产业和未来出行方式,深刻影响着全球未来出行新格局。汽车作为智能生态出行系统中的重要组成部分,不断呈现出电动化、智能化、网联化、共享化的发展趋势,汽车领域也逐渐转变成集汽车制造、智能感知、先进控制、通信互联、交通管控、汽车产品和服务等多学科共融的生态集群。同时,智能网联汽车的高速发展及先进通信技术的普及,又孕育出了新的交通系统,即智能交通系统。智能交通系统的建设主要依靠"智慧的路、聪明的车、实时的云、可靠的网、精确的图"五大技术体系,涵盖微观和宏观交通系统优化管控,可以多层次、全方位地实现交通优化控制、交通管控和交通分配,以满足安全导向、出行效率导向和环境友好导向的功能需求。

智能网联车辆生态协同驾驶是未来生态出行模式的重要组成部分,其主要依靠单个车辆(单车)智能控制、多车协同控制和车路协同控制等关键技术,实现多车在高速公路、城市道路等场景下的安全、高效、节能行驶,其中多车协同编队控制和交叉口生态速度规划最具研究和应用价值。多车协同编队依靠车辆与车辆(V2V)通信,使被控车辆可以实时获取周边交通参与者的准确状态信息,从而实现更稳定、更安全的决策判断与更经济、更环保的输出控制。多车协同编队控制技术可兼顾安全和节能需求,在提高通行效率、保证出行安全、优化乘坐体验等方面提供了新的解决方案。特别是,商用车编队控制技术具有较高的商业应用价值,其不仅可以通过减小跟车间距来提高通行效率、降低空气阻力,还可以显著降低驾驶强度,避免发生由驾驶疲劳引起的安全事故。交叉口生态速度规划依靠车辆与道路基础设施(V2I)通信,由路侧单元将信号灯相位信号发送给车辆(车辆编队),并利用一系列最优规划算法进行速度引导,实现信号灯交叉口绿波带通行,从而减少车辆红灯等待时的低能效启停过程,促进道路车辆和交通的可持续发展。交叉口生态速度规划还可以进一步融合交叉口信号灯配时策略,通过车路协同控制进行通行效率与驾驶生态性能的深入优化,最终实现无信号灯交叉口的多交通参与者协同控制。

  本书的作者及其团队近年来主要从事智能网联驾驶、生态出行等领域的研究,本书便是在已有研究的基础上,重点围绕多车协同编队控制和交叉口生态速度规划两大研究点展开,细致阐述了其科研价值、设计方法与理论、应用效果与优势、研究展望等。本书共分为10章。第1章为汽车智能生态出行概述,主要阐述了汽车及出行领域的重要变革,重点围绕自动驾驶、车路协同和智能交通进行了全面的综述。第2章对多车协同编队控制的发展现状进行分析探讨,介绍了自适应巡航控制策略的设计要求与设计理论,并进一步阐述其在以节能为导向的生态协同驾驶中的应用。第3章主要针对车辆编队的纵向跟随控制,深入研究复杂通信拓扑结构对协同自适应巡航控制器设计的影响,并提出通信拓扑结构与控制器解耦设计理论。第4章考虑了实际通信环境中不可避免的通信延时,从鲁棒控制和Smith预估补偿控制两个层面来应对延时对系统控制的不良影响。第5章为提高通信资源的利用率、避免出现明显的通信延时,设计了事件触发策略及其在非理想通信环境下的自适应调整策略。第6章以节能为主要设计导向,综述了不同最优控制算法,并采用模型预测控制算法实现了车辆编队的节能巡航控制。第7章从巡航和信号灯交叉口两个层面进行生态驾驶设计,利用动态规划理论设计了考虑横向约束的队列最优速度轨迹规划策略和信号灯交叉口生态驾驶最优速度轨迹规划策略。第8章介绍了车联网技术的发展现状及其软硬件实现,并介绍了国内智能网联汽车示范区的建设现状。第9章从智能网联汽车认知交互角度出发,开展了在复杂"人-车-路"系统中,驾驶人意图识别、人机协作驾驶等研究。第10章介绍了商用车编队行驶技术的特点、优势及信号灯交叉口的生态协同控制策略,并畅想了未来智慧出行系统。

  本书总括了国内外数位专家、学者的观点和见解,在理论和应用层面体现了多个科研项目的丰富产出,作者将两个国家先进的智能网联汽车技术进行总结与剖析,历时四年,经过数轮合作,完成本书的编著校对工作。马芳武教授担任本书的第一著者并负责总校对工作;Levent Guvenc 教授(美国俄亥俄州立大学)对本书核心章节的研究工作给予了指导;付锐教授(长安大学)在本书编著过程中也给予了诸多实质性的指导并参与了部分章节的编著工作;杨昱博士和王佳伟博士担任本书的著者并负责校对工作。本书第 1、2 章由杨昱和王佳伟共同完成;第 3、4、5 章由王佳伟完成;第 6、7 章由杨昱完成;第 8 章由李昕晨(美国俄亥俄州立大学)、吴官朴和孙博华共同完成;第 9 章由付锐教授和孙秦豫共同完成;第 10 章由杨昱、吴官朴和孙博华共同完成。另外,仲首任、单子桐、沈昱成、申棋仁和代明宇也参与了部分章节的编著工作。本书介绍的研究内容得到吉林省科技发展项目"基于耦合控制的智能车组群生态协同驾驶"(20190302077GX)的支持,以及吉林大学未来出行生态汽车吉林省重点实验室的大力支持,在此表示衷心的感谢!

希望本书能够为广大读者在智能网联汽车领域提供新的技术思路,在理论和应用层面给予读者更多的引导和支持。希望本书能够完善未来出行解决方案,推动智能网联汽车和智能交通系统的发展,协助相关人员在技术领域创造更多利国利民的价值。

由于作者水平有限,书中难免存在不足之处,恳请专家、学者和读者批评指正。

马芳武

吉林大学教授

SAE 会士

FISITA 技术顾问

2021 年 10 月

缩写表

3GPP	the 3rd generation partnership project	第三代合作伙伴项目
5G	5th generation mobile networks	第五代移动通信技术
ACC	adaptive cruise control	自适应巡航控制
ADAS	advanced driver assistance system	高级驾驶辅助系统
AFE	acceleration following error	加速度跟随误差
BPF	bidirectional predecessor follower	双向前车跟随
CACC	cooperative adaptive cruise control	协同自适应巡航控制
CDH	constant distance headway	固定间距跟车策略
C-ITS	cooperative intelligent transport system	合作式智能交通系统
COM	component object model	组件对象模型
CRB	complex conjugate roots crossing boundary	以共轭复数根形式穿越边界
CSC-E	constant speed cruising-energy	能量最优的定速巡航策略
CSC-ET	constant speed cruising-energy and time	能量-时间综合最优的定速巡航策略
CTH	constant time headway	固定时距跟车策略
D2D	device-to-device	设备到设备
DFE	displacement following error	位移跟随误差
DP	dynamic programming	动态规划
DP-E	dynamic programming-energy	基于纵横向耦合控制的 ECACC 能量最优策略

DP-ET	dynamic programming-energy and time	能耗-时间综合最优的速度轨迹规划
DSRC	dedicated short range communication	专用短程通信
EAD	eco-approach and departure	生态驶入和离开
ECACC	ecological cooperative adaptive cruise control	生态协同自适应巡航控制
ECR	energy consumption rate	能量消耗率
EMS	energy management system	能量管理系统
FACE	fully-analytical fuel consumption estimation	全解析能耗估计
GCDC	grand cooperative driving challenge	公路协同驾驶挑战赛
GNSS	global navigation satellite system	全球导航卫星系统
HWFET	highway fuel economy test	高速路燃油经济性测试
IEEE	Institute of Electrical and Electronics Engineers	电气与电子工程师学会
ITS	intelligent transportation system	智能交通系统
KKT	Karush-Kuhn-Tucker	卡罗需-库恩-塔克
L-DP-E	longitudinal-dynamic programming-energy	仅采用纵向动力学优化的能量最优策略
LGL	Legendre-Gauss-Lobatto	勒让德-高斯-洛巴托
LPF	leader predecessor follower	前车-领航车跟随
LQR	linear quadratic regulator	线性二次型调节器
LTE	long term evolution	长期演进
LTPF	leader two predecessor follower	双前车-领航车跟随
MAXIEP	max inter-event period	最大事件触发周期
MOMDP	mixed observable Markov decision process	混合可观测马尔可夫决策过程
MPC	model predictive control	模型预测控制
NEDC	new European driving cycle	新标欧洲循环测试
NLP	nonlinear programming	非线性规划

NMPC	nonlinear model predictive control	非线性模型预测控制
OBU	on board unit	车载单元
OCP	optimal control problem	最优控制问题
PaG	pulse and gliding	加速-滑行
PATH	partners for advanced transportation technology	前沿交通技术合作伙伴
PD	proportion differential	比例微分
PF	predecessor follower	前车跟随
PMP	Pontryagin's minimum principle	庞特里亚金极小值原理
PTP	peak to peak	极值差
RMS	root mean square	均方根值
ROS	robot operating system	机器人操作系统
RRB	real roots crossing boundary	以实根形式穿越边界
RSU	roadside unit	路侧单元
SLAM	simultaneous localization and mapping	即时定位与地图构建
SOC	state of charge	荷电状态
SPaT	signal phase and timing	信号相位与时序
TBPF	two bidirectional predecessor follower	双向双前车跟随
TPF	two predecessor follower	双前车跟随
UDDS	urban dynamometer driving schedule	城市道路循环工况
V2I	vehicle to infrastructure	车辆与道路基础设施
V2N	vehicle to network	车辆与网络
V2P	vehicle to pedestrian	车辆与行人
V2V	vehicle to vehicle	车辆与车辆
V2X	vehicle to everything	车用无线通信技术
VANET	vehicular ad hoc networks	车载自组网络
VTH	variable time headway	可变时距跟车策略
WAVE	wireless access for vehicular environment	车载环境中的无线接入
WLAN	wireless local area network	无线局域网

目录

第1章　汽车智能生态出行概述　/1
　1.1　智能生态出行的内涵及意义　/1
　1.2　自动驾驶汽车技术　/3
　　　1.2.1　自动驾驶关键技术系统架构　/3
　　　1.2.2　自动驾驶分级标准　/7
　1.3　车路协同与智能交通系统　/8
　　　1.3.1　车路协同技术　/8
　　　1.3.2　智能交通系统　/12
　本章参考文献　/14

第2章　多车协同编队控制概述　/16
　2.1　多车协同编队发展现状　/16
　2.2　自适应巡航控制　/20
　2.3　节能导向的协同驾驶研究　/24
　本章参考文献　/27

第3章　复杂通信拓扑结构下的编队稳定性控制　/35
　3.1　多车协同编队控制系统　/35
　　　3.1.1　通信拓扑结构优化设计　/35
　　　3.1.2　跟车策略设计　/36
　　　3.1.3　协同自适应巡航控制器设计　/36
　3.2　多车协同编队模型建立　/37
　　　3.2.1　车辆编队纵向动力学模型　/37

3.2.2　基于图论的复杂通信拓扑结构　/38
　　3.2.3　车辆编队动力学模型　/40
3.3　协同自适应巡航控制器设计　/41
　　3.3.1　通信拓扑结构与控制器解耦设计　/41
　　3.3.2　通信拓扑结构优化　/43
3.4　多车协同编队仿真分析　/46
本章参考文献　/50

第4章　面向实际通信状态的多车协同编队鲁棒控制　/53
4.1　非理想通信环境下的多车协同编队控制　/53
　　4.1.1　车辆编队纵向动力学模型建立　/53
　　4.1.2　控制器参数优化设计　/56
　　4.1.3　仿真验证　/60
4.2　基于Smith预估的多车协同编队控制　/67
　　4.2.1　Smith预估控制器设计　/67
　　4.2.2　不同模式控制下的控制器设计及性能对比　/70
　　4.2.3　高速路燃油经济性测试工况下的多车协同编队仿真　/72
本章参考文献　/75

第5章　基于事件触发的多车协同编队鲁棒控制　/76
5.1　考虑参数不确定性的事件触发控制器设计　/76
　　5.1.1　基于事件触发的多车协同编队建模　/76
　　5.1.2　控制器参数匹配设计　/79
　　5.1.3　仿真验证　/85
5.2　非理想通信状态下的事件触发控制策略设计　/89
　　5.2.1　存在通信丢包时的系统模型建立　/89
　　5.2.2　自适应触发机制设计及仿真验证　/92
　　5.2.3　基于自适应跟车时距的协同自适应巡航控制器设计　/94
本章参考文献　/96

第6章　智能网联车队列节能控制方法　/97
6.1　动力系统构成及能耗模型构建　/97
　　6.1.1　传统燃油车能耗模型构建　/100
　　6.1.2　纯电动汽车能耗模型构建　/101

  6.1.3　混合动力汽车能耗模型构建　/102
 6.2　车辆编队节能最优控制主要算法　/102
  6.2.1　庞特里亚金极值原理　/103
  6.2.2　模型预测控制　/104
  6.2.3　动态规划　/106
  6.2.4　伪谱法　/108
  6.2.5　强化学习　/110
 6.3　跟车行驶过程队列能耗优化　/114
  6.3.1　基于纵向动力学的车辆编队建模　/116
  6.3.2　基于模型预测控制的队列节能策略　/116
  6.3.3　智能网联车辆编队节能效果分析　/118
  6.3.4　ECACC与传统ACC的效果对比　/123
 本章参考文献　/127

第7章　车路协同环境下的生态驾驶技术研究　/130
 7.1　智能网联汽车生态驾驶概述　/130
 7.2　考虑横向约束的队列最优速度轨迹规划　/134
  7.2.1　车辆横向动力学建模与约束设计　/134
  7.2.2　基于动态规划算法的生态驾驶策略　/139
  7.2.3　车辆编队跟车与节能效果分析　/144
 7.3　连续信号灯交叉口场景下车辆编队生态协同
   驾驶研究　/152
  7.3.1　信号灯交叉口生态驾驶最优控制问题设计框架　/153
  7.3.2　基于控制逻辑切换的改进动态规划算法设计　/153
  7.3.3　城市工况下队列生态协同驾驶效果分析　/159
 本章参考文献　/163

第8章　车联网技术与软硬件实现　/165
 8.1　车联网技术发展与应用　/165
  8.1.1　车联网发展历程　/165
  8.1.2　车联网技术分类及特点　/168
  8.1.3　V2X的实际应用与作用　/172
 8.2　车联网的软件应用　/175

8.2.1　智能交通模拟软件综述　/176

　　8.2.2　智能车辆模拟软件综述　/179

8.3　车联网硬件实现　/183

　　8.3.1　V2X通信设备　/183

　　8.3.2　V2X通信芯片与通信基站　/185

8.4　智能网联汽车示范区　/187

　　8.4.1　智能网联汽车示范区建设现状　/188

　　8.4.2　智能网联汽车示范区组成与测试项目　/192

本章参考文献　/195

第9章　智能网联汽车认知交互研究

9.1　智能网联下驾驶人意图识别与行为感知　/197

9.2　智能网联人机协作驾驶　/207

9.3　智能网联下驾驶行为认知交互　/223

本章参考文献　/229

第10章　智能网联车辆应用及未来智慧出行系统　/232

10.1　网联商用车队列生态协同驾驶　/232

　　10.1.1　商用车编队行驶特点及优势　/232

　　10.1.2　商用车编队行驶整体系统架构　/234

10.2　智能网联乘用车在智慧城市中的协同驾驶出行　/237

　　10.2.1　信号灯交叉口车辆生态驾驶控制　/237

　　10.2.2　交叉口信号灯配时　/239

　　10.2.3　无信号灯交叉口车辆协同控制　/242

10.3　未来智慧出行系统　/244

　　10.3.1　多功能智能座舱　/244

　　10.3.2　飞行组网式智能交通系统　/246

　　10.3.3　轨道式智能交通系统　/248

　　10.3.4　可变结构智能公共交通系统　/252

本章参考文献　/253

第 1 章
汽车智能生态出行概述

汽车技术正经历着智能革命、互联革命、能源革命三大技术革命,汽车也随之由信息孤岛向智能终端转变,由自由车辆向共享车辆转变,由移动工具向移动服务转变,由传统的车辆制造向智能车辆制造转变,由单纯的能量消耗向移动能源存储转变,由人类驾驶向自动驾驶转变,由垂直产业链向无边界生态系统转变。新汽车产品与新出行生态的诞生意味着未来汽车产业形态将呈现多方参与、合作竞争的特点,其中蕴含巨大的机遇。

1.1 智能生态出行的内涵及意义

智能生态出行(intelligent ecological mobility)的本质是一种出行生态(mobility ecosystem)。这种出行生态具有多元化的构成体系,具体包括智能汽车、智慧道路、服务于智能车路的各子系统,以及不断迭代升级的软硬件等,还包括与人相关的元素,即生态的服务对象(有出行需求的消费者和提供出行服务的政府、企业)。智能生态出行的最终目的是打造一种安全、高效、绿色的新型出行方式,其发展依赖于基础技术领域的多方面跨域式发展。在能源方面,电气化、能源效率和回收、替代能源、车载发电、电气电子技术都在飞速发展;在数据管理方面,人工智能、物联网、数字业务连续性、区块链、数据安全等技术也都有了重大突破;在人机交互方面,增强感知、增强现实可以颠覆性地改变人们的出行感受;在材料方面,增材制造、智能材料等也给出行工具的制造提供了更多创新的可能。此外,在云平台、大数据、人工智能的共同支持下,专注于整个汽车产业链的大数据开发和价值挖掘将成为未来出行生态系统的核心。图 1-1 所示为汽车产业革命与未来出行生态系统。

智能生态出行将为人们提供一种安全、高效、绿色的新型出行方式,其具有以下突出优势。

(1) 凭借以智能车路为主的基础设施,智能生态出行提高了人们生活、工作

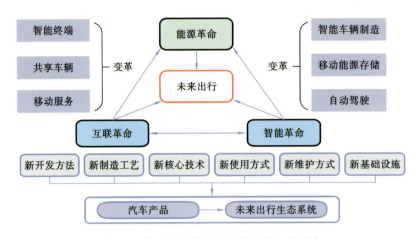

图 1-1 汽车产业革命与未来出行生态系统

的效率,同时提高了社会的运行效率。

(2) 凭借多元化的构成特点,智能生态出行的可孵化特性衍生出了诸多新型的融合创新功能,如移动办公、移动娱乐及智能零售等。

(3) 凭借拥有的大量消费者,智能生态出行展现出明显的双边市场优势,可吸引更多不同领域的商家不断进驻并持续更新相应的技术、服务、基础设施,使整个出行生态不断地进化与完善,保持活力并创造出更大的价值。

在新一轮科技革命的引领下,全球出行产业正在经历一场前所未有的深刻变革,智能生态出行系统将成为未来智慧城市的重要纽带和主动脉。第五代移动通信技术(5th generation mobile networks,5G)、大数据、自动驾驶、人工智能等前沿技术正在重塑出行产业和未来出行方式,同时深刻影响着全球未来出行产业的格局。交通出行体系正在朝着智能、安全、绿色、共享的方向发展,促使汽车产业呈现电动化、智能化、网联化、共享化的发展趋势。汽车产业的价值正在由过去以车辆为中心的模式,转向以消费者为中心的模式;汽车产业的格局从以"产品+技术"为中心,向以用户体验为中心升级,由产业链升级向产业圈升级演变。在汽车产业乃至出行运输产业转型升级的关键时刻,全球出行运输产业中新思维、新模式、新技术、新产品、新业态不断涌现,形成了一场在出行运输新时代的创新浪潮。在这场以电动化为根基,以绿色化、智能化、网联化、共享化为特征的多元化融合浪潮中,我国已成为其中的重要力量。

智能生态出行产业主要涉及汽车整车、零部件、方案供应商、通信行业、互联网行业、金融行业、高校及科研院所等,主要在如下几个方面进行产业布局。

(1) 智慧城市综合交通。

智慧城市综合交通运行指挥调度平台通过汇集城市交通路网、车流、客流、停车场等交通数据,架构城市交通数据中心,以管理精细化、服务精准化为核心,以构建各级协同工作平台为抓手,搭建综合交通运行监测与协调联动框架,形成一体化多方式公众信息服务体系,推进智能生态出行系统建设,充分发挥交通决策支持的应用效能,加强多种运输方式间的精细化协调联动,提高公众交通信息服务水平,推动城市经济和交通运输的可持续发展。

(2) 智能生态出行交通大数据。

智能生态出行交通大数据公共服务平台将构建统一高效、互联互通、安全可靠的交通大数据资源体系,稳步推动数据资源开放共享,提高交通行业运行监测能力,提升交通决策支持能力;鼓励在交通仿真与规划、基础设施与交通工具安全监测、交通市场运行管理、交通出行信息服务等领域开展产业化应用。

(3) 智能生态出行与金融文化。

交通金融将交通产业与金融相结合,利用金融资源,构建金融与交通产业的对接平台,建立一个汇集各方资源、信息的投融资平台和通道,促进相关企业与金融领域、资本市场的融合;形成以智能生态出行为主的产业集群,并与相关企业开展深度合作,进行智慧城市和文化建设。

1.2 自动驾驶汽车技术

1.2.1 自动驾驶关键技术系统架构

自动驾驶汽车技术是智能生态出行中的核心技术之一,涵盖汽车、通信、交通等多领域技术。自动驾驶汽车技术"三横两纵"架构,如图1-2所示。其中"三横"包括车辆关键技术、信息交互关键技术和基础支撑关键技术,"两纵"是指自动驾驶汽车的车载平台与基础设施。基础设施包括交通设施、通信网络、大数据平台、定位基站等,在科技革命的背景下,将逐步向数字化、智能化、网联化和软件化方向升级,以支撑智能网联汽车发展。

自动驾驶的核心技术体系可以归纳为感知定位系统、决策规划系统(包括定位导航系统和路径规划系统)与运动控制系统,其具体控制框架如图1-3所示。

感知定位系统负责获取环境信息,同时实现对自身的定位,一般采用毫米波雷达、摄像头、激光雷达等传感器和V2X(vehicle to everything,一般指车

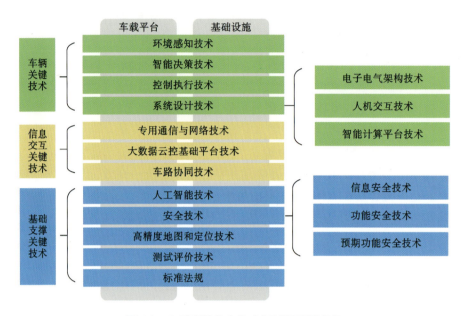

图1-2 自动驾驶汽车技术"三横两纵"架构

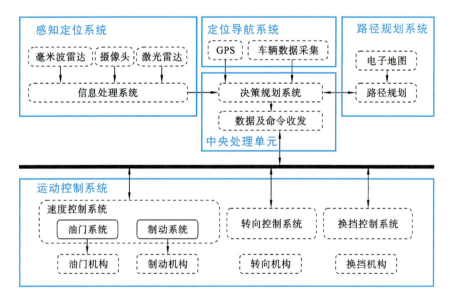

图1-3 自动驾驶控制框架

注：GPS—全球定位系统。

用无线通信技术)网联通信对包括路面、静态物体、动态物体在内的交通环境进行感知。视觉是获取周围环境信息的主要途径之一。与人类视觉十分相似,车载视觉感知系统可以通过对视觉数据进行图像增强、语义分割、特征提取等方式获取交通标志、交通参与者的信息。视觉传感器具有感知范围广、获取信息丰富、成本低等特点,随着深度学习技术的不断迭代升级,其已经成为自动驾驶中不可或缺的信息获取来源。激光雷达可以依靠大量点云数据对周围行人、车辆、树木等实现高分辨率感知,且具有较强的抗干扰能力。但是激光雷达受天气影响较大,一般需要毫米波雷达的协同感知来实现全天候工作。V2X网联通信可以通过车辆与车辆(vehicle to vehicle,V2V)通信、车辆与道路基础设施(vehicle to infrastructure,V2I)通信等实时获取周围交通信息,其获取的信息较为准确且获取范围较广。在自动驾驶实际应用中,一般需要对多种传感器信息进行多元信息融合,实现各传感器信息之间的互补、容错率增大和盲区减小。汽车定位技术主要有三种,即基于信号定位、基于航迹递推定位和高精度地图匹配定位。其中基于信号定位的应用最为普遍,最具代表性的便是全球导航卫星系统(global navigation satellite system,GNSS),其可以利用三球定位原理为用户提供三维坐标和航向信息。但是卫星系统容易受到遮挡限制,一般需要引入基于航迹递推定位与高精度地图匹配定位。基于航迹递推定位可以根据加速度计、陀螺仪等设备推断当前时刻的位置与速度,而高精度地图匹配定位可以将视觉传感器或激光雷达的信息与高精度数据库中的信息进行比对来实现定位。图1-4所示为感知定位系统架构。

决策规划系统负责对感知定位系统所接收到的各种信息进行融合处理,综合本车状态、高精度地图及感知到的障碍物、其他交通参与者信息,进行路径规划与轨迹规划,计算出一条从起始点至目的地、保证车辆安全和成员舒适的可跟随时空轨迹。决策规划系统起到了承上启下的作用:一方面,负责对感知定位系统获取的车辆状态、交通信息等数据进行分析处理,并做出判断和规划;另一方面,负责将指令信号、规划轨迹信息等传递给运动控制系统,来执行具体的轨迹跟踪等控制操作。决策规划系统架构主要分为路径规划、行为规划和轨迹规划三层,如图1-5所示。路径规划一般依赖于高精度地图,通过最优决策(时间最短、距离最短)规划出从起始点至目的地的宏观行驶路线,最为常见的路径规划方法有A*算法、Dijkstra算法等。但是对于大型路网,路径规划需要在预处理、空间使用及对输入变化的鲁棒性层面进行考量。一般采用以下五种方法

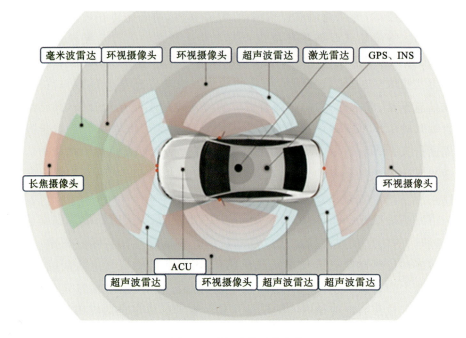

图1-4 感知定位系统架构

注：ACU—自动驾驶仪控制器；INS—惯性导航系统。

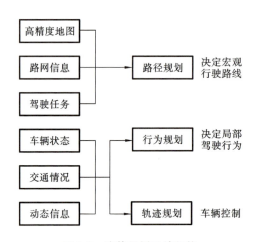

图1-5 决策规划系统架构

来进行路网的路径规划：目标导向的方法、分割法、分层方法、bounded-hop方法和融合法。路径规划决定了自动驾驶车辆的行驶路线，而行为规划主要针对在该行驶路线上的实际交通环境，做出正常跟车、行人避让、路口停车、加速超车等具体操作指令。路径规划和行为规划的作用可以理解为在一个较小的时空区间内,根据汇集的周边环境信息,在满足各项交通法规要求的基础上,做出应对当前交通场景的最优指令。这些指令将传递给轨迹规划层,对车辆在未来某一时间段内进行局部轨迹规划,其包括每个路径点的坐标、切线方向和曲率半径。局部轨迹规划不仅要跟随全局路径规划并具备避障性能,还要满足车辆动力学约束和性能最优要求。常用的轨迹规划算法包括采样搜索算法(概率图算法和快速搜索随机树)、图搜索算法(深度优化搜索、迭代加深搜索、启发式搜索等)、插值法(多项式曲线、贝塞尔曲线、样条曲线等)和数值优化法(优化指标函数)。

运动控制系统主要负责执行具体的控制操作,以决策规划系统的规划轨迹为参考输入,实现对目标轨迹的跟踪控制,使车辆能够按照参考线路和速度行驶,安全地完成驾驶任务。这一部分的执行机构通常为线控系统,包括制动线控、转向线控、油门线控、人机交互的智能化线控等。

1.2.2 自动驾驶分级标准

2019年9月,中国公路学会自动驾驶工作委员会、自动驾驶标准化工作委员会发布了《智能网联道路系统分级定义与解读报告》(征求意见稿)。工业和信息化部发布了《汽车驾驶自动化分级》,并在2021年1月1日正式开始实施,这是中国首个正式的自动驾驶分级标准,具体内容如表1-1所示。

表1-1 自动驾驶分级标准

分级	名称	车辆的横向与纵向运动控制	目标和事件探测与响应	动态驾驶任务接管	设计运行条件
L0	应急辅助	驾驶员	驾驶员和系统	驾驶员	有限制
L1	部分驾驶辅助	驾驶员和系统	驾驶员和系统	驾驶员	有限制
L2	组合驾驶辅助	系统	驾驶员和系统	驾驶员	有限制
L3	有条件自动驾驶	系统	系统	动态驾驶任务接管用户	有限制
L4	高度自动驾驶	系统	系统	系统	有限制
L5	完全自动驾驶	系统	系统	系统	无限制

《汽车驾驶自动化分级》根据驾驶自动化系统可以执行动态驾驶任务的程度,将驾驶自动化功能分为L0~L5级。其中,L0级没有驾驶自动化系统,车辆

的横向与纵向运动控制由驾驶员完成。L1级是部分驾驶辅助,驾驶自动化系统可以在其设计的操作条件下连续控制车辆的横向与纵向运动。L2级是组合驾驶辅助,不仅具有L1级的功能,还具有检测和响应某些目标和事件的功能,以及集成式巡航辅助功能。L3级是有条件自动驾驶,车辆本身可以完成横向与纵向运动的控制任务,并实现对路况的探测和反应。不过在系统失效情况下,依旧需要驾驶员进行接管。L4级是高度自动驾驶,L5级是完全自动驾驶,这两个级别的系统可以在设计的运行条件下连续执行所有动态驾驶任务,实现真正的自动驾驶。

高级驾驶辅助系统(advanced driver assistance system,ADAS)处于实现无人驾驶的过渡阶段,近年来备受关注。在汽车上,ADAS会通过各种传感器来收集车内和车外的环境数据,以识别并跟踪静止或移动的人和物,从而协助驾驶员采用主动安全技术来应对可能发生的情况。ADAS有许多不同的应用案例,主要包括:车道偏离预警及车道保持系统、预碰撞系统与紧急制动系统、盲点监控系统、自动泊车系统、自适应巡航系统、驾驶员疲劳监测系统、自适应照明控制系统、夜视系统等。与目前还无法实现大规模应用的无人驾驶技术相比,高级驾驶辅助系统是一种把汽车变得更智能的实用技术。

从自动驾驶分级标准中可以看到,对于L4、L5级别的高级自动驾驶,周边环境监管、驾驶操作都是由车辆自己完成的。当车辆具备L4级的功能时,全程已不需要驾驶员介入驾驶,无人驾驶系统可独立完成所有驾驶操作、周围监控及支援工作,即实现了真正的无人驾驶。但L4级自动驾驶仍然限定道路和环境条件,且主要应用于无人物流、无人微公交(如无人小巴、机器人出租车)、自主泊车等特定场景中。L5级自动驾驶是指无人驾驶系统可在任何条件下完成所有驾驶操作,车内不需要配备驾驶员,且不限定道路和环境条件。需要指出的是,根据各国不同的路况,要想让L4、L5级别的高级自动驾驶技术在中国落地,就必须建立适应中国路况的算法和数据库。如今面对无人驾驶技术的飞速发展,国内众多知名企业已经开始布局,并积累了丰富的技术经验。

1.3 车路协同与智能交通系统

1.3.1 车路协同技术

随着车辆智能化进程的日益推进,以智能驾驶辅助为核心的L2级和L3级自动驾驶、智能安全相关技术逐渐成熟并且部分技术得到了产业化推广,例如,车道偏离预警、自适应巡航、自动紧急制动等技术均取得了优秀的应用效果。在车辆智能化和5G的基础上,基于车车协同、车路协同的智能交通系统为未来智能生态出行提供了新的机遇。车路协同将路面上的行驶车辆作为信息感知对象,借助5G,实现车内、车际、车云"三网融合",即车与车、车与人、车与路之间的网络连接。与目前的单个车辆(单车)智能相比,车路协同的优势可以总结为四点:安全、高效、低成本、落地更快。首先,在安全方面,单车智能存在一定的局限性,因为其搭载的传感器探测范围十分有限,可能无法获取两百米以外道路的情况,也可能无法探测到近距离被障碍物遮挡的车辆和行人。而车路协同可以做到超视距的感知,面对突然闯入的行人、障碍物等,它可以利用路侧感知单元的传感器准确地传递车辆感知不到的道路信息,为车辆消灭很多探测死角,提前感知危险,相较于人脑可显著减小交通事故发生的概率。同时,由于路侧感知单元可以使用城市电网,突破了车载能源的限制,因此车路协同可以使用性能更好的计算单元,使得车辆的决策能力大幅提高。再加上城市电网的价格远低于车载能源通过内燃机转化成电能的成本,车路协同的性价比更高。其次,在效率方面,与单车智能的个体优化不同,在车路协同系统中,车辆、路侧设备还能与城市交通系统的"云大脑"实时交互,并由中央计算中心从全局来统筹优化。例如,当人类驾驶车辆或者乘坐智能车辆时,突然发现前方道路在施工,或者交警在干预交通状况,此时车路协同系统就可以通过V2I通信,协助车辆及时收到此类道路交通信号并调整路线,避免拥堵路况发生。有关数据计算显示,车路协同技术的应用可使道路拥堵概率降低30%~40%。当智能网联车辆渗透率为100%时,道路通勤效率将得到大幅提升,甚至可以从根本上解决道路拥堵问题。此外,得益于我国在基建、5G方面的优势,车路协同也将成为我国发展智能交通的主要形式。《交通强国建设纲要》和《智能汽车创新发展战略》两大文件均指出车路协同是未来重要发展方向。目前,车路协同还处于初级发展阶段,未来车路协同领域势必会呈现出多家参与的局面,而业内也亟待制定统一的通信协议、接口标准。预计在2022年,我国将完成"智慧的路、聪明的车、实时的云、可靠的网、精确的图"五大体系建设。图1-6所示为车路协同系统架构。

车路协同系统涵盖网络互联化、车辆自动化和系统集成化三大发展维度,如图1-7所示。车路协同系统凭借智能车辆及路侧感知设备,获取周边交通环境实时信息,从而实现车与车、车与人、车与路之间的信息交互(网络互联化)。此外,该系统适用于不同级别的自动驾驶(车辆自动化),并可在不同层面实现

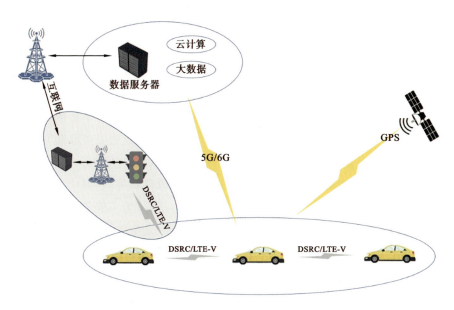

图 1-6 车路协同系统架构

注：6G—第六代移动通信技术；DSRC—专用短程通信。

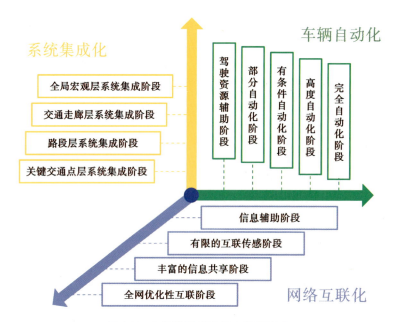

图 1-7 车路协同系统三大发展维度

交通的协同优化（系统集成化）。其中，系统集成化主要包含关键交通点层系统集成、路段层系统集成、交通走廊层系统集成和全局宏观层系统集成四大阶段，涵盖微观和宏观交通系统优化管控，可以多层次、全方位地实现交通优化控制、交通管控和交通分配。

车路协同系统主要包括三大发展阶段：信息交互协同阶段、感知预测决策协同阶段和车路一体化协同控制阶段。在信息交互协同阶段，由于受道路数字化普及程度不高的影响，车路之间仅能实现有限的通信。部分被管控车辆可以向管控平台发送自身状态信息以用于交通监管。但是由于缺少信息通知手段，交通参与者仅可以对周边环境信息进行简单的获取。在感知预测决策协同阶段，增加了协同感知、预测和决策的功能。智能车辆将不再简单依赖于摄像头、毫米波雷达和激光雷达等传感器，可以借助智能路侧感知设备来实现对交通环境的全时空动态感知。同时，车联网技术的发展为路侧感知设备提供了快速信息交互的平台，路侧感知设备可以将交通流信息实时通知智能车辆，用于后期的数据融合和决策控制。在车路一体化协同控制阶段，随着路侧感知设备、车联网通信设备和边缘计算技术的发展，车联网将支持更大带宽、更快速度的信息交互。路侧感知设备接收智能车辆的状态信息，凭借边缘计算技术进行交通流的优化决策，实现局部交通节点优化和宏观交通优化，并形成车辆和道路共同促进自动驾驶实现的一体化发展途径。

为最终实现车路一体化协同控制，需要智能车辆系统、智能路侧系统、智能通信系统和智能交通管理系统的协同发展。智能车辆系统涵盖不同自动驾驶级别的混合车流，且一般包含交通数据采集模块、无线通信交互模块和车辆智能感知、决策、控制模块。智能路侧系统以路侧通信单元为主，此外还包括路侧感知设备（摄像头、路侧雷达）及路云数据传输与管理模块。路侧感知设备可支持基于基础设施的应用程序，或涉及车辆与基础设施合作的应用程序（如十字路口避撞系统和向驶近车辆通知绿灯剩余时间的生态信号）。路侧感知设备也支持远程应用，可将从车辆收集到的信息通信到一个中央位置进行处理。智能通信系统提供V2V通信、V2I通信等V2X通信所需的基础设施。智能交通管理系统包含多层（宏观层、地区层、通道层、路段层、点层）交通决策规划。每层智能交通管理系统均可按照上层指示要求进行决策管理，并向下层发送相关指令。

车路协同作为一项核心技术手段，对整个智能交通系统起到了关键支撑作用，按照技术特征可划分为七大类，如表1-2所示。

表 1-2　车路协同关键技术分类

信息类	通信类	服务类	监管执法类	交通控制类	路端算法类	车端算法类
大数据管理与归档	通信协议与标准	车路云一体化服务运营	交通监测	城市交通控制	道路状态感知	单车智能
网络状态数据库	通信系统与运营	基于V2X的道路服务	车辆信息自动识别	高速公路控制系统	路云协同数据管理	多车分布式协同智能
地理信息数据库	电信架构	动态信息标志	动态称重	干路交通控制	信号灯控制	协同式车辆编队控制
网络安全	—	车内服务系统	速度监测	辅助车道控制	交叉口拥堵动态优化	域控制器计算
—	—	电子快捷支付	道路环境监测	行人保护监测	集中式区域交通流控制	—

1.3.2　智能交通系统

随着智能化出行的不断成熟，智能交通系统(intelligent transportation system，ITS)作为未来出行方式的核心载体也在快速发展。与传统交通运行方式相比，智能交通系统凭借更强大的科技手段(物联网、大数据、人工智能、先进决策与控制等)管理道路交通、保证道路安全和实现交通系统的可持续发展。智能交通系统涉及大量交叉领域，内容主要包括感知、决策、控制及通信技术，核心目的是提高道路交通的安全性、出行效率和能源效率。其中最为核心的是车路云一体化融合控制系统，该系统主要由网联车和其他交通参与者、道路基础设施、云控基础平台、云控应用平台、保证系统发挥作用的相关支撑平台及贯穿系统各个部分的通信网组成，可实现车辆行驶和交通运行安全性、效率等的综合提升。图 1-8 所示为车路云一体化融合控制系统架构。

智能交通系统按功能模块可分为三大类：安全导向、出行效率导向和环境友好导向。

(1) 安全导向的智能交通系统。

保证道路安全是智能交通系统的核心目标，所有出行服务及应用均是在满足道路安全要求的基础上进行的相关功能设计。道路安全需要车端、路端和云端共同协作保证，具体包括传感器的精准感知、数据实时采集与监测、云端大数据高效处理、车端行驶安全的高效控制等，通过车路云一体化融合控制系统集成的服务与应用程序对车辆、道路基建等对象进行高效管控来减少交通事故，

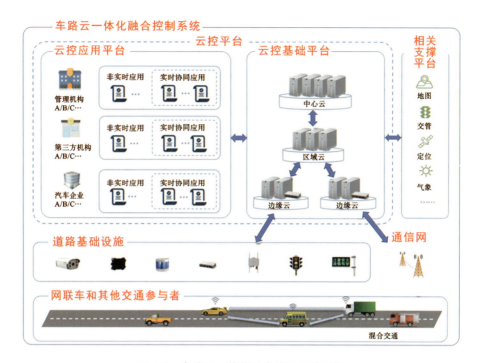

图 1-8 车路云一体化融合控制系统架构

提升道路安全性能。除此以外,保证网络安全也是智能交通系统需要考虑的设计目标。网联化在智能交通系统中的大规模应用,包括车内网应用、车外网连接功能和交通安全信息共享等,存在着网络入侵与攻击的安全风险。智能交通系统的网络安全一般需要从整个生命周期流程框架、车辆开发标准化、交通系统工具及方法、故障模式及影响分析等层面来实现。现已在功能安全标准层面建立了道路车辆功能安全规范(ISO 26262)和基础规范(IEC 61508);在信息安全标准层面建立了网络安全高级指导原则(SAE J3061),以实现智能交通系统的网络安全。图 1-9 所示为智能网联交通系统示意图。

(2)出行效率导向的智能交通系统。

交通拥堵作为影响出行效率的关键因素被视作一个重大的社会和公共政策问题。智能交通系统集成了具有先进算法的功能应用模块,通过获取行驶环境中丰富的信息数据,为交通参与者做出较优的决策,例如在车端系统考虑距离、时间、能耗等因素,以提供起点至终点之间的最短路线,或在路端功能应用及云端控制台通过调整交通信号,动态管理运输操作或个性化定制服务来帮助监视和管理局部交通系统的按需出行状态。此外,在宏观方面,智能交通系统

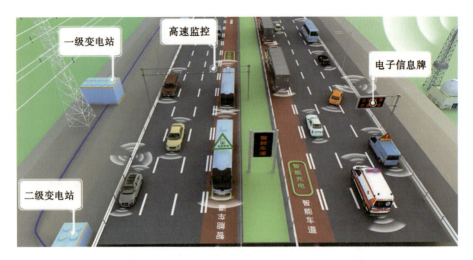

图1-9 智能网联交通系统示意图

会增加道路基础设施供应和服务供应,并会通过对交通大数据的实时分析,提升道路交通管理能力。因此,智能交通系统无论是在发展的成熟期还是在过渡期(预警驾驶阶段),都可以在不同程度上针对当前发展阶段的典型场景进行出行优化,缓解交通拥堵。

(3) 环境友好导向的智能交通系统。

汽车尾气排放和能源消耗是造成环境问题的主要因素之一,智能交通系统凭借其在技术和管控方面的优势,分别从微观和宏观交通角度解决环境问题,旨在打造绿色可持续发展的出行生态。在微观交通角度,优化个体车辆的生态设计或行为决策以提升车辆的节能减排效率,例如通过车辆电动化以减少因化石燃料燃烧而排放的温室气体,或根据车辆实时行驶环境,利用先进决策与控制算法提升车辆的能源利用效率;在宏观交通角度,分析和提取交通流的宏观特点,针对场景与需求来规划整个交通系统的车辆集群和信号灯控制,从而实现能耗表现最优的车辆路径选择、行驶规划与调度管控等。通过对人-车-路状态的实时监测、分析和预测,利用车路云一体化融合控制系统实现智能交通系统环境友好特性,打造一套完整的、正向积极循环的绿色出行生态系统。

本章参考文献

[1] 郭王虎. 智能网联汽车技术路线图 2.0 发布[J]. 智能网联汽车,2020,6

(4):10-13.

[2] YURTSEVER E, LAMBERT J, CARBALLO A, et al. A survey of autonomous driving: common practices and emerging technologies[J]. IEEE Access, 2020, 8:58443-58469.

[3] CUI Y D, CHEN R, CHU W B, et al. Deep learning for image and point cloud fusion in autonomous driving: a review[J]. IEEE Transactions on Intelligent Transportation Systems, 2022,23(2):722-739.

[4] 杨世春,曹耀光,陶吉,等. 自动驾驶汽车决策与控制[M]. 北京:清华大学出版社,2020.

[5] BADUE C, GUIDOLINI R, CARNEIRO R V, et al. Self-driving cars: a survey[J]. Expert Systems with Applications, 2021, 165:113816.

[6] BAST H, DELLING D, GOLDBERG A, et al. Route planning in transportation networks[M]. Cham: Springer International Publishing AG, 2016.

[7] GONZÁLEZ D, PÉREZ J, MILANÉS V, et al. A review of motion planning techniques for automated vehicles[J]. IEEE Transactions on Intelligent Transportation Systems, 2016, 17(4):1135-1145.

[8] 吕钊凤,田野. 分级更清晰 中国版自动驾驶分级标准公示[J]. 智能网联汽车,2020,9(2):13-15.

第 2 章 多车协同编队控制概述

面对汽车产业在电动化、智能化、网联化领域的巨大变革,新一代汽车技术对汽车的安全性、舒适性和节能效果提出了更高的要求。随着车联网技术的不断成熟与普及,多车协同编队控制可兼顾安全和节能需求,在提高通行效率、保证出行安全、优化乘坐体验等方面提供了新的解决方案。

2.1 多车协同编队发展现状

相较于传统自适应巡航控制(adaptive cruise control,ACC),多车协同编队控制在信息获取方面取得重大突破。其可以通过车间通信,实时、准确、快速地获得车辆编队中各车的位置、速度、加速度等信息,并通过对自身状态的检测,进行更稳定、更安全的决策判断与更经济、更环保的输出控制。凭借其优良的控制效果,多车协同编队控制引起了国内外众多科研机构和高科技企业的广泛关注,这些机构和企业开展了大量的前期研发工作和实车演示项目。

在多车协同编队控制领域,前沿交通技术合作伙伴(partners for advanced transportation technology,PATH)的成果最为显著,并始终处在领跑地位。1986 年 PATH 便着手开展多车协同编队控制的相关研究,1992 年在基于福特的汽车平台,率先进行多车协同编队试验,1994 年在美国加州圣迭戈 I-15 公路上向公众进行展示。21 世纪初,PATH 实验室与沃尔沃合作,开展了卡车的协同编队控制研究,由此将多车协同编队控制技术从乘用车领域拓宽至卡车领域,不仅大幅降低了卡车司机的驾驶强度,还实现了 10%~15% 的节油效果。此外,PATH 实验室还从交通领域对多车协同编队进行研究,不断探索混合交通场景对通行效率的影响。结果证明,协同自适应巡航控制(cooperative adaptive cruise control,CACC)技术可以通过减小跟车间距,实现通行效率的提升,当 CACC 技术的市场占有率达到 40% 时,道路通行能力将提高 8%。图 2-1 所示为 1994 年 PATH 车辆编队演示,图 2-2 所示为 1997 年 PATH 车辆编队演示,图 2-3 所示为 PATH 开发的卡车编队。

图 2-1 1994 年 PATH 车辆编队演示

图 2-2 1997 年 PATH 车辆编队演示

图 2-3 PATH 开发的卡车编队

日本也开展了一系列多车协同编队控制研究,其主要出发点是提高能源利用率,减小二氧化碳(CO_2)排放量。其中,最具代表性的项目是 Energy ITS 项目,其主要进行卡车编队控制,并研究 ITS 能耗优化评价方法。考虑到卡车具有高驾驶强度、高使用率、高事故伤害性、均质性等显著特点,卡车编队在必要性、收益率和可实现性等方面均强于乘用车编队,这也是 Energy ITS 关注卡车编队的出发点。Energy ITS 项目组分别于 2010 年和 2013 年,先后两次进行了卡车编队的试验演示。两次演示均实现了卡车以 80 km/h 速度行驶时的编队控制,并将跟车间距从 10 m 缩小至 4 m,同时还使其从均质车辆编队(即队列组成为相同参数车辆)扩展至异质车辆编队(即队列组成为不同参数或不同类型车辆)。试验结果充分表明,卡车以 10 m 和 4 m 的跟车间距高速行驶时,可分别节省 8% 和 15% 的燃油。图 2-4 所示为 Energy ITS 项目中重型和轻型卡车混合编队。

欧洲也开展了一系列多车协同编队控制研究,其中包括 SCANIA-platoo-

图 2-4 Energy ITS 项目中重型和轻型卡车混合编队

ning、环保的安全公路列车队(safe road trains for the environment,SARTRE)和公路协同驾驶挑战赛(grand cooperative driving challenge,GCDC)等项目。SCANIA-platooning 项目主要面向重型卡车开展,以实现驾驶的经济性与生态性。SARTRE 项目由英国公司主导,该项目主要致力于实现多车协同编队在高速公路上的应用,并且避免对路侧基础设施进行大规模改建。GCDC 于 2011 年在荷兰举行,总共有 9 支参赛队伍,如图 2-5 所示。该比赛不仅实现了多车协同

图 2-5 GCDC 场景

编队在城市道路和高速公路上的行驶,还验证了不同设计框架、车型和研发方案之间具有通用性和协调性。多车协同编队控制项目对比如表2-1所示。

表2-1 多车协同编队控制项目对比

项目名称	车辆类型	控制类型	应用场景	基础设施	目标
PATH	乘用车或重型卡车	纵向+横向	专用车道	路面参考标记	提高通行量、节能
Energy-ITS	重型卡车	纵向+横向	专用车道	车道标记	节能、减小CO_2排放量
SCANIA-platooning	重型卡车	纵向	高速公路	—	商业化卡车编队、节能
SARTRE	混合车队	纵向+横向	高速公路/城市道路	—	舒适、安全、高效、节能
GCDC	混合车队	纵向	高速公路/城市道路	高精度GPS	推动编队控制商业化应用

中国也紧跟车联网技术的发展潮流,工业和信息化部于2017年6月成立IMT-2020(5G)推进组C-V2X工作组来进一步加快我国V2X技术融合创新发展,加强跨行业跨领域协同。其中,C-V2X中的C是Cellular(蜂窝)的首字母。经过近几年的统筹发展,基本形成以芯片厂商、设备厂商、主机厂、方案商、电信运营商、科研院所、标准组织、投资机构为主体,以通信芯片、通信模组、终端与设备、整车制造、解决方案、测试验证及运营与服务为核心的C-V2X产业链。为进一步推动C-V2X技术的商业化,工业和信息化部在国内多处建立智能网联车国家级应用测试基地,包括北京、上海、重庆、浙江、吉林、湖北、江苏等地。2018年6月,中国开始大规模测试长期演进(LTE)V2X技术,加快路侧基础设施建设进程,并在2019年基本完成部分城市的基础设施改造,开展相关的预商用测试。2019年,开始专攻5G-V2X相关核心技术,开展Uu通信技术试验,用以验证5G在特殊车联网应用场景中的支持能力,并在2021年进行低延时、高可靠的车联网典型应用场景试验。2020年10月27日,在工业和信息化部指导下,国内最具规模的智能网联汽车先导应用示范活动——"新四跨"成功举办,如图2-6所示。此次活动共有40余家国内外整车企业、40余家终端企业、10余家芯片模组企业、20余家信息安全企业、5家高精度地图厂商及5家定位服务提供商参加,在实现跨整车、跨通信终端、跨芯片模组、跨安全平台基础上,引入高精度地图和高精度定位,并进一步深化C-V2X相关技术和标准的测试验证。该活动充分展示了我国在C-V2X领域取得的重大突破,促进产业链规模不断

图 2-6　2020 智能网联汽车 C-V2X"新四跨"暨大规模先导应用示范活动

壮大,产业合作不断深化。

2.2　自适应巡航控制

多车协同编队控制通过车联网技术快速、准确地获取周围环境信息,从而实现精准、高效的控制。多车协同编队控制包括横向控制和纵向控制,其中横向控制要求车辆编队进行协同换道、车道保持等相关操作。纵向控制,即 CACC,可借助车联网技术实现更稳定、更高效的纵向跟随。对于多车协同编队的纵向控制,最核心的要求是设计满足各项要求的协同自适应巡航控制框架和算法。

对于协同自适应巡航,主要有两个设计性能指标:跟随精度和稳定性。跟随精度要求车辆能够按照预设的期望跟车间距策略进行纵向跟随,其跟随误差需要具有较好的收敛特性并处于合理范围之内。常用的期望跟车间距定义方式主要有三种:固定间距跟车策略(constant distance headway,CDH)、固定时距跟车策略(constant time headway,CTH)和可变时距跟车策略(variable time headway,VTH)。固定间距跟车策略可以使车辆之间保持较小的跟车间距,特别是在高速行驶时可以大幅提高通行效率。但是为了在如此小的跟车间距下保证安全性,固定间距跟车策略一般需要专用车道和较为理想的车联网通信,并且对通信拓扑结构有着较为严格的要求。Zheng 等人研究了不同通信拓扑结构对协同自适应巡航控制的影响,并基于图论设计协同自适应巡航控制器,仿真结果证明,每辆车与领航车之间的信息交互是保证固定间距跟车策略下队列弦稳定性的基本要求。相较于固定间距跟车策略,固定时距跟车策略应用更加广泛,该策略根据实时车速对期望跟车间距进行调整。该策略非常符合人类驾驶习惯,高速行驶时保持较大的跟车间距来保证安全性,低速行驶时保持相对较小的跟车间距来提高通行效率。不仅如此,该策略还有利于保证队列弦稳定性,并可通过调整跟车时距来应对不同程度的外界干扰。可变时距跟车策略是在固定时距跟车策略的基础上,针对某一设计要求进行优化的先进跟车策略,例如,优化交通流,提高安全性、舒适性和启停平顺性等。

协同自适应巡航控制的稳定性与传统的车辆控制的稳定性存在一定区别。协同自适应巡航控制作为多智能体控制的一个小分支,在控制过程中不仅需要保证单个车辆的稳定性,还需要兼顾多车协同编队的稳定性。因此,协同自适应巡航控制的稳定性包括两大部分:面向单车的内稳定性(internal stability)和面向整个编队的队列弦稳定性(string stability)。其中,内稳定性要求车辆的跟随误差能够随着时间推进逐渐衰减至零。但是仅保证内稳定性无法满足多车协同编队的应用需求,当车辆状态波动时,这种波动状态可能在编队中传播、放大,从而导致交通拥堵,甚至威胁驾驶安全。

队列弦稳定性的要求相较于内稳定性的要求更加严格。队列弦稳定性要求车辆波动状态(跟随误差、加速度等)在向编队后方传递的过程中不断衰减。队列弦稳定性的概念最早来源于李雅普诺夫(Lyapunov)稳定性,可以理解为有限个相互连接的单体稳定系统的渐近稳定性。经过学者的多年研究,现有的队列弦稳定性主要有三种定义形式:Lyapunov 稳定性、输入至输出队列弦稳定性和输入至状态队列弦稳定性。Chu 等人最先给出了队列弦稳定性的具体定义,其要求在任意初始误差下,车辆位置波动始终控制在一定范围内,并随着时间推进,最终收敛至零。此外,位置波动的有界性和收敛性必须对任意长度的多车协同编队均成立。但是该定义方式的理论推导过程较为复杂,在应用过程中局限性较大。Peppard 等人提出了一种理论分析更为便捷的队列弦稳定性的定义方式,其被大量的研究所采纳。该定义方式主要对传递函数的幅频特性进行约束,要求被控车辆输出与前行车辆输出之间的传递函数 $G_{i-1,i}$ 始终满足:

$$\| G_{i-1,i}(j\omega) \|_{H_\infty} \leqslant 1, \quad \forall i \in S_m, \forall m \in \mathbb{N} \tag{2-1}$$

式中:S_m 表示车辆编队中所有车辆的集合。

该定义方式存在一定的缺陷,其仅适用于前车跟随(predecessor follower,PF)通信拓扑结构,而无法应用在其他复杂的通信拓扑结构中。Naus 等人在此基础上,对队列弦稳定性的定义方式进行了一定的改进,以被控车辆输出与领航车输出之间的传递函数 $G_{0,i}$ 来代替 $G_{i-1,i}$。Ge 等人还尝试用尾车与领航车之间的传递函数进行队列弦稳定性分析。该定义方式不仅可以应用于复杂的通信拓扑结构中,还可以应用于混杂多车协同编队稳定性分析中。Qin 等人在此基础上又进行了改进,提出 $n\sigma$ 队列弦稳定性的概念,使其能适用于带随机通信延时的多车协同编队系统。Peppard 等人定义的队列弦稳定性与其改进版虽然被广泛使用,但依旧存在一定的局限性:基于车辆动力学线性假设和无法反映初始误差的影响。

区别于对频域特性的约束,Swaroop 在时域内对队列弦稳定性进行了定义,其要求:

$$\sup_i \|x_i(t)\|_\infty \to 0 \quad \text{或} \quad \sup_i \|x_i(t)\|_\infty < \epsilon \tag{2-2}$$

该定义方式有效避免了车辆动力学线性假设,能够考虑初始误差的影响,并可应用于各种通信拓扑结构中。同样地,为了能够反映初始误差的影响,一些学者提出了 $\mathcal{L}_p$ 队列弦稳定性。其具体的定义方式为:对于任意初始条件 $x(0) \in \mathbb{R}^{(m+1)n}$ 和领航车输入 $u_r \in \mathcal{L}_p^q$,始终存在 $\mathcal{K}$ 函数 α 和 β,使得下式成立:

$$\|y_i(t) - h(\overline{x}_0)\|_{\mathcal{L}_p} \leq \alpha(\|u_r(t)\|_{\mathcal{L}_p}) + \beta(\|x(0) - \overline{x}\|), \quad \forall i \in S_m, \forall m \in \mathbb{N} \tag{2-3}$$

$\mathcal{L}_p$ 队列弦稳定性定义方式可以有效反映各种扰动影响,并且其仅对系统输出进行约束,可以应用于任意长度的多车协同编队。根据要求不同,$\mathcal{L}_p$ 队列弦稳定性可以具体体现为 $\mathcal{L}_\infty$ 和 $\mathcal{L}_2$ 队列弦稳定性等模式。Van 等人用二等分法分别求解了 $\mathcal{L}_\infty$ 和 $\mathcal{L}_2$ 队列弦稳定性区间,结论证明,$\mathcal{L}_\infty$ 队列弦稳定性的要求相较于 $\mathcal{L}_2$ 队列弦稳定性的要求更加严格。

根据队列弦稳定性定义方式的不同,z 域、s 域和时域中存在不同的方法对队列弦稳定性进行分析求解。z 域与 s 域中的求解方式有较大的相似之处,只是分别对系统进行离散化(z 变换)和连续化处理(拉普拉斯变换)。随后通过特征根配置、优化设计方法或约束转换方法对控制器进行设计,从而满足稳定性要求。部分研究分别在 z 域与 s 域内进行自适应巡航控制器设计,得到控制器参数的可行区间。但是这两种方法均基于对车辆纵向动力学模型的线性假设,需要设计车辆底层非线性反馈控制器,使得车辆纵向动力学模型基本呈现线性特征。而时域分析方法是基于 Lyapunov 理论进行推导的,可以有效处理非线性模型。时域分析方法的关键在于寻找合适的 Lyapunov 函数 $V_i(t)$,并通过分析 Lyapunov 函数的特性来反映多车协同编队性能。Swaroop 等人采用了弱耦合理论来分析该问题,并从理论上证明满足弱耦合条件时,系统在受到参数摄动情况下,依旧可以维持队列弦稳定性。

第 2 章
多车协同编队控制概述

学者通过不同的控制器设计方式在理论上保证了队列弦稳定性,然而在将编队控制技术从理论设计运用到工程实践中时,往往会受到通信延时、动力学参数摄动、驾驶员偏好等影响,因此多车协同编队鲁棒控制具有十分重要的工程实践意义。在现有研究中,一般可采用 H_∞ 控制、滑模控制、模型预测控制、数据驱动控制、参数空间法等来实现鲁棒控制。

(1) H_∞ 控制。

H_∞ 控制是反馈控制系统鲁棒分析的最具标志性的设计理论,可以将控制系统中的鲁棒稳定性和鲁棒性指标表达为特定的闭环传递函数中的 H_∞ 范数,并通过求解一组线性矩阵不等式来设计 H_∞ 控制器,从而在保证鲁棒稳定性的基础上,实现某一性能指标的优化。Yue 等人充分考虑发动机参数不确定性、时变执行器时滞和执行器饱和特性,基于 H_∞ 控制理论设计了满足内稳定性、双向队列弦稳定性、节能特性和跟车安全性的鲁棒控制器。

(2) 滑模控制。

滑模控制可迫使系统按照预定"滑动模态"的状态轨迹运动,能有效避免系统不确定性的影响,对外界干扰量和未建模误差展现出较强的鲁棒性。此外,还可以在实际应用过程中对其进行扩展,如自适应滑模控制、模糊滑模控制等。Yan 等人设计了基于径向基函数(radial basis function,RBF)神经网络的自适应滑模变结构控制器,用以进行跟随控制,获得了较为优异的控制性能。

(3) 模型预测控制。

模型预测控制可根据当前状态预测未来系统动态数据,并通过滚动优化得到未来控制策略以实现对某一性能的优化,同时,通过预估值与实际测量值的比较,对模型进行修正,因此对系统非线性、模型失配和干扰等不确定因素具有较强的鲁棒性。Chen 等人考虑了执行器时滞常数的随机性和不确定性,构建模型预测控制问题,按照固定间距遍历执行器时滞变化区间内的多个值,通过最小化最大评价函数值来得到最优控制输入。

(4) 数据驱动控制。

数据驱动控制是智能控制的一个研究分支,其不需要对系统模型的先验认知,可通过对大量数据的学习,实现对系统的最优控制,可以有效避免模型高不确定性、高度非线性变化对系统控制效果的影响。Gao 等人构建自适应动态规划算法对系统模型进行迭代学习,从而为求解代数里卡蒂(Riccati)微分方程提供模型基础,并通过微观交通仿真充分论证了该算法在多车协同编队控制中的有效性。

(5) 参数空间法。

参数空间法与 H_∞ 控制有一定的相似之处,均是将系统的鲁棒性及其他特征要求转变成不等式,最终求解得到控制器增益。不同的是,参数空间法可以同时对系统时域和频域内的控制性能进行约束,并且得到的不是一个固定的增益值,而是满足控制要求的增益区间,提高了工程应用中调参的灵活性。此外,相较于模型预测控制和数据驱动控制,参数空间法中的控制器增益均为离线设计得到,在控制过程中,对计算能力没有特殊要求,工程可实现性较高。Emirler 等人针对多车协同编队控制过程中车辆动力学时滞量的不确定性,采用参数空间法设计了满足内稳定性和队列弦稳定性的协同自适应巡航控制器,实现了良好的跟随控制。

2.3　节能导向的协同驾驶研究

车辆编队的节能效果会直接影响道路交通的可持续发展特性,面向车辆编队的协同节能控制具有重要的研究价值。以节能为目标的协同驾驶研究的主要内容是探索协同驾驶方式,例如,车辆编队行驶如何提高节能潜力,如何平衡节能效果和跟车行驶性能之间的关系,在特定场景下如何做出行驶决策来提高通行效率、减少拥堵和提高能量经济性等。生态协同自适应巡航控制(ecological cooperative adaptive cruise control,ECACC)技术是在网联车辆编队行驶的基础上实现以节能为主要优化目标的队列协同控制方法。该技术的节能优化目标为车辆编队整体能耗表现最优,当车辆编队为均质时,优化目标可以简化为单个车辆,然后将相关决策应用至整个车辆编队;而当车辆编队为异质时,优化目标为队列中所有车辆,优化过程需考虑所有车辆能量系统参数与运行状态,从而实现协同节能控制。随着道路智能化建设的不断完善,车辆对行驶道路环境的感知和理解能力得到了有效提升。在未来智能交通系统中,行驶道路的固定地形参数、实时交通状态、道路车辆行驶状态和道路行人信息等均可通过 V2X 通信获取和发送,车辆在获得这类信息后可以有效针对前方驾驶场景进行实时行驶决策从而达到节能目标。ECACC 技术的核心思想在于通过理解队列前方的车辆状态(V2V 通信)和道路状态(V2I 通信),在队列稳定跟车行驶的基础上对车辆编队中子车辆的驾驶行为进行能量经济性决策。与传统单车智能控制相比,基于多车协同编队控制的 ECACC 策略在跟车行驶安全方面优于传统 ACC 策略,同时在节能方面能够减少 10%～20% 的能耗。图 2-7 所示为网联车辆编队 ECACC 行驶示意图。

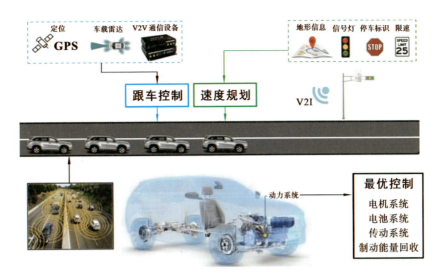

图 2-7 网联车辆编队 ECACC 行驶示意图

ECACC 的基本研究手段可以分为两大类：一类是基于 V2V 通信的微观控制，以车辆编队中的单车为研究对象，考虑其动力系统状态与周围车辆对其跟车的影响；另一类是基于 V2I 通信的宏观决策，以队列中的头车或所有子车辆作为研究对象，考虑交通状态如信号灯、交通指示牌、交通流等信息的特定场景下的车辆协同驾驶决策。上述问题均可转化为最优问题来实现特定目标驾驶行为的决策与控制，对应的最优控制问题的主要思想是求解一类含有约束条件的泛函极值问题，一般方式为建立合适的性能函数（也称代价函数）并进行最大值/最小值求解。根据被控系统的特征，通常采用解析法或者数值法求解。此外，这类问题可以通过强化学习的方法求解。针对上述问题建立代价函数时，主要目标是满足跟车性能和能耗要求，其中跟车性能要求可以用前车速度跟随、前车加速度跟随、期望跟车间距误差等一种或几种联合指标来满足；能耗要求则以能量消耗率为主要优化指标。除此以外，也可以在满足上述指标的同时优化一些其他驾驶特性，如驾驶舒适性、车辆横向约束特性等。

在基于 V2V 通信对队列中特定车辆进行微观控制时，可以采用分布式或者集中式控制方法。队列分布式控制器可以充分利用车辆自身的计算资源做出适应自身需求，且满足队列整体需求的决策和车辆行驶动作，而集中式控制器从队列整体需求出发进行决策，给予各子车辆需要完成的行驶动作，根据各子车辆的实际响应状态并将其作为反馈进行实时控制。集中式控制方法的控制效果好，但往往需要大量计算资源，故可通过云端计算、边缘计算等先进技术来满足其对计算资源和实时性的需求。车辆编队跟车行驶过程中的能耗优化，旨在保证稳定跟车前提下，针对车辆动力系统、传动系统进行一体化控制，实现车辆节能目标。Li等人在混合动力汽车跟驰过程中深度融合了能量管理系统（energy management system，EMS）和ACC策略，并采用模型预测控制对多目标优化问题进行求解，获得了能耗表现最优的跟车行驶效果。谢伯元采用不同预测时域长度的模型预测控制对插电式混合动力公交车跟车行驶进行能耗表现和跟车性能多目标优化，实现了跟车行驶过程中的能耗表现最优。Sebastian等人面向卡车队列提出了一种基于集中控制方法的卡车队列协调器，通过建立组合优化问题并利用启发式算法对其进行凸函数最优求解，实现了卡车队列在已知路线长度和初始、终止条件下的能耗表现最优的行驶方式。Hu等人针对在跟车行驶过程中传统燃油汽车的能耗进行了基于模型预测控制的最优控制求解，实现了能耗表现最优并得到较好的跟随精度。

在基于V2V通信的、高效稳定的队列行驶基础上，加上基于V2I通信的宏观决策，可进一步增强车辆编队的节能效果。基于车路协同的生态协同自适应巡航控制考虑了交通信息与场景特性等因素，对最优控制问题的约束进行求解，对于解决实际能耗问题、通行效率问题有了本质的提升。Tsugawa等人提出了一种适用于卡车队列的分布式分层控制框架，对所有车辆的最佳燃油经济性函数进行最优速度决策，实现了高速工况下基于纵向车辆动力学的车辆编队整体能耗优化。Fredette等人分别采用解析方法和数值方法求解在城市工况下多车生态驾驶策略对交通能耗的优化效果，为控制器实时应用提供了有力的理论证明。Rakha等人提出了一种实时交通环境下适用于传统燃油车和纯电动汽车的生态路由（eco-routing）系统。Almannaa等人设计了一个独特的实车测试系统来评估ECACC系统在信号灯交叉口的能耗表现，该系统可以实时计算出车辆的燃油效率轨迹。Matthew等人描述了一种针对信号通道的生态协同驾驶系统，重点研究了智能网联车辆渗透率对交通能耗的影响。Zhao等人考虑自动驾驶和人为驾驶混合的应用场景，针对信号灯交叉口设计了一种能实现车辆编队适时分裂重组的生态驾驶策略。Zhai等人通过获取道路坡度信息提出了一种基于分布式模型预测控制的车辆编队行驶控制方法，利用预测节能的主要思想使车辆编队可以在连续坡路上获得车辆能耗最低的行驶效果。Yang等人针对高速典型场景建立了考虑道路弯道和坡路的复杂路面，提出了能耗表现全局最优的车辆编队分层控制方法，同时实现了能耗表现最优和稳定跟车的优异性能。Xu等人设计了一种节能导向的纯电动车队鲁棒控制器，提出了以节能为主要目标的变车距跟驰策略，并考虑了道路坡度对能耗的影响，实现了能耗优化及满足队列弦稳定性和内稳定性的行驶控制。

在城市工况中，节能的概念是面向整个交通系统的，即除了实现车辆自身行驶能耗降低以外，实现道路交通高效通行、减少拥堵也是城市交通节能的主要目标。基于上述思路，生态驾驶技术应运而生，其通过获取前方交叉口信号灯状态进行速度引导，以实现信号灯交叉口绿波带通行，减少车辆红灯等待时的低能效启停过程，促进道路车辆和交通的可持续发展。Wang等人研究了在信号灯交叉口不同智能网联车辆渗透率对通行效率和车辆能耗的影响，同时研究了在信号灯交叉口车辆编队通行时的行驶效率，并给出了优于传统单车各自通行的量化数据。Xu等人提出了一种同时优化信号相位与时序（signal phase and timing，SPaT）及交叉口车辆行驶速度的协同节能优化方法，该方法涵盖了路端决策和车端优化两个层面，从宏观到微观的贯穿式控制方法极大地提高了通行效率，并优化了交叉口范围内所有车辆的能耗。Yang等人考虑了在信号灯交叉口的混合交通流状态下，自动驾驶车辆基于交叉口车辆排队理论进行能耗表现最优的生态驾驶通行决策，同时考虑了传统人为驾驶车辆对自动驾驶车辆的影响，并研究了不同自动驾驶车辆渗透率下的交叉口通行效率和能耗表现。在城市工况中，为提高通行效率、减少单条道路容载率超负荷的现象，生态路由策略从交通能耗和车辆或车辆编队能耗优化的角度对车辆行驶路径进行动态决策，以保证车辆在每条城市干路和信号灯交叉口的顺畅通行。Chen等人提出了一种集中式算法，该算法结合实时交通信息和车端基于因子的能耗模型，在城市道路节点网络中对车辆行驶道路进行动态调整以提高车辆的燃油效率。Boriboonsomsin等人提出了一种基于反馈机制的动态生态路由选择策略，研究了真实交通数据传输下的通信延时及其在不同道路拥堵等级下对车辆能耗和通行能力的影响，突出了所提策略的节能潜力。面向车辆编队的协同节能控制在ITS中具有重要战略和实用意义，其目标是在未来交通应用中实现更安全、更环保和更互联的出行。

本章参考文献

[1] TSUGAWA S, JESCHKE S, SHLADOVER S E. A review of truck platooning projects for energy savings[J]. IEEE Transactions on Intelligent Vehicles，2016，1(1)：68-77.

[2] SHLADOVER S E, SU D Y, LU X Y. Impacts of cooperative adaptive cruise control on freeway traffic flow[C]// Proceedings of Transportation Research Board Annual Meeting. Washington D. C. : Transportation Research Record Journal of the Transportation Research Board, 2012.

[3] TSUGAWA S. Results and issues of an automated truck platoon within the energy ITS project[C]// Proceedings of IEEE Symposium on Intelligent Vehicle. New York:IEEE, 2014.

[4] BERGENHEM C, HEDIN E, SKARIN D. Vehicle-to-vehicle communication for a platooning system[J]. Procedia - Social and Behavioral Sciences, 2012, 48: 1222-1233.

[5] PLOEG J, SHLADOVER S, NIJMEIJER H, et al. Introduction to the special issue on the 2011 grand cooperative driving challenge[J]. IEEE Transactions on Intelligent Transportation Systems, 2012, 13 (3): 989-993.

[6] GUVENC L, UYGAN I M C, KAHRAMAN K, et al. Cooperative adaptive cruise control implementation of team mekar at the grand cooperative driving challenge[J]. IEEE Transactions on Intelligent Transportation Systems, 2012, 13(3): 1062-1074.

[7] ZHENG Y, LI S E, WANG J Q, et al. Stability and scalability of homogeneous vehicular platoon: study on the influence of information flow topologies[J]. IEEE Transactions on Intelligent Transportation Systems, 2016, 17(1): 14-26.

[8] MARTINEZ J J, CANUDAS-DE-WIT C. A safe longitudinal control for adaptive cruise control and stop-and-go scenarios[J]. IEEE Transactions on Control Systems Technology, 2007, 15(2): 246-258.

[9] MONTEIL J, RUSSO G, SHORTEN R. On $\mathcal{L}_\infty$ string stability of nonlinear bidirectional asymmetric heterogeneous platoon systems[J]. Automatica, 2019, 105: 198-205.

[10] DOLK V S, PLOEG J, HEEMELS W P M H. Event-triggered control for string-stable vehicle platooning[J]. IEEE Transactions on Intelligent Transportation Systems, 2017, 18(12): 3486-3500.

[11] GHASEMI A, KAZEMI R, AZADI S. Stable decentralized control of a

platoon of vehicles with heterogeneous information feedback[J]. IEEE Transactions on Vehicular Technology, 2013, 62(9): 4299-4308.

[12] SWAROOP D, HEDRICK J K. Constant spacing platooning control strategies for automated highway systems[J]. Journal of Dynamic Systems Measurement and Control, 1999, 121(3): 462-470.

[13] ZHENG Y, LI S E, LI K Q, et al. Stability margin improvement of vehicular platoon considering undirected topology and asymmetric control [J]. IEEE Transactions on Control Systems Technology, 2016, 24(4): 1253-1265.

[14] WANG M, HOOGENDOORN S P, DAAMEN W, et al. Delay-compensating strategy to enhance string stability of adaptive cruise controlled vehicles[J]. Transportmetrica B: Transport Dynamics, 2016, 6(3): 211-229.

[15] FENG S, ZHANG Y, LI S E, et al. String stability for vehicular platoon control: definitions and analysis methods[J]. Annual Reviews in Control, 2019, 47: 81-97.

[16] CHU K C. Decentralized control of high-speed vehicular strings[J]. Transportation Science, 1974, 8(4): 311-397.

[17] PEPPARD L. String stability of relative-motion PID vehicle control systems[J]. IEEE Transactions on Automatic Control, 1974, 19(5): 579-581.

[18] NAUS G J L, VUGTS R P A, PLOEG J, et al. String-stable CACC design and experimental validation: a frequency-domain approach[J]. IEEE Transactions on Vehicular Technology, 2010, 59(9): 4268-4279.

[19] GE J I, OROSZ G. Optimal control of connected vehicle systems with communication delay and driver reaction time[J]. IEEE Transactions on Intelligent Transportation Systems, 2017, 18(8): 2056-2070.

[20] GE J I, OROSZ G. Dynamics of connected vehicle systems with delayed acceleration feedback[J]. Transportation Research Part C: Emerging Technologies, 2014, 46: 46-64.

[21] QIN W B, GOMEZ M M, OROSZ G. Stability and frequency response under stochastic communication delays with applications to connected

cruise control design[J]. IEEE Transactions on Intelligent Transportation Systems, 2017, 18(2): 388-403.

[22] SWAROOP D, HEDRICK J K. String stability of interconnected systems[C]//Proceedings of American Control Conference (ACC). New York: IEEE, 1995.

[23] PLOEG J, WOUW N V D, NIJMEIJER H. $\mathcal{L}_p$ string stability of cascaded systems: application to vehicle platooning[J]. IEEE Transactions on Control Systems Technology, 2014, 22(2): 786-793.

[24] TANG Z R, XU L W, YIN G D, et al. $\mathcal{L}_2$ string stability of heterogeneous platoon under disturbances and information delays[C]// Proceedings of 2019 Chinese Control and Decision Conference (CCDC). New York: IEEE, 2019.

[25] NUNEN E V, REINDERS J, SEMSAR-KAZEROONI E, et al. String stable model predictive cooperative adaptive cruise control for heterogeneous platoons[J]. IEEE Transactions on Intelligent Vehicles, 2019, 4(2): 186-196.

[26] MA F W, WANG J W, YANG Y, et al. Parameter-space-based robust control of event-triggered heterogene-ous platoon[J]. IET Intelligent Transport Systems, 2020, 15(1): 61-73.

[27] WANG J W, MA F W, YANG Y, et al. Adaptive event-triggered platoon control under unreliable communication links[J]. IEEE Transactions on Intelligent Transportation Systems, 2022, 23(3): 1924-1935.

[28] YUE W, WANG L Y. Robust exponential H_∞ control for autonomous platoon against actuator saturation and time-varying delay[J]. International Journal of Control, Automation and Systems, 2017, 15(6): 2579-2589.

[29] YAN M D, SONG J C, ZUO L, et al. Neural adaptive sliding-mode control of a vehicle platoon using output feedback[J]. Energies, 2017, 10(11): 1-17.

[30] GAO W N, JIANG Z P, OZBAY K. Data-driven adaptive optimal control of connected vehicles[J]. IEEE Transactions on Intelligent Transportation Systems, 2017, 18(5): 1122-1133.

[31] EMIRLER M T, GÜVENÇ L, GÜVENÇ B A. Design and evaluation of robust cooperative adaptive cruise control systems in parameter space[J]. International Journal of Automotive Technology, 2018, 19(2): 359-367.

[32] 谢伯元. 基于信息交互及运动耦合的车辆协同控制方法[D]. 北京:清华大学, 2014.

[33] 余铖铨. 考虑驾驶风格的混合动力汽车队列速度优化研究[D]. 镇江:江苏大学, 2019.

[34] 王建强, 俞倩雯, 李升波, 等. 基于道路坡度实时信息的经济车速优化方法[J]. 汽车安全与节能学报, 2014, 5(3):257-262.

[35] LI S E, XU S B, HUANG X Y, et al. Eco-departure of connected vehicles with V2X communication at signalized intersections[J]. IEEE Transactions on Vehicular Technology, 2015,64(12):5439-5449.

[36] WU X, ZHAO X M, SONG H S, et al. Effects of the prevision relative velocity on traffic dynamics in the ACC strategy[J]. Physica A: Statistical Mechanics and its Applications, 2019, 515:192-198.

[37] LUO Y G, CHEN T, ZHANG S W, et al. Intelligent hybrid electric vehicle ACC with coordinated control of tracking ability, fuel economy, and ride comfort[J]. IEEE Transactions on Intelligent Transportation Systems, 2015, 16(4): 2303-2308.

[38] ALA M V, YANG H, RAKHA H. Modeling evaluation of eco-cooperative adaptive cruise control in vicinity of signalized intersections[J]. Transportation Research Record:Journal of the Transportation Research Board, 2016, 2559(1): 108-119.

[39] BARTH M, MANDAVA S, BORIBOONSOMSIN K, et al. Dynamic eco-driving for arterial corridors[C]// Proceedings of IEEE Forum on Integrated and Sustainable Transportation Systems(FISTS). New York: IEEE, 2011.

[40] BUTTES A G D, JEANNERET B, KEROMNES A, et al. Optimizing fuel consumption and pollutant emissions of a spark ignition engine for eco-driving applications[C]// Proceedings of IEEE Conference on Vehicle Power and Propulsion (VPPC). New York:IEEE,2018.

[41] HAN J H, VAHIDI A, SCIARRETTA A. Fundamentals of energy efficient driving for combustion engine and electric vehicles: an optimal control perspective[J]. Automatica, 2019, 103:558-572.

[42] MA H J, XIE H, BROWN D. Eco-driving assistance system for a manual transmission bus based on machine learning[J]. IEEE Transactions on Intelligent Transportation Systems, 2018, 19(2): 572-581.

[43] PARK J, CHEN Z H, KILIARIS L, et al. Intelligent vehicle power control based on machine learning of optimal control parameters and prediction of road type and traffic congestion[J]. IEEE Transactions on Vehicular Technology, 2009, 58(9): 4741-4756.

[44] LIU T, HU X S, LI S E, et al. Reinforcement learning optimized look-ahead energy management of a parallel hybrid electric vehicle[J]. IEEE/ASME Transactions on Mechatronics, 2017, 22(4): 1497-1507.

[45] LI L, WANG X Y, SONG J. Fuel consumption optimization for smart hybrid electric vehicle during a car-following process[J]. Mechanical Systems and Signal Processing, 2017, 87:17-29.

[46] HOEF S V D, JOHANSSON K H, DIMAROGONAS D V. Fuel-efficient en route formation of truck platoons[J]. IEEE Transactions on Intelligent Transportation Systems, 2018, 19(1): 102-113.

[47] HU X S, WANG H, TANG X L. Cyber-physical control for energy-saving vehicle following with connectivity[J]. IEEE Transactions on Industrial Electronics, 2017, 64(11): 8578-8587.

[48] CHEN H, GUO L L, DING H T, et al. Real-time predictive cruise control for eco-driving taking into account traffic constraints[J]. IEEE Transactions on Intelligent Transportation Systems, 2019, 20(8): 2858-2868.

[49] PALOCZ-ANDRESEN M, SZALAY D, GOSZTOM A, et al. International climate protection[M]. Cham: Springer International Publishing AG, 2019.

[50] TSUGAWA S, JESCHKE S, SHLADOVER S E. A review of truck platooning projects for energy savings[J]. IEEE Transactions on Intelligent Vehicles, 2016, 1(1): 68-77.

[51] FREDETTE D, OZGUNER U. Dynamic eco-driving's fuel saving potential in traffic: multi-vehicle simulation study comparing three representative methods[J]. IEEE Transactions on Intelligent Transportation Systems, 2018, 19(9):2871-2879.

[52] RAKHA H A, AHN K, MORAN K. Integration framework for modeling eco-routing strategies: logic and preliminary results[J]. International Journal of Transportation Science and Technology, 2012, 1(3): 259-274.

[53] ALMANNAA M H, CHEN H, RAKHA H A, et al. Field implementation and testing of an automated eco-cooperative adaptive cruise control system in the vicinity of signalized intersections[J]. Transportation Research Part D: Transport and Environment, 2019, 67:244-262.

[54] ZHAO W M, NGODUY D, SHEPHERD S P, et al. A platoon based cooperative eco-driving model for mixed automated and human-driven vehicles at a signalised intersection[J]. Transportation Research Part C: Emerging Technologies, 2018, 95:802-821.

[55] ZHAI C J, LUO F, LIU Y G, et al. Ecological cooperative look-ahead control for automated vehicles travelling on freeways with varying slopes[J]. IEEE Transactions on Vehicular Technology, 2019, 68(2): 1208-1221.

[56] YANG Y, MA F W, WANG J W, et al. Cooperative ecological cruising using hierarchical control strategy with optimal sustainable performance for connected automated vehicles on varying road conditions[J]. Journal of Cleaner Production, 2020, 275:123056.

[57] XU L W, ZHUANG W C, YIN G D, et al. Energy-oriented cruising strategy design of vehicle platoon considering communication delay and disturbance[J]. Transportation Research Part C: Emerging Technologies, 2019, 107:34-53.

[58] WANG Z R, WU G Y, BARTH M J. Cooperative eco-driving at signalized intersections in a partially connected and automated vehicle environment[J]. IEEE Transactions on Intelligent Transportation Systems, 2020, 21(5): 2029-2038.

[59] XU B, BAN X J, BIAN Y G, et al. Cooperative method of traffic signal optimization and speed control of connected vehicles at isolated intersections[J]. IEEE Transactions on Intelligent Transportation Systems, 2019, 20(4): 1390-1403.

[60] YANG H, RAKHA H, ALA M V. Eco-cooperative adaptive cruise control at signalized intersections considering queue effects[J]. IEEE Transactions on Intelligent Transportation Systems, 2017, 18(6):1575-1585.

[61] CHEN Y F, CRESPI N, SIANO P. eRouting: an eco-friendly navigation algorithm for traffic information industry[J]. IEEE Transactions on Industrial Informatics, 2017, 13(2): 562-571.

[62] BORIBOONSOMSIN K, BARTH M J, ZHU W H, et al. Eco-routing navigation system based on multisource historical and real-time traffic information[J]. IEEE Transactions on Intelligent Transportation Systems, 2012, 13(4): 1694-1704.

第 3 章 复杂通信拓扑结构下的编队稳定性控制

3.1 多车协同编队控制系统

多车协同编队作为一个深度交叉研究方法,涉及交通、通信和车辆三个领域。目前,国内外学者的研究工作主要围绕通信拓扑结构优化、跟车策略及协同自适应巡航控制器设计开展,已取得了一定成果。

3.1.1 通信拓扑结构优化设计

通信拓扑结构优化最早运用在多智能体控制领域,用以优化多智能体之间的协同结构。多车协同编队控制主要依靠车联网技术实现车辆与车辆之间的信息交互,可以根据控制要求形成多种通信拓扑结构。在现有的车辆编队控制研究中,大多数研究成果并没有充分考虑通信拓扑结构对系统的影响,通常假设被控车辆只与相邻的车辆进行通信交互。在早期的研究中,最为常用的通信拓扑结构是前车跟随和双向相邻车辆跟随模式。国内外许多学者对前车跟随模式的车辆编队性能开展了深入分析。Zegers 等人在考虑速度约束的基础上,设计了分布式队列控制器。Besselink 等人设计了基于延时的间距跟随策略,保证车辆能够高效、准确地跟随前车。综合现有的研究成果,可以发现,前车跟随模式完全可以实现多车协同编队控制,并保证较高的稳定性、舒适性等。关于双向相邻车辆跟随模式的研究相对较少,这主要是因为该模式虽然可以有效保证队列中各车的状态统一性,但是会导致响应速度过慢。特别是,当车辆编队较长时,其响应速度将受到显著的影响。因此,Zheng 等人提出了将较长队列分成多个小队列的方式来减小该模式的不良影响。

前车跟随模式具有比较简单的控制结构,控制效果也能满足设计要求,但是其并没有充分发挥车联网技术在多车协同编队中的最大潜能。与雷达等车载探测工具相比,车联网技术可以在一定程度上突破距离的限制,而且受阻隔的影响较小。因此,在多车协同编队控制过程中,每辆被控车辆在理论上均有可能获取整个车辆编队中所有车辆的信息,并进行优化设计,以实现控制效果的最优。当然,过于复杂的通信拓扑结构不可避免地会增大控制器的设计难度。清华大学李克强团队在车辆编队通信拓扑结构方面做出了巨大贡献,不仅提出了多种通信拓扑结构,分析了不同结构对系统性能的影响,还提出了基于四元素的编队控制系统设计方法。通过比较不同的通信拓扑结构,可以发现,跟随车辆是否能获取头车的驾驶信息对车辆编队的性能具有显著的影响。

3.1.2 跟车策略设计

跟车策略设计作为车辆编队系统最为核心的部分,直接影响到控制效果。期望跟车间距与通行效率直接相关,也与控制效果存在密切联系。过大的跟车间距会严重影响车辆编队的通行效率,而过小的跟车间距会导致一定的安全隐患,并且会加大控制难度。如今,在理论研究和试验验证中普遍采用以下三种跟车策略。

(1) 固定间距跟车策略:在这种控制策略下,每辆车都与前车保持固定的距离。研究表明,这种控制策略可以在一定程度上提高通行效率,但是当车辆高速行驶时,跟车间距过小会导致多车碰撞。因此这种控制策略必须使每辆车都和头车之间存在通信交互,以此来保证跟随效果和安全性。在这种控制策略下,每辆车与头车之间的通信交互也是保证队列弦稳定性的前提条件。

(2) 固定时距跟车策略:该控制策略建议车辆随着速度的变化,调整与前车的跟车间距。通过引入安全时距的概念,保证车辆高速行驶时的安全性及低速行驶时的通行效率。而且可以通过合理地调整跟车时距,来保证多车协同编队的队列弦稳定性。鉴于以上优点,该控制策略被广泛应用在车辆编队控制中。

(3) 非线性跟车间距跟车策略:这种控制策略利用非线性表达式重新定义不同车速下的期望跟车间距,从而获得更加平稳的跟车体验。该跟车间距定义方式较为复杂,增大了控制器的设计难度。

3.1.3 协同自适应巡航控制器设计

多车协同编队控制作为多智能体控制的一个分支,与普通的单智能体控制存在一定差异。协同自适应巡航控制器主要用于实现高效的编队控制,该控制器的设计要求与方法也与传统车辆控制器的存在一定区别。在设计协同自适应巡航控制器过程中,不仅要考虑队列中单车的稳定性,还要考虑整个车辆编队的稳定性。具体的控制要求可以描述为:单车满足内稳定性及整个车辆编队满足队列弦稳定性。其中,内稳定性用来保证单车的误差收敛特性,其可以简单地通过保证系统闭环特征根具有负实部来实现。队列弦稳定性用来反映状态量在车辆编队中的传递特性,其对保证整个车辆编队在面对外界扰动和系统波动时的安全性和舒适性至关重要。

本章将重点分析和讨论通信拓扑结构对车辆编队性能的影响,并提出合理的控制器设计方法,来保证车辆编队的内稳定性和队列弦稳定性。

3.2 多车协同编队模型建立

3.2.1 车辆编队纵向动力学模型

车辆编队的纵向跟驰模型受到很多非线性因素的影响,如电机特性、制动特性及空气动力学特性。在车辆加速过程中,根据牛顿第二定律可得车辆行驶方程:

$$T_e = \frac{\left(mgf + \frac{C_d A \rho v^2}{2} + mg\sin\theta + \delta ma\right)r}{i_g \eta} \tag{3-1}$$

式中:T_e 为期望转矩;m、A、δ、i_g、η、v、a、r 分别为汽车质量、迎风面积、旋转质量换算系数、传动比、传动效率、车速、期望加速度及车轮半径;f、C_d、θ、ρ 分别为车轮与地面间的摩擦系数、空气阻力系数、道路坡度角及空气密度。

期望制动扭矩可以定义为

$$T_d = \left(\delta ma - mgf - \frac{C_d A v^2}{2} - mg\sin\theta\right)r_f \tag{3-2}$$

式中:T_d 为期望制动扭矩;r_f 为制动半径。

由于控制策略或者机械硬件的影响,驱动力和制动力的响应过程不可避免地存在滞后。为简化节点动力学模型,在车辆加速和减速过程中认为每辆车的滞后是相同的,则实际转矩、实际制动扭矩可分别表示为

$$T_{er} = \frac{1}{\tau s + 1} T_e \tag{3-3}$$

$$T_{dr} = \frac{1}{\tau s + 1} T_d \tag{3-4}$$

式中:τ 为驱动和制动过程中的延时;T_{er}、T_{dr} 分别为车辆运动过程中的实际转矩、实际制动扭矩。

本章主要关注通信拓扑结构和协同自适应巡航控制器设计,为简化设计过程,此处依据式(3-3)和式(3-4),将车辆简化成线性模型,并做出以下假设:

(1) 车辆在行驶过程中不存在换挡操作;
(2) 车辆直线行驶时不考虑侧向力的影响;
(3) 轮胎附着条件良好,不存在滑移现象。

因此,车辆纵向动力学可表示成一阶惯性时滞模型,即车辆的实际加速度与期望加速度之间存在一阶惯性时滞,可表示为

$$\begin{cases} \dot{p}_i = v_i \\ \dot{v}_i = a_i \\ \dot{a}_i = \dfrac{u_i}{\tau s + 1} \end{cases} \quad (3-5)$$

式中:p_i、v_i、a_i 分别表示车辆 i 的位移、速度、加速度;u_i 表示车辆 i 的期望加速度输入;τ 表示车辆的惯性延时。

3.2.2 基于图论的复杂通信拓扑结构

通信拓扑结构在车辆编队控制中发挥着重要的作用,其表示车辆之间的信息传递规则,并且有序地对多车进行协调。合理的通信拓扑结构可以明显提高系统的稳定性,并加强系统控制效果。车辆编队的通信拓扑结构可以用图论的方法来描述,该方法也被广泛应用在多智能体控制领域。N 辆车的车辆编队结构可被描述为关于 (γ,ε) 的矩阵,此处 $\gamma \triangleq \{1,2,\cdots,N\}$,是有限的非空节点集,$\varepsilon \subseteq \gamma \times \gamma$,是有序节点之间的边集合,也叫边缘集合。当采用有向图来描述车辆编队的通信拓扑结构时,如果 $(i,j) \in \varepsilon$,则车辆 j 可以获取车辆 i 的信息,但相反方向的信息传递不一定可行。相反,边缘集合中的 (i,j) 在无向图中表示车辆 j 可以从车辆 i 中获取信息,车辆 i 也可以从车辆 j 中获取信息。根据车辆编队的通信交互特性,有向图更适合用来描述通信拓扑结构。此外,一般不存在与自身的通信,即除了特殊说明以外,$(i,i) \notin \varepsilon$。当然,在通信拓扑结构中还可以对任意节点之间的边赋予一定的权值,此时可以将该图称为加权图。

$\chi \triangleq [a_{ij}] \in \mathbb{R}^{N \times N}$ 是有向图 (γ,ε) 的邻接矩阵。如果 $(i,j) \in \varepsilon$,则 a_{ij} 权重为正;如果 $(i,j) \notin \varepsilon$,则 $a_{ij} = 0$。由于这里没有自身传递的信息,因此 $a_{ii} = 0$。无向图的邻接矩阵也可以用相同的方法描述。如果没有特殊的权重规定,则 $a_{ij} = 1$。此时,可以在邻接矩阵的基础上定义拉普拉斯矩阵:

$$\boldsymbol{L} \triangleq [l_{ij}] \in \mathbb{R}^{N \times N} \quad (3-6)$$

$$l_{ii} = \sum_{j=1, j \neq i}^{N} a_{ij}$$

$$l_{ij} = -a_{ij}, \quad i \neq j$$

第 3 章 复杂通信拓扑结构下的编队稳定性控制

在多车协同编队中,领航车具有较为特殊的地位,因此定义跟随车辆和领航车之间通信连接的牵引矩阵 $\boldsymbol{R}$ 是必不可少的:

$$\boldsymbol{R} = \begin{bmatrix} r_1 & & \\ & \ddots & \\ & & r_N \end{bmatrix} \tag{3-7}$$

$r_i = 1, \quad (0, i) \in \varepsilon$

$r_i = 0, \quad (0, i) \notin \varepsilon$

本章将基于图 3-1 给出的车辆编队通信拓扑结构及其对应的拉普拉斯矩阵和牵引矩阵对车辆编队通信拓扑结构进行研究。这些复杂的通信拓扑结构为采用固定间距跟车策略提供了有效保障。因此,从提高通行效率的角度出发,本章统一采用固定间距跟车策略,即跟车间距始终为常数。

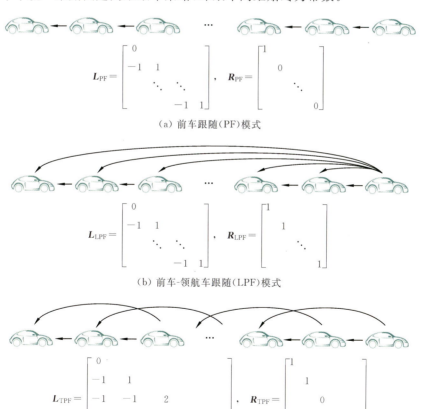

图 3-1 车辆编队通信拓扑结构及拓扑矩阵

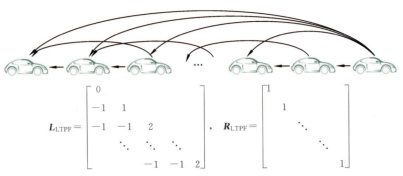

$$L_{\text{LTPF}} = \begin{bmatrix} 0 & & & & \\ -1 & 1 & & & \\ -1 & -1 & 2 & & \\ & \ddots & \ddots & \ddots & \\ & & -1 & -1 & 2 \end{bmatrix}, \quad R_{\text{LTPF}} = \begin{bmatrix} 1 & & & \\ & 1 & & \\ & & \ddots & \\ & & & 1 \end{bmatrix}$$

(d) 双前车-领航车跟随（LTPF）模式

$$L_{\text{BPF}} = \begin{bmatrix} 1 & -1 & & \\ -1 & 2 & & \\ & \ddots & \ddots & -1 \\ & & -1 & 1 \end{bmatrix}, \quad R_{\text{BPF}} = \begin{bmatrix} 0 & & & \\ & 0 & & \\ & & \ddots & \\ & & & 0 \end{bmatrix}$$

(e) 双向前车跟随（BPF）模式

$$L_{\text{TBPF}} = \begin{bmatrix} 2 & -1 & -1 & & & \\ -1 & 3 & -1 & \ddots & & \\ -1 & -1 & 4 & \ddots & -1 & \\ & \ddots & \ddots & \ddots & -1 & \\ & & & -1 & -1 & 2 \end{bmatrix}, \quad R_{\text{TBPF}} = \begin{bmatrix} 1 & & & & \\ & 1 & & & \\ & & \ddots & & \\ & & & & 0 \end{bmatrix}$$

(f) 双向双前车跟随（TBPF）模式

续图 3-1

3.2.3 车辆编队动力学模型

为了保证车辆编队的安全，编队中的车辆必须与前车保持适当的距离 $d_{i,i-1}$，并且需要保证车辆能够准确跟随头车。因此，控制目标可以表示为

$$\begin{cases} \lim_{t \to \infty} |v_i - v_0| = 0 \\ \lim_{t \to \infty} |p_{i-1} - p_i - d_{i,i-1}| = 0 \end{cases}, \quad i = 1, 2, \cdots, N \quad (3-8)$$

根据该控制目标，以及上一小节中定义的通信拓扑结构，期望加速度输入可以根据误差反馈控制来确定，并可以表示为

$$u_i = \sum_{j=1}^{N} l_{ij}[k_p(p_j - p_i - d_{ij}) + k_v(v_j - v_i) + k_a(a_j - a_i)]$$
$$+ r_i[k_p(p_0 - p_i - d_{i0}) + k_v(v_0 - v_i) + k_a(a_0 - a_i)] \quad (3\text{-}9)$$

控制器增益 $\boldsymbol{K} = [k_p \quad k_v \quad k_a]$，代表不同跟随误差的增益。

为了便于推导，对状态变量做一定变形，由跟随车辆和头车之间的位移跟随误差来定义状态变量，即

$$\tilde{\boldsymbol{x}}_i = \boldsymbol{x}_0 - \boldsymbol{x}_i - \boldsymbol{D}_{i0} \quad (3\text{-}10)$$

式中：$\boldsymbol{x}_i = [p_i \quad v_i \quad a_i]^T$；$\boldsymbol{D}_{i0} = [d_{i0} \quad 0 \quad 0]^T$。

对式(3-10)求导，可得

$$\dot{\tilde{\boldsymbol{x}}}_i = \dot{\boldsymbol{x}}_0 - \dot{\boldsymbol{x}}_i - \dot{\boldsymbol{D}}_{i0} = (\boldsymbol{A}\boldsymbol{x}_0 + \boldsymbol{B}u_0) - (\boldsymbol{A}\boldsymbol{x}_i + \boldsymbol{B}u_i)$$
$$= \boldsymbol{A}\tilde{\boldsymbol{x}}_i - r_i\boldsymbol{B}\boldsymbol{K}\tilde{\boldsymbol{x}}_i + \boldsymbol{B}\boldsymbol{K}\sum_{j=1}^{N}[l_{ij}(\tilde{\boldsymbol{x}}_j - \tilde{\boldsymbol{x}}_i)] + \boldsymbol{B}u_0 \quad (3\text{-}11)$$

将 $\tilde{\boldsymbol{X}} = [\tilde{\boldsymbol{x}}_1 \quad \tilde{\boldsymbol{x}}_2 \quad \cdots \quad \tilde{\boldsymbol{x}}_N]^T$ 定义为车辆编队的整体状态变量，车辆编队的整体状态空间可以表示为

$$\begin{cases} \dot{\tilde{\boldsymbol{X}}} = [\boldsymbol{I}_N \otimes \boldsymbol{A} - \boldsymbol{H} \otimes (\boldsymbol{B}\boldsymbol{K})]\tilde{\boldsymbol{X}} + (\boldsymbol{1}_N \otimes \boldsymbol{B})u_0 \\ \boldsymbol{U} = -(\boldsymbol{H} \otimes \boldsymbol{K})\tilde{\boldsymbol{X}} \end{cases} \quad (3\text{-}12)$$

式中：$\boldsymbol{H} = \boldsymbol{L} + \boldsymbol{R}$，为通信拓扑矩阵。该通信拓扑矩阵不仅涵盖了跟随车辆之间的相互通信，还涵盖了跟随车辆与头车之间的信息传递。

由式(3-12)可以看出，车辆编队系统的控制性能不仅与控制器增益相关，还与通信拓扑结构存在密切联系。下面将针对不同的通信拓扑结构，分析其对收敛特性的影响，并设计满足稳定性要求的控制器增益。

3.3 协同自适应巡航控制器设计

3.3.1 通信拓扑结构与控制器解耦设计

由式(3-12)可以发现，控制器增益的设计与通信拓扑结构之间存在一定的耦合关系。为了能够对任意的通信拓扑结构，给出具有普遍适用性的控制器增益设计方法，本小节对控制器反馈输入进行一定解耦处理，即

$$\boldsymbol{U} = -c(\boldsymbol{H} \otimes \boldsymbol{K})\tilde{\boldsymbol{X}} \quad (3\text{-}13)$$

式中：c 为耦合系数。此时车辆编队的状态方程可以表示为

$$\dot{\tilde{\boldsymbol{X}}} = [\boldsymbol{I}_N \otimes \boldsymbol{A} - c\boldsymbol{H} \otimes (\boldsymbol{B}\boldsymbol{K})]\tilde{\boldsymbol{X}} + (c\boldsymbol{1}_N \otimes \boldsymbol{B})u_0 \quad (3\text{-}14)$$

在给出控制器增益设计方法之前,先给出一个引理。

引理 1 对于半正定的李雅普诺夫函数 $V(\vartheta)=\vartheta^{\mathrm{T}}P\vartheta$,其中 $P=P^{\mathrm{T}}\geqslant 0$。当性能指标定义为

$$J=\int_0^\infty [\vartheta^{\mathrm{T}}P\vartheta+\varphi^{\mathrm{T}}R\varphi]\mathrm{d}t \tag{3-15}$$

式中:R 为正的权值。

为实现系统的渐近稳定与所要求的优化性能,控制器参数应满足:

(1) $\varphi=-K\vartheta$,其中 $K=R^{-1}B^{\mathrm{T}}P$;

(2) $V(\dot{\vartheta})|_{\frac{1}{2}\varphi}=A^{\mathrm{T}}P+PA-PBR^{-1}B^{\mathrm{T}}P<0$。

此时,针对式(3-12)定义的车辆编队系统,可以得到以下定理。

定理 1 当 P 是满足引理 1 中的对称正定矩阵,并且控制器定义为 $U=-c(H\otimes R^{-1}B^{\mathrm{T}}P)\tilde{X}$ 时,令 λ_i 表示通信拓扑矩阵 H 的特征根,则全局二次型性能指标最优的条件为

$$c\geqslant\frac{1}{\min\{\lambda_i\}},\quad i\in\mathbb{N} \tag{3-16}$$

证明:因为通信拓扑矩阵 H 是一个正定矩阵,所以存在一个可逆矩阵 Q 将通信拓扑矩阵 H 转变为

$$J=Q^{-1}HQ \tag{3-17}$$

$$J=\begin{bmatrix}\lambda_1 & & \\ & \ddots & \\ & & \lambda_N\end{bmatrix}$$

对于式(3-12)定义的车辆编队系统,其状态矩阵为 $A_c=I_N\otimes A-cH\otimes(BK)$,并可以转换成:

$$\begin{aligned}(Q\otimes I_3)^{-1}A_c(Q\otimes I_3)&=(Q\otimes I_3)^{-1}[I_N\otimes A-cH\otimes(BK)](Q\otimes I_3)\\&=(Q\otimes I_3)^{-1}(I_N\otimes A)(Q\otimes I_3)\\&\quad-(Q\otimes I_3)^{-1}[cH\otimes(BK)](Q\otimes I_3)\\&=(Q^{-1}Q)\otimes A-(Q^{-1}HQ)\otimes(cBK)\\&=I_N\otimes A-J\otimes(cBK)\end{aligned} \tag{3-18}$$

由于矩阵的相似变化并不会影响矩阵的特征根,经过以上变换,$I_N\otimes A-J\otimes(cBK)$ 是一个对角矩阵。此时,实现系统二次型性能指标最优的条件是寻找 c,使系统 $A-c\lambda_i BK$ 渐近稳定。

根据引理 1,可得 $V(\dot{\vartheta})|_{\frac{1}{2}\varphi}=A^{\mathrm{T}}P+PA-PBR^{-1}B^{\mathrm{T}}P<0$。当 $\varphi=-c\lambda_i K\vartheta$ 时,$V(\dot{\vartheta})|_{\frac{1}{2}\varphi}$ 转变为

$$V(\dot{\boldsymbol{\vartheta}})|_{\frac{1}{2}\varphi} = \boldsymbol{A}^{\mathrm{T}}\boldsymbol{P} + \boldsymbol{P}\boldsymbol{A} - c\lambda_i \boldsymbol{P}\boldsymbol{B}\boldsymbol{R}^{-1}\boldsymbol{B}^{\mathrm{T}}\boldsymbol{P} \quad (3\text{-}19)$$

当且仅当 $c \geq \dfrac{1}{\min\{\lambda_i\}}, i \in \mathbb{N}$ 时,可以得到

$$V(\dot{\boldsymbol{\vartheta}})|_{\frac{1}{2}\varphi} = \boldsymbol{A}^{\mathrm{T}}\boldsymbol{P} + \boldsymbol{P}\boldsymbol{A} - c\lambda_i \boldsymbol{P}\boldsymbol{B}\boldsymbol{R}^{-1}\boldsymbol{B}^{\mathrm{T}}\boldsymbol{P} \leqslant \boldsymbol{A}^{\mathrm{T}}\boldsymbol{P} + \boldsymbol{P}\boldsymbol{A} - \boldsymbol{P}\boldsymbol{B}\boldsymbol{R}^{-1}\boldsymbol{B}^{\mathrm{T}}\boldsymbol{P} < 0$$
$$(3\text{-}20)$$

即系统 $\boldsymbol{A} - c\lambda_i \boldsymbol{B}\boldsymbol{K}$ 渐近稳定。

证毕。

定理1实现了控制器增益的设计,及其与通信拓扑结构之间的解耦。此时,可以将式(3-12)定义的车辆编队系统简化为式(3-21)的形式来设计控制器增益。当通信拓扑结构发生变化时,只需将控制器增益 $\boldsymbol{K}$ 乘以相应满足定理1要求的耦合系数 c 即可。

$$\begin{cases} \dot{\boldsymbol{x}} = (\boldsymbol{A} + \boldsymbol{B}\boldsymbol{K})\boldsymbol{x} + \boldsymbol{B}u_0 \\ u = -\boldsymbol{K}\boldsymbol{x} \end{cases} \quad (3\text{-}21)$$

关于控制器增益 $\boldsymbol{K}$ 的设计,引理1的线性二次型调节器(linear quadratic regulator,LQR)方法完全可以保证系统渐近稳定,但是无法对其收敛特性进行限制和优化。特别是,收敛速度对于系统来说相当重要。对系统收敛速度的控制,可以体现为对矩阵 $\boldsymbol{A} + \boldsymbol{B}\boldsymbol{K}$ 特征根的限制。为了使 $\boldsymbol{A} + \boldsymbol{B}\boldsymbol{K}$ 特征根的实部小于 $-\gamma$,即收敛速度大于 $\mathrm{e}^{-\gamma}$,可以定义:

$$\bar{\boldsymbol{A}} = \boldsymbol{A} + \gamma \boldsymbol{I}_n \quad (3\text{-}22)$$

$$\boldsymbol{K} = \boldsymbol{R}^{-1}\boldsymbol{B}^{\mathrm{T}}\bar{\boldsymbol{P}} \quad (3\text{-}23)$$

引理2 此时,$\bar{\boldsymbol{P}}$ 是满足以下里卡蒂公式的唯一正定解:

$$\bar{\boldsymbol{A}}\bar{\boldsymbol{P}} + \bar{\boldsymbol{P}}\bar{\boldsymbol{A}}^{\mathrm{T}} - \bar{\boldsymbol{P}}\boldsymbol{B}\boldsymbol{R}^{-1}\boldsymbol{B}^{\mathrm{T}}\bar{\boldsymbol{P}} + \boldsymbol{Q} = 0 \quad (3\text{-}24)$$

综上所述,对任意通信拓扑结构,均可以通过式(3-24)设计满足期望收敛速度和性能指标的控制器增益,然后将控制器增益乘以任意通信拓扑矩阵所对应的满足式(3-16)的耦合系数即可。

3.3.2 通信拓扑结构优化

在评价通信拓扑结构时,可以将该结构下的代数连通性作为一个量化评价指标。代数连通性是拉普拉斯矩阵 $\boldsymbol{L}$ 的第二小特征根,其直接反映了该结构下系统的一致性收敛速度。根据图论,定义拉普拉斯矩阵 $\boldsymbol{L}$ 的特征根为 $\lambda_i(\boldsymbol{L})$,且保证 $\lambda_1(\boldsymbol{L}) \leqslant \lambda_2(\boldsymbol{L}) \leqslant \cdots \leqslant \lambda_n(\boldsymbol{L})$。由于矩阵行列式为0,因此 $\lambda_1(\boldsymbol{L}) = 0$。其次,$\lambda_2(\boldsymbol{L})$ 便表示代数连通性,决定一致性收敛速度。

当仿真的车辆编队由1辆头车和10辆跟随车辆组成时,不同通信拓扑结

构下 L 的特征根如表 3-1 所示。可以发现,BPF 的代数连通性小于 PF 的,TBPF 的代数连通性小于 TPF 的。因此得出结论:使用被控车辆后方车辆的跟随误差来进行决策控制将显著减小收敛速度。表中的数据还表明,TPF 与 PF 的 $\lambda_2(L)$ 均为 1。但采用 TPF 通信拓扑结构时,车辆 i 的输入数量($i=3,4,5$,$\cdots$,10)是 2,使得其余特征根均为 2,大于 PF 的特征根。因此可以推断,使用被控车辆前方两个车辆的信息进行决策控制,可以在一定程度上使收敛速度有所提高,但是效果并不显著(代数连通性相同)。此外,在 TPF 通信拓扑结构下,由于被控车辆的输入数量是 PF 的两倍,因此该结构对车辆底层控制器的控制精度要求大幅提高。

表 3-1　不同通信拓扑结构下 L 的特征根

通信拓扑结构	特征根
PF	0,1,1,1,1,1,1,1,1,1
BPF	0,0.10,0.38,0.82,1.38,2.00,2.62,3.18,3.62,3.90
TPF	0,1,2,2,2,2,2,2,2,2
TBPF	0,0.47,1.66,2.85,3.53,4.00,4.77,5.00,5.81,5.91

根据对上述四种通信拓扑结构的分析,可以对多车协同编队的通信拓扑结构提出以下两点建议:

(1) 避免使用被控车辆后方车辆的数据进行决策,否则会显著影响系统的一致性收敛速度;

(2) 使用被控车辆前方两个或多个车辆的数据进行决策,需要谨慎考虑,虽然能提高收敛速度,但是效果并不显著。

以上内容从系统代数连通性层面分析了车辆之间信息交互结构对系统的影响,基本否定了 BPF 和 TBPF 两种通信拓扑结构在实际应用中的可行性,因此在后续设计、分析及仿真中将不再对其进行赘述。

为计算不同通信拓扑结构下的耦合系数,表 3-2 给出了不同通信拓扑结构下 H 的特征根。由此可以发现,当信息仅从前向后传输时,最小特征根均为 1。因此,对于表 3-2 中的四种通信拓扑结构,耦合系数均可以设定为 1。此外,还可以发现,特征根 λ_i 等于车辆 i 的输入数量。以 LPF 为例,因为车辆 1 的输入数量为 1,其余车辆的输入数量为 2,所以最小特征根为 1,其余特征根为 2。而根据上一小节提出的控制器增益设计方法,耦合系数完全由 H 的最小特征根确定,以此来保证控制器可以使所有车辆均有较好的收敛效果。但是反观 LPF 的特征根分布,仅有一个特征根为 1,其余特征根为 2。若按照上一小节中的控制器增益设计方法,则由于车辆 1 导致的最小特征根,整个系统的控制器增益必会增大,即对于其余车辆而言,控制器增益将明显偏大,不利于车辆的底层跟随控制。这种控制现象在特征根不完全一致的情况下根本无法避免,控制器参数的设计必须考虑控制效果最差的单体。为了避免该现象出现,可采用含有加权系数的牵引矩阵来优化。修正牵引矩阵的目的是使所有特征根相等,最终使得所有车辆都具有相似的控制效果。在耦合系数选取过程中,可以避免最小特征根明显小于其余特征根所导致的控制器增益过大的现象出现。

表 3-2 不同通信拓扑结构下 H 的特征根

通信结构拓扑	特征根
PF	1,1,1,1,1,1,1,1,1,1
LPF	1,2,2,2,2,2,2,2,2,2
TPF	1,2,2,2,2,2,2,2,2,2
LTPF	1,2,3,3,3,3,3,3,3,3

表 3-2 中的四种通信拓扑结构,对应的加权牵引矩阵如表 3-3 所示。

表 3-3 不同通信拓扑结构下的加权牵引矩阵

通信拓扑结构	PF	LPF	TPF	LTPF
加权牵引矩阵	$R=\begin{bmatrix} 1 & & & & \\ & 1 & & & \\ & & 1 & & \\ & & & \ddots & \\ & & & & 1 \end{bmatrix}$	$R=\begin{bmatrix} 2 & & & & \\ & 1 & & & \\ & & 1 & & \\ & & & \ddots & \\ & & & & 1 \end{bmatrix}$	$R=\begin{bmatrix} 2 & & & & \\ & 1 & & & \\ & & 1 & & \\ & & & \ddots & \\ & & & & 1 \end{bmatrix}$	$R=\begin{bmatrix} 3 & & & & \\ & 2 & & & \\ & & 1 & & \\ & & & \ddots & \\ & & & & 1 \end{bmatrix}$

此时,不同通信拓扑结构下,采用加权牵引矩阵后 H 的特征根如表 3-4 所示。根据定理 1,耦合系数可以分别选为 1、0.5、0.5、0.33。此时的耦合系数明显小于采用加权牵引矩阵前的耦合系数,可以用较小的控制器增益来实现相似的控制效果。

表 3-4　采用加权牵引矩阵后 H 的特征根

通信拓扑结构	特征根
PF	1,1,1,1,1,1,1,1,1,1
LPF	2,2,2,2,2,2,2,2,2,2
TPF	2,2,2,2,2,2,2,2,2,2
LTPF	3,3,3,3,3,3,3,3,3,3

3.4　多车协同编队仿真分析

本节采用零初始条件对不同通信拓扑结构下的多车协同编队控制进行仿真。车辆编队中所有车辆的初始位移跟随误差为零，并且头车根据式(3-25)的速度要求行驶：

$$v_0 = \begin{cases} 12 \text{ m/s}, & t \leqslant 2 \\ 12+4t \text{ (m/s)}, & 2 < t \leqslant 5 \\ 30 \text{ m/s}, & t > 5 \end{cases} \quad (3\text{-}25)$$

对于采用加权牵引矩阵前的通信拓扑结构，最小特征根均为 1，因此耦合系数 $c=1$。当 γ 取为 0.2 时，$\bar{A}$ 和 $\bar{P}$ 可由式(3-22)和式(3-24)计算得到：

$$\bar{A} = \begin{bmatrix} 0.2 & 1 & 0 \\ 0 & 0.2 & 1 \\ 0 & 0 & 3.8 \end{bmatrix}$$

$$\bar{P} = \begin{bmatrix} 3.3164 & 2.7136 & 0.3813 \\ 2.7136 & 4.7528 & 0.7215 \\ 0.3813 & 0.7215 & 0.2198 \end{bmatrix}$$

根据 LQR 控制原理，控制器增益可取为

$$c\bm{K} = \begin{bmatrix} 1.5253 & 2.8859 & 0.8791 \end{bmatrix}$$

图 3-2 给出了不同通信拓扑结构下的位移跟随误差(DFE)和加速度跟随误差(AFE)。

采用 PF 通信拓扑结构时，虽然位移跟随误差可以收敛到零，但系统振荡过多，收敛速度不佳。此外，系统存在明显的滞后及超调现象，导致加速度出现了明显的波动。而且，头车的速度波动在向队列后方传递的过程中不断放大，即队列弦稳定性无法得到保证。基于以上分析，在该控制框架下，采用 PF 通信拓

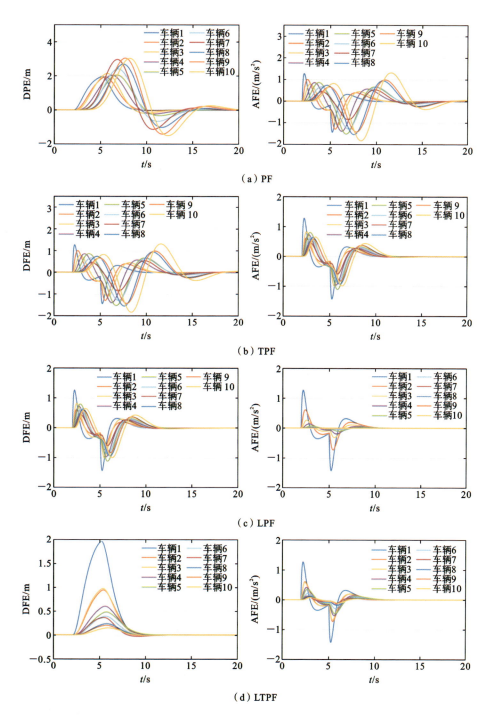

图 3-2 不同通信拓扑结构下的位移跟随误差（DFE）和加速度跟随误差（AFE）

扑结构无法满足车辆编队所需的控制性能要求。此外，不少学者指出，其在固定跟车间距下也无法保证队列弦稳定性，这个结论也与图中的仿真结果相吻合。而采用 TPF 通信拓扑结构时，车辆编队呈现出良好的收敛效果，加速度基本在 12 s 时恢复到稳定水平。此外，车辆跟随精度也得到了明显提升，在整个过程中所有车辆的位移跟随误差始终控制在 2 m 以内，并没有出现位移跟随误差在向队列后方传递过程中不断放大的现象。PF 和 TPF 的仿真结果对比，充分证明了 TPF 可以提高系统收敛速度的结论。而且，通过对比还发现，TPF 可以有效避免误差增大，在队列弦稳定性方面的表现有所改进，因此具有良好的跟随精度。

图 3-2(c) 和图 3-2(d) 中的仿真结果主要用于论证跟随车辆与头车之间的信息交互对增强车辆编队控制效果的影响。无论是 LPF 通信拓扑结构还是 LTPF 通信拓扑结构，其位移跟随误差和加速度跟随误差的波动在向队列后方传递的过程中都呈现出了显著的衰减现象，即队列弦稳定性得到了充分的保证。以 LPF 仿真中的车辆 10 为例，在整个行驶过程中，位移跟随误差和加速度跟随误差均在零附近，呈现出优异的跟随精度和驾驶舒适性。至此，可以说明跟随车辆与头车之间的信息交互在提高车辆编队跟随精度、收敛速度、队列弦稳定性方面具有显著的效果。这便是车联网应用的最大优势，它允许所有跟随车辆获取头车的状态信息，以此进行决策控制。根据图 3-2 中的仿真，LPF 和 LTPF 呈现出相似的控制效果。但是仔细对比后可以发现，LTPF 的控制效果略次于 LPF 的。LTPF 容易导致超调现象的出现，从而引起小幅度的波动。这主要是因为采用 LTPF 通信拓扑结构时，大部分跟随车辆具有三个数据输入来源，很容易使控制器输入因底层控制精度不佳而过大，甚至出现控制器饱和现象。

上述分析内容可针对固定间距跟车策略得出以下几点结论。

（1）PF 通信拓扑结构无法保证固定间距跟车策略下的队列弦稳定性，且跟随精度较差，容易引起波动。

（2）TPF 通信拓扑结构在收敛效果上实现了一定程度的优化，跟随误差增大的现象也得到了初步的遏制。

（3）跟随车辆与头车之间的信息交互对保证车辆编队的队列弦稳定性至关重要。

（4）过于复杂的通信拓扑结构，如 LTPF 通信拓扑结构，会因数据输入过多而导致小幅度的超调现象出现。

为进一步验证加权牵引矩阵的引入对多车协同编队控制的效果,以 LPF 为例,给出了相应的设计参数和仿真结果。

引入的加权牵引矩阵为

$$R = \begin{bmatrix} 2 & & & & \\ & 1 & & & \\ & & 1 & & \\ & & & \ddots & \\ & & & & 1 \end{bmatrix}$$

这意味着头车对车辆 1 的加权系数是 2,对其他车辆的加权系数是 1。因此,H 的所有特征根都被修改为 2。根据上一节中提到的方法,控制器增益确定如下。

(1) 引入前:$cK = \begin{bmatrix} 1.5253 & 2.8859 & 0.8791 \end{bmatrix}$。

(2) 引入后:$cK = \begin{bmatrix} 0.7626 & 1.4429 & 0.4395 \end{bmatrix}$。

采用加权牵引矩阵后的仿真结果如图 3-3 所示。

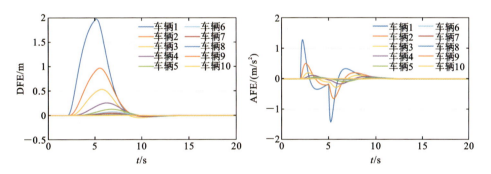

图 3-3　采用加权牵引矩阵后的仿真结果

从图 3-3 中可以发现,采用加权牵引矩阵后,可以用较小的控制器增益来实现与图 3-2(c)中相似的控制效果。此外,表 3-5 给出了引入前后仿真结果的统计数据,即与位移跟随误差和加速度跟随误差对应的均方根值(root mean square,RMS)和极值差(peak to peak,PTP)。可以发现,优化后的通信拓扑结构在位移跟随上略有欠缺,但是加速度跟随上十分平稳。这主要是因为采用了较小的控制器增益,使得跟随的收敛速度有些许减小,但是可以很好地避免大幅度的超调现象出现。综上所述,采用加权牵引矩阵后,在保证跟随精度的基础上,减小控制器增益可明显提高车辆编队的驾驶舒适性。

表 3-5 引入加权牵引矩阵前后仿真结果的统计数据

		引入前	引入后			引入前	引入后
DFE	RMS /m	6.727e−1	6.272e−1	AFE	RMS /(m/s²)	2.973e−1	2.973e−1
		3.261e−1	3.355e−1			1.787e−1	1.714e−1
		1.729e−1	1.837e−1			8.335e−2	8.124e−2
		8.282e−2	9.063e−2			5.363e−2	5.319e−2
	PTP /m	1.979e−0	1.975e−0		PTP /(m/s²)	2.709e−0	2.709e−0
		9.434e−1	9.897e−1			1.342e−0	1.149e−0
		5.188e−1	5.821e−1			5.829e−1	4.768e−1
		2.414e−1	2.840e−1			3.342e−1	2.809e−1

本章参考文献

[1] KIM Y, MESBAHI M. On maximizing the second smallest eigenvalue of a state-dependent graph Laplacian[J]. IEEE Transactions on Automatic Control, 2006, 51(1):116-120.

[2] KIM Y. Bisection algorithm of increasing algebraic connectivity by adding an edge[C]//Proceedings of Mediterranean Conference on Control and Automation(MED). New York:IEEE, 2009.

[3] JIA D Y, NGODUY D. Platoon based cooperative driving model with consideration of realistic inter-vehicle communication[J]. Transportation Research Part C: Emerging Technologies, 2016, 68:245-264.

[4] QIN W B, GOMEZ M M, OROSZ G. Stability and frequency response under stochastic communication delays with applications to connected cruise control design[J]. IEEE Transactions on Intelligent Transportation Systems, 2017, 18(2):388-403.

[5] OROSZ G. Connected cruise control: modelling, delay effects, and nonlinear behaviour[J]. Vehicle System Dynamics, 2016, 54(8):1147-1176.

[6] HERMAN I, MARTINEC D, ZDENĚK H, et al. Scaling in bidirectional platoons with dynamic controllers and proportional asymmetry[J]. IEEE Transactions on Automatic Control, 2017, 62(4):2034-2040.

[7] PLOEG J, SHUKLA D P, WOUW N V D, et al. Controller synthesis for string stability of vehicle platoons[J]. IEEE Transactions on Intelligent Transportation Systems, 2014, 15(2):854-865.

[8] PLOEG J, WOUW N V D, NIJMEIJER H. $\mathcal{L}_p$ string stability of cascaded systems: application to vehicle platooning[J]. IEEE Transactions on Control Systems Technology, 2014, 22(2):786-793.

[9] PLOEG J, SEMSAR-KAZEROONI E, LIJSTER G, et al. Graceful degradation of cooperative adaptive cruise control[J]. IEEE Transactions on Intelligent Transportation Systems, 2015, 16(1):488-497.

[10] ZEGERS J C, SEMSAR-KAZEROONI E, PLOEG J, et al. Consensus control for vehicular platooning with velocity constraints[J]. IEEE Transactions on Control Systems Technology, 2018, 26(5):1592-1605.

[11] BESSELINK B, JOHANSSON K H. String stability and a delay-based spacing policy for vehicle platoons subject to disturbances[J]. IEEE Transactions on Automatic Control, 2017, 62(9): 4376-4391.

[12] LIU Y G, PAN C, GAO H L, et al. Cooperative spacing control for interconnected vehicle systems with input delays[J]. IEEE Transactions on Vehicular Technology, 2017, 66(12):10692-10704.

[13] ZHENG Y, LI S E, LI K Q, et al. Platooning of connected vehicles with undirected topologies: robustness analysis and distributed H-infinity controller synthesis[J]. IEEE Transactions on Intelligent Transportation Systems, 2018, 19(5):1353-1364.

[14] DADRAS S, GERDES R M, SHARMA R. Vehicular platooning in an adversarial environment[C]// Proceedings of the 10th ACM Symposium on Information, Computer and Communications Security. New York: ACM, 2015.

[15] ZHENG Y, LI S E, WANG J Q, et al. Stability and scalability of homogeneous vehicular platoon: study on the influence of information flow topologies[J]. IEEE Transactions on Intelligent Transportation Systems, 2016,17(1):14-26.

[16] GE J I, OROSZ G. Optimal control of connected vehicle systems with communication delay and driver reaction time[J]. IEEE Transactions on

Intelligent Transportation Systems, 2017, 18(8): 2056-2070.

[17] MA F W, WANG J W, YANG Y, et al. Control synthesis for distributed vehicle platoon under different topological communication structures [C]// Proceedings of WCX SAE World Congress Experience. Detriot: SAE International, 2019.

第 4 章
面向实际通信状态的多车协同编队鲁棒控制

多车协同编队控制主要依靠车联网的信息传递实现,通信系统的特性对编队的控制效果有着显著的影响。在将多车协同编队真正大规模投入实际工程前,还有许多问题亟待解决和优化,特别是协同自适应巡航控制器在实际通信状态下的鲁棒性。

4.1 非理想通信环境下的多车协同编队控制

4.1.1 车辆编队纵向动力学模型建立

车辆编队在应用过程中,主要有 PF、TPF、LPF 等通信拓扑结构,这些通信拓扑结构各有利弊。在现有的研究中主要以 PF 通信拓扑结构为主,并采用固定时距跟车策略来保证 PF 通信拓扑结构下的队列弦稳定性。本章将基于 PF 通信拓扑结构和固定时距跟车策略,来开展车辆编队控制研究。

在接下来的研究中,将采用图 4-1 所示的车辆编队系统。该编队包括一辆头车和五辆跟随车辆,车与车之间的信息交互模式也与第 3 章中车辆编队的有所不同。在第 3 章中,每辆车的位移、速度和加速度信号均由车联网传递给周围车辆。但是在考虑非理想通信环境时,该信息交互模式存在一定的劣势。其不仅增大了信息传递的数量,还将通信模型中的扰动量带入反馈环节中,因此,本章对信息交互模式进行了一定的改进。如图 4-1 所示,每个车辆都通过车载雷达获取其与前车之间的距离和速度差信号并将它们作为反馈输入,而车联网仅用来传递加速度信号并将其作为前馈输入。这一改动主要是考虑到车载雷达在车辆开发中的应用已经十分普遍,而且其可以快速、准确地获取相对距离和相对速度。因此,即使车联网通信出现一些不理想的状况,其也只会对加速度信号产生影响,而用于反馈控制的信号依旧可以被顺利接收,即不良通信环境并不会影响系统的内稳定性,这也体现了多传感器协同工作的优势。

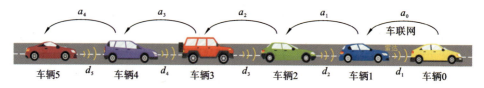

图 4-1 车辆编队系统

本章同样采用第 3 章中的一阶惯性时滞模型来描述车辆纵向动力学,具体表达式如下:

$$\begin{cases} \dot{p}(t) = v(t) \\ \dot{v}(t) = a(t) \\ \dot{a}(t) = \dfrac{1}{\tau}u(t-\beta) - \dfrac{1}{\tau}a(t) \end{cases} \quad (4\text{-}1)$$

式中:p、v、a 分别为位移、速度和加速度;u 为车辆期望加速度输入;τ 为时滞常数;β 为执行器延时。

当采用固定时距跟车策略时,车辆 i 的期望跟车间距 d_i^* 可以表示为

$$d_i^* = r + hv_i \quad (4\text{-}2)$$

式中:r 为停车时的最小安全距离;h 为跟车时距。

此时,车辆的位移跟随误差可以表示为

$$e_i = d_i - d_i^* = p_{i-1} - p_i - L_i - (r + hv_i) \quad (4\text{-}3)$$

式中:d_i 为雷达实际探测得到的跟车间距;L_i 为车辆 i 的长度。

为了得到合适的期望加速度输入来实现车辆跟随,本章采用前馈加反馈的控制模式。其中由车联网获取的前车加速度作为前馈输入,由车载毫米波雷达探测得到的位移跟随误差和速度跟随误差作为反馈输入,具体的期望加速度输入可以表示为

$$u_i(t) = k_p e_i(t) + k_v [v_{i-1}(t) - v_i(t)] + k_a a_{i-1}(t-\sigma) \quad (4\text{-}4)$$

式中:k_p、k_v、k_a 为系统控制器增益;σ 为通信延时。值得注意的是,在实际应用过程中 σ 是一个随机时变参数。

根据图 4-1 所示的信息交互模式和式(4-4)所表示的控制器结构,若定义 $\boldsymbol{y}_i = [p_i + hv_i - p_{i-1}, v_i - v_{i-1}, a_i]^\mathrm{T}$,可得

$$\dot{\boldsymbol{y}}_i(t) = \boldsymbol{A}_1 \boldsymbol{y}_i(t) + \boldsymbol{A}_2 \boldsymbol{y}_{i-1}(t) + \boldsymbol{B} u_i(t-\beta) \quad (4\text{-}5)$$

$$u_i(t) = -\boldsymbol{K}_1 \boldsymbol{y}_i(t) - \boldsymbol{K}_2 \boldsymbol{y}_{i-1}(t-\sigma) \quad (4\text{-}6)$$

r 和 L_i 由于是常数,对系统的性能没有影响,因此并没有在式(4-6)中给出。此外,对于车辆 1,可得到

$$\dot{\boldsymbol{y}}_1(t) = \boldsymbol{A}_1 \boldsymbol{y}_1(t) + \boldsymbol{C} a_0(t) + \boldsymbol{B} u_i(t-\beta) \tag{4-7}$$

$$u_1(t) = \boldsymbol{K}_1 \boldsymbol{y}_1(t) + \boldsymbol{K}_2 a_0(t-\sigma) \tag{4-8}$$

式中：

$$\boldsymbol{A}_1 = \begin{bmatrix} 0 & 1 & h \\ 0 & 0 & 1 \\ 0 & 0 & -\dfrac{1}{\tau} \end{bmatrix}, \quad \boldsymbol{A}_2 = \begin{bmatrix} 0 & 0 & 0 \\ 0 & 0 & -1 \\ 0 & 0 & 0 \end{bmatrix}, \quad \boldsymbol{B} = \begin{bmatrix} 0 \\ 0 \\ \dfrac{1}{\tau} \end{bmatrix}$$

$$\boldsymbol{C} = [0 \ -1 \ 0]^{\mathrm{T}}, \quad \boldsymbol{K}_1 = [k_p \ k_v \ 0], \quad \boldsymbol{K}_2 = [0 \ 0 \ k_a]$$

定义 $\boldsymbol{Y} = [\boldsymbol{y}_1, \boldsymbol{y}_2, \boldsymbol{y}_3, \cdots, \boldsymbol{y}_{n-1}, \boldsymbol{y}_n]^{\mathrm{T}}$，那么整个车辆编队的状态方程可以写为

$$\begin{aligned}\dot{\boldsymbol{Y}}(t) = & \boldsymbol{A}\boldsymbol{Y}(t) - \boldsymbol{K}_b \otimes \boldsymbol{B}\boldsymbol{Y}(t-\beta) - \boldsymbol{K}_f \otimes \boldsymbol{B}\boldsymbol{Y}(t-\sigma-\beta) \\ & + \boldsymbol{1}_N \otimes \boldsymbol{C} a_0(t) + \boldsymbol{1}_N \otimes \boldsymbol{B} k_a a_0(t-\sigma-\beta)\end{aligned} \tag{4-9}$$

$$\boldsymbol{A} = \begin{bmatrix} \boldsymbol{A}_1 & & & \\ \boldsymbol{A}_2 & \boldsymbol{A}_1 & & \\ & \ddots & \ddots & \\ & & \boldsymbol{A}_2 & \boldsymbol{A}_1 \end{bmatrix}, \quad \boldsymbol{A} \in \mathbb{R}^{3n \times 3n}$$

$$\boldsymbol{K}_b = \begin{bmatrix} \boldsymbol{K}_1 & & & \\ & \boldsymbol{K}_1 & & \\ & & \ddots & \\ & & & \boldsymbol{K}_1 \end{bmatrix}, \quad \boldsymbol{K}_b \in \mathbb{R}^{n \times 3n}$$

$$\boldsymbol{K}_f = \begin{bmatrix} \boldsymbol{0} & & & \\ \boldsymbol{K}_2 & \boldsymbol{0} & & \\ & \ddots & \ddots & \\ & & \boldsymbol{K}_2 & \boldsymbol{0} \end{bmatrix}, \quad \boldsymbol{K}_f \in \mathbb{R}^{n \times 3n}$$

式中：$\boldsymbol{1}_N = [1 \ 0 \ \cdots \ 0]^{\mathrm{T}}$；$\otimes$ 表示克罗内克(Kronecker)积。

至此已经构建了含有通信延时的车辆编队纵向动力学模型，但是式(4-9)中的 σ 是一个随机时变参数，不便于后期分析。考虑到在采用时间触发策略时，车辆每隔固定的时间周期 ζ 发送信号并计算期望加速度输入。而在大部分情况下，数据均可以在一个触发周期内完成传输，即短延时。本节的所有分析和设计过程均基于数据能在一个周期内被接收的假设，并用两个周期的时间周期 ζ 来代替随机的通信延时 σ，即使用可能出现的最大通信延时来代替式(4-9)中的随机延时。

除了通信延时以外,车联网通信中难免会出现通信丢包的现象。本节选用伯努利模型来描述该现象,即

$$\text{Prob}\{\gamma_{t_k}=1\}=E\{\gamma_{t_k}\}=1-\alpha \quad (4\text{-}10)$$

$$\text{Prob}\{\gamma_{t_k}=0\}=1-E\{\gamma_{t_k}\}=\alpha \quad (4\text{-}11)$$

式中:$\gamma_{t_k}=1$ 表示数据被成功接收;$\gamma_{t_k}=0$ 表示发生了通信丢包;α 为丢包率。

当发生通信丢包时,为了保证控制的平顺性,一般采用零阶保持策略,即使用上一时刻传输过来的数据。因此,考虑通信延时和通信丢包后,实际用于车辆编队控制器前馈输入的加速度可以用图 4-2 来表示。可以发现,在通信延时和通信丢包的共同作用下,延时呈现出有规律的随机延时现象。

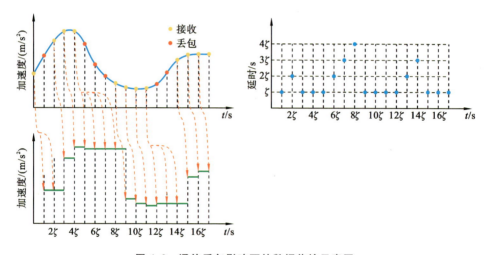

图 4-2 通信丢包影响下的数据传输示意图

用 φ 表示通信延时和通信丢包同时存在时的实际随机延时,其概率分布可以表示为

$$\text{Prob}\{\varphi=r\zeta\}=\text{Prob}\{\gamma(t_k-r\zeta)=1\}\times\prod_{i=1}^{r-1}\text{Prob}\{\gamma(t_k-i\zeta)=0\}$$

(4-12)

此时,式(4-4)可以改写为

$$u_i(t)=k_p e_i(t)+k_v[v_{i-1}(t)-v_i(t)]+k_a a_{i-1}(t-\varphi) \quad (4\text{-}13)$$

4.1.2 控制器参数优化设计

协同自适应巡航控制器设计需要实现两个目标:内稳定性和队列弦稳定

性。内稳定性要求跟随误差能有较好的收敛特性,可以逐渐收敛至稳定状态,以保证跟随精度。队列弦稳定性主要体现在车辆编队的整体性能上,即扰动在向队列后方传递的过程中能不断衰减。其中内稳定性主要由系统的闭环反馈参数决定,因此本小节将首先采用 LQR 方法来设计控制器的闭环反馈参数。队列弦稳定性由反馈增益决定,因此本小节在确定闭环反馈参数的基础上,以队列弦稳定性为约束条件,进一步给出前馈参数的确定方式和可行范围。

针对状态方程(4-9)所表示的车辆编队进行内稳定性分析时,考虑到前馈部分 $\boldsymbol{K}_f \otimes \boldsymbol{B} \boldsymbol{Y}(t-\sigma-\beta)$ 和头车输入部分 $\boldsymbol{1}_N \otimes \boldsymbol{C} a_0(t) + \boldsymbol{1}_N \otimes \boldsymbol{B} k_a a_0(t-\sigma-\beta)$ 与系统的稳定性没有直接关系,因此在分析内稳定性时可以将这两部分忽略。此外,由于在建模中考虑了执行器的延时 β,因此需要定义新的状态量来处理该延时,即

$$\boldsymbol{Z}(t) = \boldsymbol{Y}(t) - \int_{t-\beta}^{t} \mathrm{e}^{-\boldsymbol{A}(s-t+\beta)} \boldsymbol{1}_N \otimes \boldsymbol{B} u_s \mathrm{d}s \tag{4-14}$$

根据新的状态量定义,式(4-9)可以转变为

$$\dot{\boldsymbol{Z}}(t) = \boldsymbol{A} \boldsymbol{Z}(t) - \boldsymbol{K}_b \otimes \boldsymbol{B}_0 \boldsymbol{Z}(t) \tag{4-15}$$

式中: $\boldsymbol{B}_0 = \mathrm{e}^{-\boldsymbol{A}\beta} \boldsymbol{B}$。

鉴于 $\boldsymbol{A}$ 和 $\boldsymbol{K}_b \otimes \boldsymbol{B}_0$ 均为下三角矩阵,$\boldsymbol{A} - \boldsymbol{K}_b \otimes \boldsymbol{B}_0$ 的特征根也完全由该矩阵对角线上的元素所决定。由于 $\boldsymbol{A} - \boldsymbol{K}_b \otimes \boldsymbol{B}_0$ 对角线上的元素均相同,一个针对高维复杂系统 $\boldsymbol{A} - \boldsymbol{K}_b \otimes \boldsymbol{B}_0$ 的分析,便可以简化为针对一个三维系统 $\boldsymbol{A}_1 - \boldsymbol{K}_1 \boldsymbol{B}$ 的分析,即

$$\begin{cases} \dot{\boldsymbol{y}}(t) = \boldsymbol{A}_1 \boldsymbol{y}(t) - \boldsymbol{K}_1 \boldsymbol{B} \boldsymbol{y}(t-\beta) \\ \dot{\boldsymbol{z}}(t) = \boldsymbol{A}_1 \boldsymbol{z}(t) - \boldsymbol{K}_1 \boldsymbol{B}_1 \boldsymbol{z}(t) \end{cases} \tag{4-16}$$

式中: $\boldsymbol{B}_1 = \mathrm{e}^{-\boldsymbol{A}_1\beta} \boldsymbol{B}$。

针对

$$\begin{cases} \dot{\boldsymbol{y}}(t) = \boldsymbol{A}_1 \boldsymbol{y}(t) - \boldsymbol{B} \boldsymbol{K}_1 \boldsymbol{u}(t-\beta) \\ \boldsymbol{u}(t) = -\boldsymbol{K}_1 \boldsymbol{y}(t) \end{cases} \tag{4-17}$$

定义系统的二次型性能指标为

$$J = \int_0^{t_f} [\boldsymbol{y}^{\mathrm{T}}(t) \boldsymbol{Q} \boldsymbol{y}(t) + \boldsymbol{u}^{\mathrm{T}}(t) \boldsymbol{R} \boldsymbol{u}(t)] \mathrm{d}t \tag{4-18}$$

式中: $\boldsymbol{Q}$ 为半正定矩阵;$\boldsymbol{R}$ 为正的权值;$\int_0^{t_f} [\boldsymbol{y}^{\mathrm{T}}(t) \boldsymbol{Q} \boldsymbol{y}(t)] \mathrm{d}t$ 表示对跟随精度的要求;$\int_0^{t_f} [\boldsymbol{u}^{\mathrm{T}}(t) \boldsymbol{R} \boldsymbol{u}(t)] \mathrm{d}t$ 表示对控制平顺性的要求。考虑到执行器延时,式(4-18)可以转变为

$$J = \int_0^{t_f} [\mathbf{y}^T(t)\mathbf{Q}\mathbf{y}(t) + \mathbf{u}^T(t)\mathbf{R}\mathbf{u}(t)]dt$$

$$= \int_0^{\beta} [\mathbf{y}^T(t)\mathbf{Q}\mathbf{y}(t)]dt - \int_{t_f}^{t_f+\beta} [\mathbf{y}^T(t)\mathbf{Q}\mathbf{y}(t)]dt$$

$$+ \int_0^{t_f} [\mathbf{y}^T(t+\beta)\mathbf{Q}\mathbf{y}(t+\beta) + \mathbf{u}^T(t)\mathbf{R}\mathbf{u}(t)]dt \quad (4\text{-}19)$$

式(4-19)中,最后一项会随着时间变化,其对 J 起决定作用。因此定义

$$J_3 = \int_0^{t_f} [\mathbf{y}^T(t+\beta)\mathbf{Q}\mathbf{y}(t+\beta) + \mathbf{u}^T(t)\mathbf{R}\mathbf{u}(t)]dt$$

$$= \int_0^{t_f} [\mathbf{z}^T(t)\mathbf{Q}_0\mathbf{z}(t) + \mathbf{u}^T(t)\mathbf{R}\mathbf{u}(t)]dt \quad (4\text{-}20)$$

式中:$\mathbf{Q}_0 = (e^{A_1\beta})^T \mathbf{Q} e^{A_1\beta}$。

随后,针对系统[见式(4-17)]和性能指标[见式(4-20)],控制器增益可以通过 LQR 方法求得,即

$$\mathbf{u}(t) = -\mathbf{R}^{-1}\mathbf{B}_1^T \mathbf{P} \mathbf{z}(t) \quad (4\text{-}21)$$

式中:$\mathbf{P}$ 是以下里卡蒂公式的解。

$$\mathbf{P}\mathbf{A}_1 + \mathbf{A}_1^T\mathbf{P} - \mathbf{P}\mathbf{B}_1\mathbf{R}^{-1}\mathbf{B}_1^T\mathbf{P} + \mathbf{Q}_0 = \mathbf{0} \quad (4\text{-}22)$$

为了将式(4-21)转变为 $\mathbf{u}(t) = -\mathbf{K}_1 \mathbf{y}(t)$ 的形式,首先给出 $\mathbf{z}(t)$ 和 $\mathbf{y}(t)$ 的具体表达式:

$$\mathbf{z}(t) = e^{(A_1 - B_1 R^{-1} B_1^T P)t} \mathbf{z}(0) \quad (4\text{-}23)$$

$$\mathbf{y}(t) = e^{(A_1 - B_1 R^{-1} B_1^T P)t} \mathbf{z}(0) + \int_{t-\beta}^{t} e^{-A_1(s-t+\beta)} \mathbf{B} \mathbf{R}^{-1} \mathbf{B}_1^T \mathbf{P} e^{(A_1 - B_1 R^{-1} B_1^T P)t} \mathbf{z}(0) ds$$

$$(4\text{-}24)$$

由于

$$\mathbf{K}_1 \mathbf{y}(t) = R^{-1} \mathbf{B}_1^T \mathbf{P} \mathbf{z}(t) \quad (4\text{-}25)$$

可以得到

$$\mathbf{K}_1 \left[\mathbf{I} + \int_{-\beta}^{0} e^{-A_1 s} \mathbf{B} \mathbf{R}^{-1} \mathbf{B}_1^T \mathbf{P} e^{(A_1 - B_1 R^{-1} B_1^T P)t} ds \right] = R^{-1} \mathbf{B}_1^T \mathbf{P} \quad (4\text{-}26)$$

因此,系统的增益 $\mathbf{K}_1$ 可以表示为

$$\mathbf{K}_1 = R^{-1} \mathbf{B}_1^T \mathbf{P} \mathbf{N}^{-1} \quad (4\text{-}27)$$

式中:

$$\mathbf{N} = \mathbf{I} + \int_{-\beta}^{0} e^{-A_1 s} \mathbf{B} \mathbf{R}^{-1} \mathbf{B}_1^T \mathbf{P} e^{(A_1 - B_1 R^{-1} B_1^T P)t} ds \quad (4\text{-}28)$$

自此,已完成了针对带延时系统的 LQR 设计,可以通过定义合理的 $\mathbf{Q}$ 和 $\mathbf{R}$,来得到满足要求的反馈增益。在确定了反馈增益之后,本小节将以提高队列

弦稳定性为目标,给出前馈增益的设计方法。队列弦稳定性有多种定义方式,最为常见的是对传递函数 $\Gamma(j\omega)$ 的幅值进行约束,即要求

$$|\Gamma(j\omega)| = \left|\frac{X_i(j\omega)}{X_{i-1}(j\omega)}\right| \leqslant 1, \quad \forall \omega \tag{4-29}$$

式中:$X_i(j\omega)$ 可以是车辆 i 某个状态量的拉普拉斯变换,该状态量可以是跟随误差,也可以是加速度值。下面将采用加速度值进行分析。根据式(4-1)和式(4-13),我们可以得到

$$\begin{aligned}\dot{a}_i(t) = &-\frac{1}{\tau}a_i(t) + \frac{1}{\tau}\{k_v[v_{i-1}(t-\beta) - v_i(t-\beta)] \\ &+ k_p[p_{i-1}(t-\beta) - p_i(t-\beta) - L_i - r - hv_i(t-\beta)] \\ &+ k_a a_{i-1}(t-\beta-\varphi)\}\end{aligned} \tag{4-30}$$

进行拉普拉斯变换后,可以得到

$$\begin{aligned}\{(\tau s+1)s^2 + &[(hk_p+k_v)s+k_p]e^{-\beta s}\}X_i(s) \\ &= (k_a s^2 e^{-\varphi s} + k_v s + k_p)e^{-\beta s}X_{i-1}(s)\end{aligned} \tag{4-31}$$

因此,系统的传递函数为

$$\begin{aligned}\Gamma(s) = \frac{X_i(s)}{X_{i-1}(s)} &= \frac{k_a s^2 e^{-\varphi s} + k_v s + k_p}{(\tau s+1)s^2 e^{\beta s} + (hk_p+k_v)s + k_p} \\ &= \sum_{r=1}^N \operatorname{Prob}\{\varphi = r\zeta\} \frac{k_a s^2 e^{-r\zeta s} + k_v s + k_p}{(\tau s+1)s^2 e^{\beta s} + (hk_p+k_v)s + k_p}\end{aligned} \tag{4-32}$$

为保证车辆编队的队列弦稳定性,需满足

$$\sum_{r=1}^N \operatorname{Prob}\{\varphi = r\zeta\} \left\|\frac{k_a s^2 e^{-r\zeta s} + k_v s + k_p}{(\tau s+1)s^2 e^{\beta s} + (hk_p+k_v)s + k_p}\right\|_\infty \leqslant 1 \tag{4-33}$$

将式(4-33)变形以后,可以得到队列弦稳定性的边界条件,即

$$\xi(j\omega) = \operatorname{Re}[\Gamma(j\omega)]^2 + \operatorname{Im}[\Gamma(j\omega)]^2 = 1 \tag{4-34}$$

式中:Re 表示实部;Im 表示虚部。此时,队列弦稳定性的问题也就转化成了求解式(4-34)的根的问题,即边界条件。通过对上述传递函数进行分析,可以发现当 $\omega^* = 0$ 时,存在

$$\xi(j\omega^*) = 1, \quad \frac{\partial \xi(j\omega^*)}{\partial \omega^*} = 0 \tag{4-35}$$

所以,为了保证 $\xi(j\omega)$ 始终小于 1,当 $\omega^* = 0$ 时,必须有

$$\frac{\partial^2 \xi(j\omega)}{\partial \omega^2} < 0 \tag{4-36}$$

以上给出了 $\omega \to 0^+$ 时的约束条件,当 $\omega > 0$ 时,可以用参数空间法来求解,

即通过计算点条件和切线条件来确定边界值。其边界可以表示为：存在 ω 使下式成立。

$$\xi(j\omega)=1 \tag{4-37}$$

$$\frac{\partial \xi(j\omega)}{\partial \omega}=0 \tag{4-38}$$

通过对 $\omega \to 0^+$ 和 $\omega > 0$ 两种情况的分析，可以保证 $\xi(j\omega)$ 始终小于 1。这主要是因为当式(4-36)成立时，$\xi(j\omega)$ 在 0 附近(小于 1)。而式(4-37)和式(4-38)又可以找出 $\xi(j\omega)$ 逐渐接近直至等于 1 时的临界状态。

本小节提出的协同自适应巡航控制器设计方法可以归纳为：

(1) 用 LQR 方法来确定反馈增益 k_p、k_v，从而保证内稳定性；

(2) 通过参数空间法来确定前馈增益 k_a 的可行区间，从而保证队列弦稳定性。

4.1.3 仿真验证

本小节运用 4.1.2 节中介绍的设计方法进行控制器设计，并开展车辆编队仿真工作。多车协同编队的参数值如表 4-1 所示。

表 4-1 多车协同编队的参数值

参数	值
r	2 m
h	0.6 m/s
τ	(0.25 ± 0.05) s
β	20~50 ms
σ	20~100 ms
ζ	0.1

将 LQR 方法中所涉及的权值参数定义为

$$\boldsymbol{Q}=\begin{bmatrix} 1 & 0 & 0 \\ 0 & 1 & 0 \\ 0 & 0 & 0 \end{bmatrix}$$

$$R=5$$

当利用执行器延时 β 的最大值进行 LQR 设计时，可以得到

$$\boldsymbol{Q}_0 = \begin{bmatrix} 1 & 0.0500 & 0.0284 \\ 0.0500 & 1.0025 & 0.0467 \\ 0.0284 & 0.0467 & 0.0029 \end{bmatrix}$$

$$\boldsymbol{P} = \begin{bmatrix} 1.8209 & 1.2489 & 0.4577 \\ 1.2489 & 3.1801 & 0.8563 \\ 0.4577 & 0.8563 & 0.2468 \end{bmatrix}$$

$$\boldsymbol{K}_1 = \begin{bmatrix} 0.4472 & 0.8376 & 0 \end{bmatrix}$$

因此,反馈增益可分别选为 $k_p = 0.4472, k_v = 0.8376$。随后,根据队列弦稳定性的约束条件,进一步求解 k_a 的可行区间。具体的求解方法是遍历 ω,求解使式(4-37)和式(4-38)成立的 k_a。此解便是能使 $\xi(j\omega)$ 与 1 相切的边界值,将这些解连起来便构成了边界线。图 4-3 给出了不考虑通信丢包时,不同的通信延时下 k_a 的可行区间。图中的红线和蓝线为求解式(4-37)和式(4-38)得到的解所连成的线。以通信延时 0.1 s 为例,图中的紫色区域所对应的频率 ω 可使 $\xi(j\omega)$ 大于 1。因此,k_a 的可行区间应该为 (0.4175, 0.6930)。为了验证该方法的正确性,图 4-4 给出了不同前馈增益 k_a 下的传递函数 $\Gamma(s)$ 的频响曲线。如图 4-4 所示,当 k_a 等于边界值 0.4175 和 0.6930 时,传递函数的频响曲线与直线 $\Gamma(s) = 1$ 分别相切于 $\omega = 0$ 和 $\omega = \omega_3$ 处。而当其超出可行区间,达到 0.2 或者 0.9 时,$|\Gamma(s)|$ 在某些频段内大于 1,而且这些频段正好对应图 4-3 中的紫色区域。当 k_a 在可行区间内,如 $k_a = 0.5$ 时,$|\Gamma(s)|$ 在所有频段内均小于 1,即保证了车辆编队的队列弦稳定性。

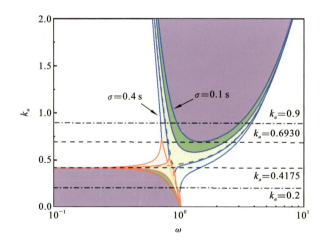

图 4-3 满足队列弦稳定性的前馈增益 k_a 的可行区间

针对图 4-3 中给出的不同通信延时下的前馈增益 k_a 的边界,可以发现,当通信延时不断增大时,k_a 的可行区间不断缩小。当通信延时达到 0.3 s 或 0.4 s 时,两个不稳定区间相互连接到一起,以至于无法找到合适的 k_a 来保证队列弦

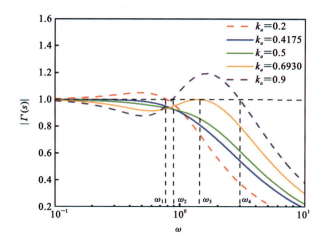

图 4-4　不同前馈增益 k_a 下的传递函数 $\Gamma(s)$ 的频响曲线

稳定性。通过计算发现，在利用 LQR 方法选定的反馈增益下，所允许的最大通信延时为 0.293 s。当延时过大时，车辆编队的队列弦稳定性将得不到保证。以上不仅给出了 k_a 的设计方法，还从理论上给出了通信延时的最大允许值。但是根据 SAE J2735 DSRC Message Set 的相关标准，加速度信号的通信频率建议选为 10 Hz。若假设所有数据均能在一个通信周期内被成功接收，即通信延时均小于 0.1 s，则 k_a 的可行区间为 $(0.4175, 0.6930)$。

在考虑通信丢包之后，k_a 的稳定性边界将进一步发生变化。图 4-5 给出了通信延时为 0.1 s 时，不同通信丢包率下 k_a 的稳定性边界。可以发现，k_a 的可

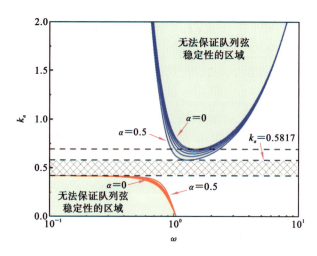

图 4-5　通信丢包对前馈增益可行区间的影响

行区间有所缩小,上边界值减小到了 0.5817。

根据图 4-5,本小节将前馈增益选为 0.5,即控制器增益为
$$\boldsymbol{K} = \begin{bmatrix} 0.4472 & 0.8376 & 0.5 \end{bmatrix}$$

图 4-6 给出了采用此控制器增益时,不同通信丢包率下,传递函数 $\Gamma(j\omega)$ 的频响曲线。结果显示,在所有频率范围内,$|\Gamma(j\omega)|$ 均小于 1,即队列弦稳定性得到了有效保证。

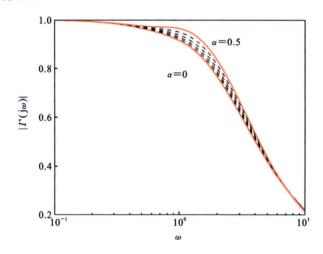

图 4-6 不同通信丢包率下,传递函数 $\Gamma(j\omega)$ 的频响曲线

为了验证本小节所设计控制器的合理性,此处选取另一组控制器增益 $\boldsymbol{K} = \begin{bmatrix} 0.4472 & 0.8376 & 0.2 \end{bmatrix}$ 作为对照模型。根据图 4-4,该对照模型在理论上应该无法满足队列弦稳定性要求。本小节选用 FTP-75 标准测试循环中的一个启停工况进行仿真,图 4-7 和图 4-8 分别给出了使用本小节设计的控制器与对照组控制器时的仿真结果。图 4-9 进一步给出了存在通信丢包时的仿真结果。车辆编队仿真中采用的丢包率如表 4-2 所示。表 4-2 所设定的异质通信丢包率可以用来直观反映不同丢包率下的控制效果。

图 4-7(a)的仿真结果显示,即使在加速度变化比较激烈的 FTP-75 标准测试循环中,跟随车辆都能快速响应前行车辆的车速变化,实现快速准确的跟随效果。而且在加速度跟随过程中,并没有出现超调现象,波动也在向车辆编队后方传递的过程中不断衰减。该结果说明本小节设计的协同自适应巡航控制器能够有效保证队列弦稳定性,从而实现平稳的跟随效果。反观对照组仿真结果,当头车加速时,跟随车辆在跟随加速度变化的过程中存在较大的超调量,超调幅度也不断增大。按照图 4-8(a)中的加速度传递形式,当车辆编队较长时,

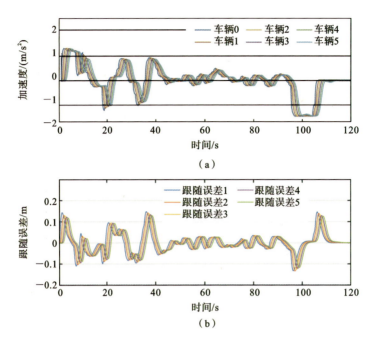

图 4-7 无通信丢包情况下,车辆编队仿真结果

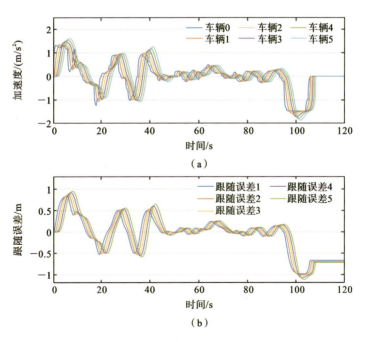

图 4-8 无通信丢包情况下,对照组仿真结果

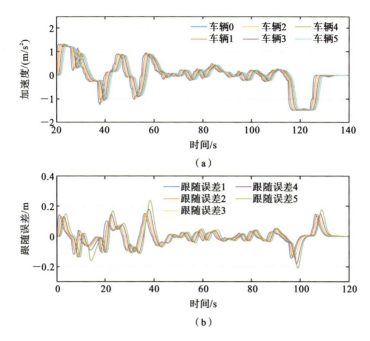

图 4-9 存在通信丢包情况下,车辆编队仿真结果

表 4-2 车辆编队仿真中采用的丢包率

车辆编号	车辆 0	车辆 1	车辆 2	车辆 3	车辆 4
丢包率	0.1	0.2	0.3	0.4	0.5

尾车的加速度波动将十分明显,严重影响舒适性,甚至威胁驾驶安全。该结果也很好地说明了对照组的控制器增益无法保证队列弦稳定性。图 4-10 给出了图 4-7(a)和图 4-8(a)中加速度的均方根值来做进一步比较。该对比更加直观地表明本小节设计的控制器可以有效实现加速度波动的衰减,尾车的加速度均方根值相较于头车的足足减小了 17.1%。而在对照组仿真结果中,尾车的加速度均方根值却增大到了 0.6630 m/s^2。

仿真结果的差异不仅体现在加速度上,还体现在跟随误差上,后者差异更加明显。在图 4-7(b)中,车辆 1 与头车之间的最大跟随误差仅为 0.1474 m,而且跟随误差在向队列后方传递的过程中不断衰减。尾车与其前行车辆之间的最大跟随误差减小到了 0.1304 m。反观图 4-8(b),跟随误差在向队列后方传递的过程中不断增大,最大跟随误差达到了 1.225 m。而且由于其响应较慢,在头车停止后,所有跟随车辆并不能及时停止,均有着 −0.7 m 左右的跟随误差。

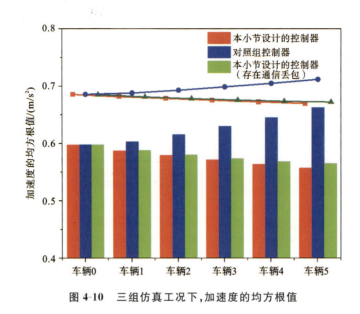

图 4-10　三组仿真工况下,加速度的均方根值

上述比较充分证明了本小节设计的控制器可以获得良好的收敛效果和跟随精度,并有效保证了队列弦稳定性,从而提高多车协同编队的安全性与舒适性。

图 4-7 和图 4-9 所示仿真结果的对比,用来说明协同自适应巡航控制器在应对通信丢包时的控制效果。可以发现,尽管通信丢包存在,跟随车辆依旧可以精准地跟随前行车辆的状态变化。对于加速度而言,并没有出现超调以及扰动增大的现象,加速度的均方根值也呈现出不断衰减的趋势,这证明了在通信丢包存在时,本小节设计的控制器可以有效保证期望的控制效果。不过,如图 4-10 所示,存在通信丢包时加速度的均方根值的衰减趋势弱于无通信丢包时的衰减趋势,这也说明通信丢包对控制效果存在一定影响。对于跟随误差而言,受通信丢包的影响,最大跟随误差有些许增大,如图 4-11 所示。特别是对于车辆 5,其前行车辆的通信丢包率为 0.5,难免在加速度变化剧烈的时候,产生较大的跟随误差。但是,跟随误差整体上还是被控制在合理的范围内,最大跟随误差仅为 0.2371 m。

综上所述,本小节提出的控制器设计方法可以有效保证内稳定性和队列弦稳定性。在整个仿真过程中,加速度扰动逐渐衰减,从而保证舒适性。而且控制精度也相当高,最大跟随误差始终被控制在合理的范围内。此外,即使存在通信丢包,还是可以保证良好的控制效果。

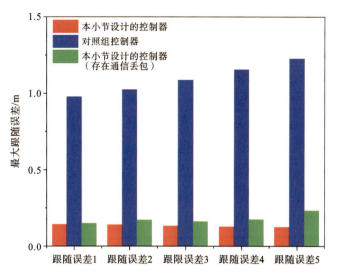

图 4-11 三组仿真工况下,不同跟随误差的最大跟随误差

4.2 基于 Smith 预估的多车协同编队控制

4.2.1 Smith 预估控制器设计

4.1节中的设计方法可以在存在通信延时的情况下,通过设计合理的控制器参数来保证车辆编队的内稳定性、队列弦稳定性等控制要求,但是具有一定的局限性:

(1) 存在一个通信延时上限,当延时量大于该上限时将无法设计合适的控制器参数来保证控制要求;

(2) 虽然以上设计过程针对已知范围的延时可以保证控制要求,但是随着通信延时在给定范围内的不断增加,车辆编队的控制性能依旧会有一定幅度的下降。

这些局限性总体上可以总结为:通信延时始终与控制性能存在着较强的耦合关系。本节的目标便是设计合理的控制结构,来有效消除或减弱这种耦合关系。

Smith 预估补偿控制是用于控制具有明显延时系统的最常用方法。该方法通过预估系统的动态特性,用预估模型来抵消实际模型中的延时部分,从而将延时量从系统的特征方程中消除,以此来保证任意延时下的系统稳定性。常见的 Smith 预估补偿控制结构如图 4-12 所示。

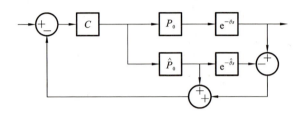

图 4-12 常见的 Smith 预估补偿控制结构

在没有进行 Smith 预估补偿控制前，系统的传递函数可以表示为

$$G(s) = \frac{C(s)P_0(s)e^{-\theta s}}{1+C(s)P_0(s)e^{-\theta s}} \tag{4-39}$$

在该传递函数的分母中存在着延时量 θ，毋庸置疑的是，随着延时量 θ 的增加，系统的特征根分布将产生较大的变化，不仅影响系统的收敛特性，还可能使系统失稳。在进行 Smith 预估补偿控制后，系统的传递函数将转变成：

$$G_{sp}(s) = \frac{C(s)P_0(s)e^{-\theta s}}{1+C(s)P_0(s)e^{-\theta s}+C(s)[\hat{P}_0(s)-\hat{P}_0(s)e^{-\hat{\theta} s}]} \tag{4-40}$$

当系统的参数可以实现精准预估时，即 $\hat{P}_0(s)=P_0(s)$，$e^{-\hat{\theta} s}=e^{-\theta s}$，该传递函数可以简化为

$$G_{sp}(s) = \frac{C(s)P_0(s)e^{-\theta s}}{1+C(s)\hat{P}_0(s)} \tag{4-41}$$

可见，延时量已经从系统的特征方程中消除，由此实现了延时与系统内稳定性的解耦。整个系统将呈现出简单的纯延时特性。该延时虽然会对控制精度有一定影响，但是稳定性始终可以得到很好的保证。

从以上阐述来看，Smith 预估补偿控制主要用于消除系统闭环中的延时量，但是在图 4-1 所示的控制框架中，延时量存在于系统的前馈中，因此不具有使用 Smith 预估补偿控制的先决条件。因此，本节采用了新的控制框架——随从模式(ms)控制框架，如图 4-13 所示。

相较于传统模式(tr)控制框架，随从模式控制框架具有以下特点：

(1) 前行车辆主动探测其与跟随车辆之间的跟随误差及速度差；

(2) 前行车辆根据雷达探测到的数据和自身的加速度信息，为跟随车辆决策其期望加速度值；

(3) 跟随车辆只需要跟随通过车联网传递过来的期望加速度信号即可。

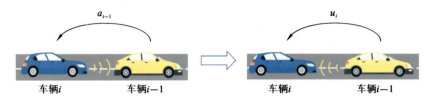

图 4-13 随从模式控制框架

传统的期望加速度决策包括前行车辆加速度信息的前馈和跟随误差的比例微分(proportional differential,PD)反馈部分,即

$$u_i(t)=k_p e_i(t)+k_v \dot{e}_i(t)+k_a a_{i-1}(t-\sigma) \quad (4-42)$$

因此,传统模式下的控制框图如图 4-14 所示,传递函数为

$$\Gamma_{tr}(s)=\frac{(k_p+k_v s)+s^2 k_a e^{-\sigma s}}{(\tau s+1)s^2 e^{\beta s}+(k_p+k_v s)(hs+1)} \quad (4-43)$$

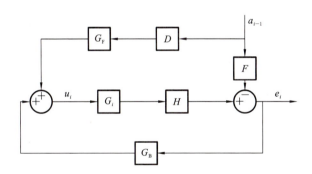

图 4-14 传统模式下的控制框图

其中,G_B 和 G_F 分别为反馈控制增益和前馈控制增益,并可分别表示为 $G_B=k_p+k_v s$,$G_F=k_a$。G_i 是车辆动力学模型,其可以表示为 $G_i=\dfrac{1}{\tau s+1}e^{-\beta s}$。此外,$F=1/s^2$,$H=hs+1$,$D(s)=e^{-\sigma s}$。

采用随从模式后,执行器延时和通信延时均转移到了系统的闭环部分,随从模式下的控制框图如图 4-15 所示,传递函数为

$$\Gamma_{ms}(s)=\frac{(k_p+k_v s)+s^2 k_a}{(\tau s+1)s^2 e^{(\beta+\sigma)s}+(k_p+k_v s)(hs+1)} \quad (4-44)$$

此时,便可以采用 Smith 预估补偿控制来消除其中的延时量,此时控制框图如图 4-16 所示。

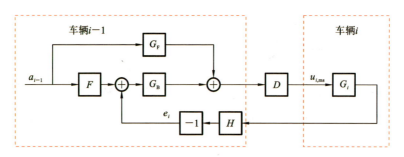

图 4-15 随从模式下的控制框图

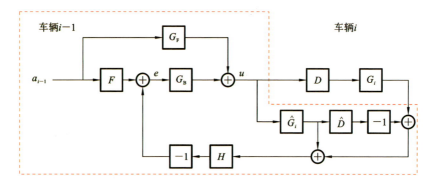

图 4-16 采用 Smith 预估补偿控制后随从模式的控制框图

其中，$\hat{G}_i$、$\hat{D}$ 分别是对车辆动力学模型和通信延时的估计值。当估计准确时，系统的传递函数将转变成：

$$\Gamma_{sp}(s) = \frac{(k_p + k_v s) + s^2 k_a}{(\tau s + 1)s^2 + (k_p + k_v s)(hs + 1)} e^{-(\beta + \sigma)s} \quad (4\text{-}45)$$

式中：sp 表示基于 Smith 预估补偿控制的随从模式。

此时，系统的响应仅存在一个纯延时，并不会对系统的稳定性产生影响。

4.2.2 不同模式控制下的控制器设计及性能对比

车辆编队的主要控制要求包括：跟随精度、内稳定性和队列弦稳定性。以下将围绕这三种控制要求，对传统模式(tr)、随从模式(ms)和基于 Smith 预估补偿控制的随从模式(sp)进行逐一分析。

跟随精度由误差传递函数的特性决定，不同模式下的误差传递函数分别为

$$S_{tr}(s) = \frac{(\tau s + 1)e^{\beta s} - k_a(hs + 1)e^{-\sigma s}}{(\tau s + 1)s^2 e^{\beta s} + (k_p + k_v s)(hs + 1)} \quad (4\text{-}46)$$

$$S_{\text{ms}}(s) = \frac{(\tau s + 1)e^{(\beta+\sigma)s} - k_a(hs+1)}{(\tau s+1)s^2 e^{(\beta+\sigma)s} + (k_p + k_v s)(hs+1)} \quad (4\text{-}47)$$

$$S_{\text{sp}}(s) = \frac{(\tau s + 1) - k_a(hs+1)}{(\tau s+1)s^2 + (k_p + k_v s)(hs+1)} \quad (4\text{-}48)$$

为了提高跟随精度,应该选择合适的前馈增益,使得传递函数的分子等于或接近零,因此可以得到不同模式下的前馈增益:

$$k_{a_{\text{tr}}} = k_{a_{\text{ms}}} = \frac{(\tau s + 1)e^{(\beta+\sigma)s}}{hs+1} \quad (4\text{-}49)$$

$$k_{a_{\text{sp}}} = \frac{\tau s + 1}{hs + 1} \quad (4\text{-}50)$$

由于 $e^{(\beta+\sigma)s}$ 在控制中不易实现,因此前馈增益均取为

$$k_a = \frac{\tau s + 1}{hs + 1} \quad (4\text{-}51)$$

从内稳定性方面来看,可以通过比较传递函数得到初步的结论,即采用基于 Smith 预估补偿控制的随从模式时,内稳定性最优,而采用随从模式时,由于受执行器延时和通信延时的双重影响,内稳定性较差。本节中,系统的反馈增益均可选为 $k_p = 0.6, k_v = 1.8$,该反馈增益可以保证系统的特征根具有负实部,从而保证系统内稳定性。

从队列弦稳定性方面来看,其可以通过比较不同模式下的允许最小跟车时距来体现。图 4-17 给出了不同模式下不同通信延时所对应的允许最小跟车时距。

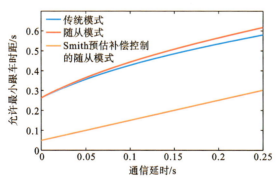

图 4-17 不同控制模式下不同通信延时所对应的允许最小跟车时距

由图 4-17 可以发现,在传统模式和随从模式下,允许最小跟车时距随着通信延时增加呈现出明显增大的趋势。这意味着通信延时的存在,需要以增大允许最小跟车时距为代价来保证较好的跟车性能,这对提高通行效率十分不利。

而采用了基于 Smith 预估补偿控制的随从模式后,允许最小跟车时距远小于其余两个模式的,而且其值等于通信延时和执行器延时之和,具体证明如下。

对于基于 Smith 预估补偿控制的随从模式,如果能够实现准确预估,并按照式(4-51)选取前馈增益,则系统的传递函数可表示为

$$\Gamma_{sp}(s) = \frac{(k_p + k_v s) + s^2 \frac{(\tau s + 1)}{(hs+1)}}{(\tau s + 1)s^2 + (k_p + k_v s)(hs+1)} e^{-(\beta+\sigma)s} = \frac{1}{hs+1} e^{-(\beta+\sigma)s} \quad (4-52)$$

对于式(4-52)而言,跟随车辆的加速度响应主要呈现一个惯性时滞和一个纯延时,因此其幅值始终不可能超过 1。此特性充分证明了基于 Smith 预估补偿控制的随从模式在保证队列弦稳定性方面的有益效果,甚至可以在理论上实现零跟车时距。但是需要说明的是,该模式下的实际跟随误差为

$$e_{sp}(t) = p_{i-1}(t) - p_i(t + \sigma + \beta) - hv_i(t + \sigma + \beta) \quad (4-53)$$

即

$$e_{sp} = p_{i-1}(t) - p_i(t) - (h + \sigma + \beta)v_i(t) - \iint_t^{t+\sigma+\beta} a_i(t)\mathrm{d}t - h\int_t^{t+\sigma+\beta} a_i(t)\mathrm{d}t \quad (4-54)$$

所以实际跟车时距应该是理论跟车时距、通信延时和执行器延时之和。由此可以得到图 4-17 中的结果。由式(4-54)还可以发现,采用 Smith 预估补偿控制后,存在理论跟随误差,即 $\iint_t^{t+\sigma+\beta} a_i(t)\mathrm{d}t + h\int_t^{t+\sigma+\beta} a_i(t)\mathrm{d}t$。

4.2.3 高速路燃油经济性测试工况下的多车协同编队仿真

为了论证以上分析的正确性,本小节给出了高速路燃油经济性测试(highway fuel economy test,HWFET)工况下的仿真结果。系统的具体参数选为 $\tau = 0.5$ s,$\beta = 0.05$ s。

图 4-18 和图 4-19 分别给出了传统模式下和随从模式下的多车协同编队仿真结果。由图 4-17 可知,在这两种模式下,通信延时为 0.1 s 时对应的允许最小跟车时距分别为 0.428 s 和 0.44 s。而在本小节仿真中跟车时距选为 0.4 s,略小于最小允许跟车时距值。仿真结果证明,跟车时距仅略小于最小允许跟车时距值,车辆编队便不能保证队列弦稳定性。领航车的加速度波动在向队列后方传递的过程中不断放大,严重影响驾驶舒适性。该仿真结果也证明了在传统模式中,队列弦稳定性与跟车时距之间存在较强的耦合关系。

采用 Smith 预估补偿控制后,可以保证零理论跟车时距下的队列弦稳定性。图 4-20 给出了理论跟车时距为 0 s 时的仿真结果。为了体现通信延时的影

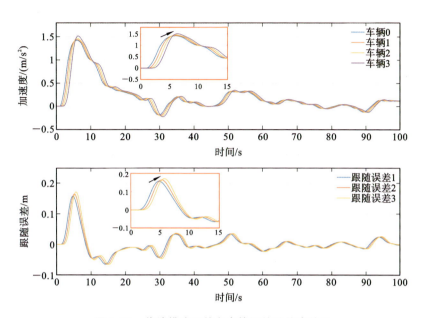

图 4-18 传统模式下的多车协同编队仿真结果

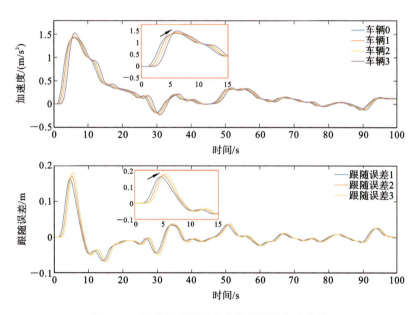

图 4-19 随从模式下的多车协同编队仿真结果

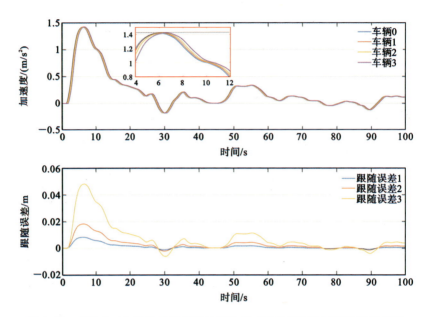

图 4-20　基于 Smith 预估补偿控制的随从模式下的多车协同编队仿真结果

响,该仿真采用差异化通信延时,即领航车与车辆 1 之间的通信延时为 0.05 s,车辆 1 与车辆 2 之间的通信延时为 0.1 s,车辆 2 与车辆 3 之间的通信延时为 0.2 s。于是,Smith 预估补偿控制在不同通信延时下的性能便可以用一组仿真结果来反映。仿真结果显示,无论在多大的通信延时影响下,车辆编队的加速度响应都十分平顺,基本呈现出一个纯延时状态,队列弦稳定性得到很好的保证。此外,加速响应的延时量随着通信延时的增加而增大,跟随误差也与通信延时呈正相关,与式(4-54)相呼应。

综上所述,采用基于 Smith 预估补偿控制的随从模式可以有效实现队列弦稳定性、通信延时、跟车时距之间的解耦。零理论跟车时距下的仿真结果也充分证明 Smith 预估补偿控制有更多的裕度来保证队列弦稳定性,其不仅有利于提高通行效率,还有效提高了多车协同编队对通信质量的适应能力。

当然,Smith 预估补偿控制也具有一定的局限性,即以上分析均基于准确预估的前提假设。关于存在预估误差时的系统鲁棒性问题依旧是 Smith 预估补偿控制中的关键研究点。一方面可对 Smith 预估补偿控制进行改进升级,如采用自适应策略或模糊控制策略,另一方面,可以对控制系统进行干扰补偿控制,以此来减小预估误差。读者可根据自身兴趣对该领域进行深入研究。

本章参考文献

[1] MA F W, WANG J W, YANG Y, et al. Stability design for the homogeneous platoon with communication time delay[J]. Automotive Innovation, 2020, 3: 101-110.

[2] MA F W, WANG J W, ZHU S, et al. Distributed control of cooperative vehicular platoon with nonideal communication condition[J]. IEEE Transactions on Vehicular Technology, 2020, 69(8): 8207-8220.

[3] DOLK V S, PLOEG J, HEEMELS W P M H. Event-triggered control for string-stable vehicle platooning[J]. IEEE Transactions on Intelligent Transportation Systems, 2017, 18(12): 3486-3500.

[4] PLOEG J, WOUW N V D, NIJMEIJER H. $\mathcal{L}_p$ string stability of cascaded systems: application to vehicle platooning[J]. IEEE Transactions on Control Systems Technology, 2014, 22(2): 786-793.

[5] XUE B Q, YU H S, WANG M L. Robust H_∞ output feedback control of networked control systems with discrete distributed delays subject to packet dropout and quantization[J]. IEEE Access, 2019, 7: 30313-30320.

[6] QIN W B, GOMEZ M M, OROSZ G. Stability and frequency response under stochastic communication delays with applications to connected cruise control design[J]. IEEE Transactions on Intelligent Transportation Systems, 2017, 18(2): 388-403.

[7] XING H T, PLOEG J, NIJMEIJER H. Smith predictor compensating for vehicle actuator delays in cooperative ACC systems[J]. IEEE Transactions on Vehicular Technology, 2019, 68(2): 1106-1115.

[8] XING H T, PLOEG J, NIJMEIJER H. Compensation of communication delays in a cooperative ACC system[J]. IEEE Transactions on Vehicular Technology, 2020, 69(2): 1177-1189.

第 5 章 基于事件触发的多车协同编队鲁棒控制

第 4 章开展了非理想通信环境下的协同自适应巡航控制器设计工作,其主要面向通信延时和丢包。以上两种通信特性都直接或间接地与通信带宽和通信数据传递量有关。通信传递需求过大且通信带宽受限,很容易导致通信信道的堵塞和节点冲突,从而导致严重的通信延时与丢包。因此,针对通信延时和丢包进行车辆编队控制器的优化设计只是提出了一个有效的应对策略,并没有从根本上解决问题。如果要减少或避免通信延时和丢包的出现,则应从减小通信数据传递量方面入手,避免过度、低效地使用有限的通信带宽。本章将以减小通信带宽占用率为目标,设计事件触发策略,并结合扰动模型和参数空间法进行协同自适应巡航控制器设计。

5.1 考虑参数不确定性的事件触发控制器设计

5.1.1 基于事件触发的多车协同编队建模

在实际应用过程中,多车协同编队技术难免会受到参数不确定性的影响。该不确定性主要包括两大部分:车辆动力学参数和驾驶员行为。对于车辆动力学参数而言,整个编队中车辆存在一定的动力学参数区别。该区别可以是因车辆型号、配置不同而导致的,也可以是因车辆使用状态、环境等不同而导致的。不过,多车协同编队技术鼓励将参数相同或相似的车辆进行编队,以保证安全性和通行效率。因此,动力学参数的不确定性范围并不会特别大,动力学参数仅会在一个较小的范围内波动。为了体现动力学参数的不确定性,本节将车辆时滞参数设置为一个区间,即时滞参数会是该区间内的一个随机值。对于驾驶员行为而言,主要体现在跟车时距的选择上。在 PATH 的实车试验中,车辆编队可以在时距为 0.6 s 的条件下安全、稳定行驶。但是驾驶员由于驾驶偏好不同,喜欢的跟车时距也存在一定区别。PATH 通过邀请驾驶员对搭载编队控制系统的车辆进行试乘体验,并调查驾驶员的偏好。调查结果显示,大部分驾驶员偏好0.6 s的跟车时距,但也有部分驾驶员比较保守,偏好较大的跟车时距,如表5-1所示。为了保证设计的车辆编队控制器能够在不同跟车时距下均具有良好的跟随性能,同样需要将跟车时距作为一个变化区间对控制器进行设计。

表 5-1 不同跟车时距的偏好分布

跟车时距/s	接受比例/(%)
0.6	57
0.7	24
0.9	7
1.1	12

除了考虑参数不确定性以外,本章还将设计事件触发策略来提高通信资源的利用率。在本章所设计的车辆编队控制中,车联网仅用来传输车辆的加速度信号,从而为控制器提供前馈输入,与第4章的保持一致。采用事件触发策略后车辆编队控制示意图如图5-1所示,其中一个采样器按照一定的采样周期ζ对车辆加速度进行采样。当采用时间触发策略时,加速度被采样后直接通过车联网传递给跟随车辆。但是当采用事件触发策略时,加速度被采样后是否发送给跟随车辆将主要取决于触发条件是否被满足。例如,当车辆始终以固定加速度行驶或其加速度变化很小时,并没有必要在每一个采样周期都发送加速度信号。因此,设计合理的触发条件可以使加速度信号仅在必要的时候被发送给跟随车辆。

在定义事件触发条件前,需要先给出以下说明。事件触发策略的采用,使

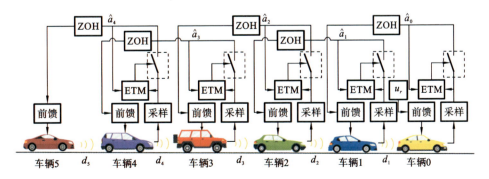

图 5-1 采用事件触发策略后车辆编队控制示意图

注:ZOH—零阶保持器;ETM—事件触发器。

得前行车辆并不会在每一个控制周期(采样周期)都发送加速度信号。当控制器没有收到前行车辆发送的加速度信号时,将采用零阶保持策略,即使用上一次接收到的数据,可以表示为

$$\hat{a}_{i-1}(t) = a_{i-1}(t_N^{i-1}\zeta), \quad t_N^{i-1}\zeta < t < t_{N+1}^{i-1}\zeta \tag{5-1}$$

式中:$t_N^{i-1}\zeta$ 表示第 N 次被触发时的时间;$t_{N+1}^{i-1}\zeta$ 表示第 $N+1$ 次被触发时的时间;$\hat{a}_{i-1}$ 表示在控制中车辆 $i-1$ 使用的加速度;a_{i-1} 表示车辆 $i-1$ 实际的加速度。

此时,在控制中车辆 $i-1$ 使用的加速度和实际的加速度存在一定的误差 $\delta_{i-1}(t)$,即

$$\delta_{i-1}(t) = \hat{a}_{i-1}(t) - a_{i-1}(t) \tag{5-2}$$

该误差便是采用事件触发策略后导致的不良影响,本节将通过设计合理的控制器,来应对这一影响。在应用事件触发策略时,一般通过定义触发阈值对该误差进行限制,即当误差大于一定预设值时,系统被触发,以此将误差归零。按照该思路,下一个触发时刻可以通过式(5-3)来判断:

$$t_{N+1}^{i-1}\zeta = t_N^{i-1}\zeta + \min_{i \in N}\{\varphi\zeta | \ \|\delta_{i-1}[(t_N^{i-1}+\varphi)\zeta]\|^2 > \text{Thre}\} \tag{5-3}$$

式中:Thre 表示触发阈值;φ 为两次触发时刻之间相隔的采样周期数量。在本节中,触发阈值可以定义为

$$\text{Thre} = \gamma \|a_{i-1}(t_N^{i-1}\zeta)\|^2 + \varepsilon \tag{5-4}$$

式中:γ、ε 为需要被设计的参数。

综上所述,采用事件触发策略后,车辆编队控制器的逻辑可以描述为以下内容。

(1) 车辆 $i-1$ 搭载的加速度采样器按照固定采样周期对加速度进行采样。

(2) 判断当前加速度是否满足触发阈值。

(3) 如果加速度满足触发阈值,则将加速度信号发送给车辆 i,同时车辆 i 更新控制器前馈输入。

(4) 如果加速度不满足触发阈值,则车辆 $i-1$ 不激活车联网模块,车辆 i 继续使用上一时刻的控制器前馈输入。

为了描述事件触发策略对控制器的影响,本节利用扰动模型来表述。采用事件触发策略后,被控车辆的期望控制输入可以表示为

$$\begin{aligned} u_i(t) &= k_p e_i(t) + k_v \dot{e}_i(t) + k_a \hat{a}_{i-1}[t - \sigma(t_N^i\zeta)] \\ &= k_p e_i(t) + k_v \dot{e}_i(t) + k_a a_{i-1}[t - \sigma(t_N^i\zeta)] \\ &\quad + k_a \delta_{i-1}[t - \sigma(t_N^i\zeta)], \quad t_N^i\zeta < t < t_{N+1}^i\zeta \end{aligned} \tag{5-5}$$

继续沿用第 4 章中的假设($\sigma \leqslant \zeta$),式(5-5)可以转变成式(5-6),从而保证控制器在所有可能出现的通信延时状态下均能获得良好的控制效果。

$$\begin{aligned} u_i(t) &= k_p e_i(t) + k_v \dot{e}_i(t) + k_a \hat{a}_{i-1}(t-\zeta) \\ &= k_p e_i(t) + k_v \dot{e}_i(t) + k_a a_{i-1}(t-\zeta) + k_a \delta_{i-1}(t-\zeta) \end{aligned} \quad (5-6)$$

按照式(5-6)给出的期望加速度输入,车辆 i 的控制框图如图 5-2 所示。

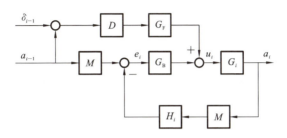

图 5-2 车辆 i 的控制框图

图 5-2 中,$D = e^{-\zeta s}$,$G_i = \dfrac{1}{\tau_i s + 1} e^{-\beta s}$,$H_i = h_i s + 1$,$M = \dfrac{1}{s^2}$,$G_B = k_p + k_v s$,$G_F = k_a$。在该控制框图中,$G_i$ 和 H_i 包含参数不确定性,且 $\tau \in \left[\min\limits_{\forall i \in S_m} \tau_i, \max\limits_{\forall i \in S_m} \tau_i\right]$,$h \in \left[\min\limits_{\forall i \in S_m} h_i, \max\limits_{\forall i \in S_m} h_i\right]$,$\delta_{i-1}$ 用来反映事件触发策略对系统的影响。

5.1.2 控制器参数匹配设计

协同自适应巡航控制器设计的首要目标是实现优异的跟随精度,即 $\lim\limits_{t \to \infty} e_i(t) = 0$,$\forall i \in S_m$。这要求图 5-3 所示的控制系统即使存在参数不确定性,依然具有较好的收敛特性和较小的稳态误差。它们主要由系统输入至跟随误差的传递函数决定,因此可以通过合理设计该传递函数的特性来满足设计需求。

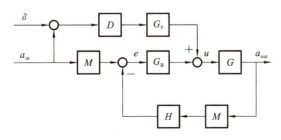

图 5-3 车辆编队通用控制框图

根据图5-3，系统输入至跟随误差的传递函数可以表示为

$$\mathcal{J}(s)=\frac{e(s)}{a_{in}(s)}=\frac{M-G_F DGHM}{1+G_B GH} \tag{5-7}$$

式中：$G=\frac{1}{\tau s+1}e^{-\beta s}$；$H=hs+1$；$\tau \in [\min_{\forall i \in S_m}\tau_i, \max_{\forall i \in S_m}\tau_i]$；$h \in [\min_{\forall i \in S_m}h_i, \max_{\forall i \in S_m}h_i]$。

为使系统具有较小的跟随误差，可以通过以下两个步骤来实现：

（1）设计合理的前馈增益，使得传递函数的分子等于或接近零；

（2）设计合理的反馈增益，使得传递函数具有合理的特征根。

其中，步骤（1）主要通过前馈部分的设计来实现快速的跟随，并减小跟随误差。步骤（2）通过对反馈部分的优化来保证系统的稳定性和优异的收敛特性。通过前馈和反馈部分的共同作用来实现期望的控制效果。根据步骤（1），可以得到最优的前馈增益：

$$G_F = \frac{1}{GHD} = \frac{\tau s+1}{hs+1}e^{(\beta+\zeta)s} \tag{5-8}$$

但是，由于系统存在参数不确定性，对于异质车辆编队，我们依旧希望能够使用统一的前馈增益来减小控制器的复杂度，因此，设计前馈增益时做出一定的妥协，选用一个固定参数来代替具有不确定性的参数，即

$$G_F = \frac{\tau_0 s+1}{h_0 s+1}e^{(\beta+\zeta)s} \tag{5-9}$$

式中：$\tau_0 = (\min_{\forall i \in S_m}\tau_i + \max_{\forall i \in S_m}\tau_i)/2$；$h_0 = 0.6 \text{ s}$。

其次，考虑到前馈增益中的$e^{(\beta+\zeta)s}$偏向于系统预测，实现起来存在一定的难度。因此，在设计过程中将前馈控制中的该部分忽略。此时，前馈增益简化为

$$G_F = \frac{\tau_0 s+1}{h_0 s+1} \tag{5-10}$$

需要承认的是，以上两步简化过程使得传递函数的分子并不等于零，这势必会对系统的控制效果产生一定的影响。但是，其还是能够在一定程度上使传递函数的分子接近零，其导致的微小误差可以通过反馈控制来弥补。

对于反馈增益的设计，需要使传递函数的特征根具有负实部来保证系统的稳定性。但是这样仅能够使系统收敛，并无法对收敛特性进行控制。因此，本节采用更加严格的 $\mathcal{D}$ 区域来代替 s 平面的左半平面，即对应 $\mathcal{D}$ 稳定性。根平面内的 $\mathcal{D}$ 稳定性区间如图5-4所示，$\mathcal{D}$ 区域由边界 $\partial \mathcal{D}$ 包围。边界 $\partial \mathcal{D}$ 可以用式（5-11）表示。图5-4中的蓝线表示系统允许的最小收敛速度，绿线表示系统的阻尼比。

$$\partial \mathcal{D} := \{s | s = \sigma(\alpha)+j\omega(\alpha), \alpha \in [\alpha^-, \alpha^+]\} \tag{5-11}$$

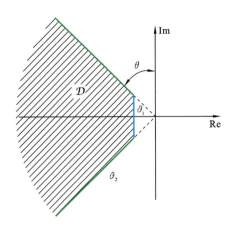

图 5-4 根平面内的 $\mathcal{D}$ 稳定性区间

确定完系统特征根的期望区间后,本节采用参数空间法进行系统的鲁棒设计。参数空间法的相关内容在本章参考文献[2]和本章参考文献[3]中有详细介绍,这里不再赘述,仅对关键内容进行说明。

首先,对具有参数不确定性的系统进行定义:

$$\boldsymbol{q} = [\tau, h, k_p, k_v] \tag{5-12}$$

$$\boldsymbol{q}^* = [k_p, k_v] \tag{5-13}$$

$$\mathcal{Q} = \{\boldsymbol{q} \mid \boldsymbol{q} \in [\boldsymbol{q}^-, \boldsymbol{q}^+]\} \tag{5-14}$$

$$\widetilde{\boldsymbol{q}}^* = [\tau, h] \tag{5-15}$$

式中:$\boldsymbol{q}$ 表示控制器参数和具有不确定性的系统参数;$\boldsymbol{q}^*$ 表示有待设计的控制器增益;$\widetilde{\boldsymbol{q}}^*$ 表示具有不确定性的系统参数;$\mathcal{Q}$ 表示参数的不确定性范围。

参数空间法的核心思想是:通过边界理论,将 s 平面内对系统闭环极点的约束转换成 $\boldsymbol{q}$ 平面内对控制器增益的限制。边界理论主要是基于以下原理进行控制器设计的:$p(s,\boldsymbol{q})$ 对于 $\boldsymbol{q}$ 而言是连续变化的,不可能不经过边界 $\partial \mathcal{D}$ 而落到期望区间 $\mathcal{D}$ 之外。其中,$p(s,\boldsymbol{q})$ 表示系统的闭环极点。对于图 5-4 给出的期望区间 $\mathcal{D}$,$p(s,\boldsymbol{q})$ 有两种形式穿越边界 $\partial \mathcal{D}$:以实根形式穿越边界(RRB),即 $s = \sigma$;以共轭复数根形式穿越边界(CRB),即 $s = \sigma \pm j\omega$。因此,s 平面内的边界 $\partial \mathcal{D}$ 被转换到 $\boldsymbol{q}$ 平面内时存在两种形式,即

$$\partial \mathcal{Q}_{\text{CRB}}(\alpha) := \{\boldsymbol{q} \mid p[\sigma(\alpha) + j\omega(\alpha), \boldsymbol{q}] = 0, \alpha \in [\alpha^-, \alpha^+]\} \tag{5-16}$$

$$\partial \mathcal{Q}_{\text{RRB}} := \{\boldsymbol{q} \mid p(\sigma_0, \boldsymbol{q}) = 0\} \tag{5-17}$$

通过求解式(5-16)和式(5-17),可以在 $\boldsymbol{q}$ 平面内得到控制器参数的合理区间。此外,针对系统中存在的参数不确定性,可以通过在不确定性区间内进行

采样,给出所有采样点下的合理区间。最后,从这些区间的重叠部分中选取控制器增益,便能保证系统在参数不确定性范围内均能具有优异的控制性能。当然,在设计过程中,一般选用参数不确定性范围的极限值来代替大量的采样工作。

本节中,期望区间 $\mathcal{D}$ 具体的参数选择如下。

(1) 所有极点的实部小于 -0.1π,即对应图 5-4 中的 ϑ_1。

(2) 系统具有欠阻尼特性,阻尼比小于 0.707,即 $\theta=45°$。

系统中各参数的不确定性范围如表 5-2 所示。

表 5-2 系统中各参数的不确定性范围

参数	不确定性范围
τ	[0.2 s, 0.5 s]
h	[0.6 s, 1.1 s]

此时,可得到四个极限状态:

$$\tilde{q}^* = \{[0.2, 0.6], [0.2, 1.1], [0.5, 0.6], [0.5, 1.1]\} \quad (5\text{-}18)$$

图 5-5 给出了在四种极限状态下,求解式(5-16)和式(5-17)后得到的在 q 平面内的反馈增益可行区间。其中,实线表示以 RRB 和 CRB 形式穿越 ϑ_1,虚线表示以 CRB 形式穿越 ϑ_2,黄色部分表示针对所有可能的系统时滞和跟车时距都能保证系统 $\mathcal{D}$ 稳定性的反馈增益可行区间。

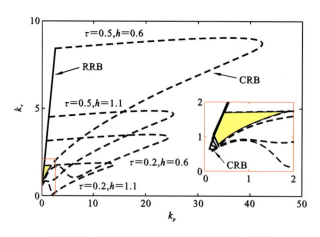

图 5-5 参数空间内的 $\mathcal{D}$ 稳定性可行区间

上文主要针对系统的收敛特性进行控制器的设计,即对应子系统的时域特性。但是，在进行车辆编队控制器设计时还得考虑队列弦稳定性，其要求在式(4-29)中已给出，即对应于系统的频域特性。当采用事件触发策略并考虑系统参数不确定性后，系统的频域分析显得更加复杂。下面将从频域分析角度，进一步对控制器增益的选择提出要求。

针对图 5-1 所示的系统，可以得到

$$(1+HMG_BG)a_{out} = (DG_FG + MG_BG)a_{in} + DG_F G\delta \quad (5-19)$$

式(5-19)中存在由事件触发策略导致的误差量 δ，由于在定义触发条件时存在与状态量相关的阈值 $\gamma \| a_{i-1}(t_N^{i-1}\zeta) \|^2$，因此误差量 δ 将对队列弦稳定性造成一定的影响。为了定量地给出误差量 δ 的影响，并给出保证队列弦稳定性的控制器参数设计方法，我们先对误差量 δ 的范围进行分析。

根据式(5-3)定义的触发条件，可以得到

$$\| \delta_{i-1}(t) \|^2 \leqslant \gamma \| \hat{a}_{i-1}(t) \|^2 + \varepsilon \quad (5-20)$$

因为 $\hat{a}_{i-1}(t) = a_{i-1}(t) + \delta_{i-1}(t)$，可以推得

$$\| \hat{a}_{i-1}(t) \|^2 = \| a_{i-1}(t) + \delta_{i-1}(t) \|^2 \leqslant (\| a_{i-1}(t) \| + \| \delta_{i-1}(t) \|)^2 \quad (5-21)$$

联合式(5-20)和式(5-21)，可以得到

$$(1-\gamma) \| \delta_{i-1}(t) \|^2 - 2\gamma \| \delta_{i-1}(t) \| \| a_{i-1}(t) \| - \gamma \| \hat{a}_{i-1}(t) \|^2 - \varepsilon \leqslant 0 \quad (5-22)$$

求解以上关于 $\| \delta_{i-1}(t) \|^2$ 的一元二次方程，当 $0 < \gamma < 1$ 时，可以得到

$$\| \delta_{i-1}(t) \| \leqslant \frac{\gamma \| a_{i-1}(t) \| + \sqrt{\gamma \| a_{i-1}(t) \|^2 + (1-\gamma)\varepsilon}}{1-\gamma}$$

$$\leqslant \frac{\gamma + \sqrt{\gamma}}{1-\gamma} \| a_{i-1}(t) \| + \sqrt{\frac{\varepsilon}{1-\gamma}} \quad (5-23)$$

因此，针对图 5-1 所示的系统，可以得到

$$\| \delta(t) \| \leqslant \frac{\gamma + \sqrt{\gamma}}{1-\gamma} \| a_i(t) \| + \sqrt{\frac{\varepsilon}{1-\gamma}} \quad (5-24)$$

由于常数项 $\sqrt{\frac{\varepsilon}{1-\gamma}}$ 并不会影响系统的频域特性，因此在分析队列弦稳定性时可将该部分忽略。同时，将最大的误差量 δ 代入式(5-19)中，可以得到

$$\Gamma(s) = \frac{a_{out}(s)}{a_{in}(s)} = \frac{(1+\varrho)D(s)G_F(s)G(s) + M(s)G_B(s)G(s)}{1+H(s)M(s)G_B(s)G(s)} \quad (5-25)$$

式中：$\varrho = \frac{\gamma + \sqrt{\gamma}}{1-\gamma}$。

处理完事件触发策略导致的误差量 δ 对系统队列弦稳定性的影响后,还需要继续处理参数不确定性的影响。现有的大量研究证明,较大的跟车时距更有利于保证队列弦稳定性,因此在设计控制器时只需采用最小的跟车时距,就可以使控制器在所有可能的跟车时距下保证队列弦稳定性。因此,分析队列弦稳定性时,可将图 5-3 中的 $H(s)$ 定义为 $H(s) = (\min_{\forall i \in S_m} h_i)s + 1$。

针对时滞参数 τ 的不确定性,本小节用反馈扰动(见图 5-6)来表示,即将 $G(s)$ 表示为

$$G(s) = \frac{G_0(s)}{1 + W_\Delta(s)\Delta(s)} \tag{5-26}$$

式中:$G_0(s) = \frac{1}{\tau_0 s + 1} e^{-\beta s}$;$\Delta(s)$ 满足 $\|\Delta(s)\|_\infty < 1$;$W_\Delta(s)$ 的具体表达式由系统参数不确定性来确定,并保证系统参数不确定性小于 $\pm|W_\Delta(\mathrm{j}\omega)|$。

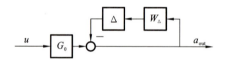

图 5-6 针对参数不确定性的反馈扰动

对于本节中的系统,$W_\Delta(s)$ 可以定义为

$$|W_\Delta(\mathrm{j}\omega)| = \max\left\{\left|\frac{\tau_i - \tau_0}{\tau_0 \mathrm{j}\omega + 1}\right|\right\}, \quad i \in S_m, \forall \omega \tag{5-27}$$

基于以上分析,传递函数 $\Gamma(s)$ 可以转变为

$$\Gamma(s) = \frac{(1+Q)D(s)G_\mathrm{F}(s)G_0(s) + M(s)G_\mathrm{B}(s)G_0(s)}{1 + W_\Delta(s)\Delta(s) + H(s)M(s)G_\mathrm{B}(s)G_0(s)} \tag{5-28}$$

此时,满足队列弦稳定性的边界条件可以表示为

$$\left\|\frac{(1+Q)D(s)G_\mathrm{F}(s)G_0(s) + M(s)G_\mathrm{B}(s)G_0(s)}{1 + W_\Delta(s)\Delta(s) + H(s)M(s)G_\mathrm{B}(s)G_0(s)}\right\|_{H_\infty} \leqslant 1 \tag{5-29}$$

为消除式(5-29)中的 $\Delta(s)$,对其进行一定的转变:

$$\frac{|(1+Q)D(\mathrm{j}\omega)G_\mathrm{F}(\mathrm{j}\omega)G_0(\mathrm{j}\omega) + M(\mathrm{j}\omega)G_\mathrm{B}(\mathrm{j}\omega)G_0(\mathrm{j}\omega)|}{|1 + H(\mathrm{j}\omega)M(\mathrm{j}\omega)G_\mathrm{B}(\mathrm{j}\omega)G_0(\mathrm{j}\omega)| - |W_\Delta(\mathrm{j}\omega)|} \leqslant 1, \quad \forall \omega \tag{5-30}$$

求解式(5-30)便可以得到满足队列弦稳定性的反馈增益边界。当事件触发策略中的具体参数按照式(5-31)设计时,可以得到图 5-7 所示的结果。该图中的彩色部分表示系统无法保证队列弦稳定性,其颜色表示系统开始失稳时所

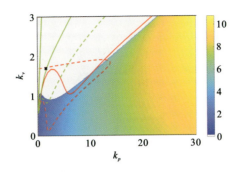

图 5-7 参数空间内的队列弦稳定性可行区域

对应的频率。相反，灰色部分表示当反馈增益落在该区域时，任何频率下都有 $|\Gamma(j\omega)|\leqslant 1$。

$$t_{N+1}^{i-1}=t_N^{i-1}+\min_{i\in N}\{\varphi\zeta|\ \|\delta_{i-1}[(t_N^{i-1}+\varphi)\zeta]\| \\ \geqslant 0.01\|a_{i-1}(t_N^{i-1}\zeta)\|+0.01\} \tag{5-31}$$

5.1.3 仿真验证

5.1.2 节详细介绍了协同自适应巡航控制器前馈部分和反馈部分的相关设计方法，并给出了具体的参数值和可行区域。在本小节的仿真验证中，控制器的前馈增益按式(5-10)选取，反馈增益参数选为 $k_p=1.6, k_v=1.7$。如图 5-7 所示，所选择的反馈增益参数落在可行区域内，可以保证内稳定性和队列弦稳定性。

在仿真过程中，异质车辆编队的参数选为 $\tau=[0.35,0.44,0.27,0.50,0.37,0.23]$，$h=[0.6,0.9,0.7,1.1,0.8]$。所有车辆的初始速度为 $v_i=10$ m/s，$i\in S_m$，初始跟随误差为零。头车的加速度输入如图 5-8 所示。同时图 5-8 还以头车为例给出了采用事件触发策略后实际使用的加速度值。通过对比实际加速度和发送的加速度，可以发现事件触发策略存在一定的缺陷。当加速度较小时，发送的加速度始终存在着一定偏差；当加速度较大时，两者的误差偏大。第一部分是由触发条件中的 ε 导致的，第二部分是由触发条件中的 $\gamma\|\hat{a}_{i-1}(t)\|^2$ 导致的。为了避免这两种现象出现，本小节进一步规定了最大事件触发周期(max inter-event period, MAXIEP)，即

$$\varphi\leqslant \text{MAXIEP} \tag{5-32}$$

系统在连续 MAXIEP 个采样周期中一直没有触发事件，便进行强制触发，以此来有效减小偏差量。当 MAXIEP=10 时，图 5-8 给出了采用最大触发间隔限制策略(MIET)后的加速度触发效果。虽然该策略会在一定程度上增大数

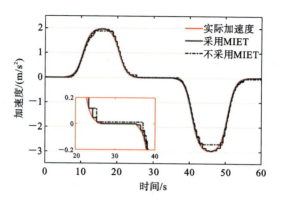

图 5-8 事件触发策略下加速度传递示意图

据传递的数量,但是其对提高跟随精度具有十分明显的作用,特别是对于稳态误差和状态量较大时的误差。

图 5-9 给出了事件触发策略下车辆编队仿真结果。结果显示,所有车辆的加速度曲线都存在一个幅度很小的锯齿形,整个曲线并不是非常平滑,但速度

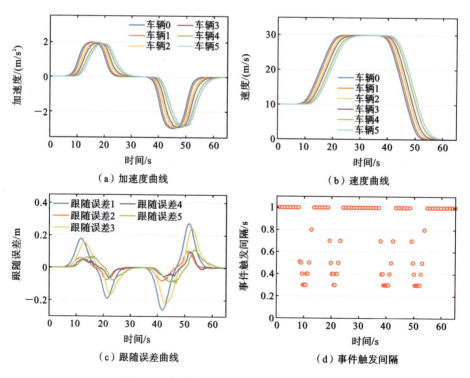

图 5-9 事件触发策略下车辆编队仿真结果

曲线较为可观。这主要是事件触发策略降低了前馈输入的刷新频率导致的,其在一定程度上会对舒适性产生些许影响。从加速度曲线来看,所有车辆还是可以快速、准确地跟随前行车辆,而且加速度的波动在向队列后方传递的过程中不断衰减,如表 5-3 所示。以上现象充分说明了即使存在参数不确定性和事件触发策略所导致的不良影响,整个车辆编队在所设计的控制器的操控下依旧可以很好地保证队列弦稳定性。

表 5-3　仿真过程中加速度 a_i 峰值　　　　　单位:m/s²

车辆编号	车辆 0	车辆 1	车辆 2	车辆 3	车辆 4	车辆 5
最大值	1.98	1.96	1.94	1.93	1.90	1.89
最小值	−2.97	−2.95	−2.92	−2.89	−2.85	−2.83

从跟随误差的仿真结果来看,所有跟随车辆都具有较好的收敛特性,跟随误差能够较快地收敛到零。该现象证明了所设计的控制器在面对参数不确定性影响时具有较好的鲁棒性能。从跟随误差的幅值来看,该控制器跟随效果较为理想,最大跟随误差仅为 27.09 cm。图 5-10 进一步给出了时间触发策略下车辆编队跟随误差曲线。对比发现,采用事件触发策略在一定程度上会对跟随精度产生影响,每辆跟随车辆的最大跟随误差都有些许增大。这也是不可避免的,毕竟在采用事件触发策略时所发送的加速度信号与实际加速度信号存在一定的偏差。这主要体现了控制效果与通信资源利用率之间的博弈。如图 5-9(d)所示,在整个 60 s 的仿真过程中,头车仅发送了 87 个加速度信号,最小的事件触发间隔为 0.3 s,平均事件触发间隔为 0.6897 s。而在时间触发策略下,头车将发送 600 个加速度信号。

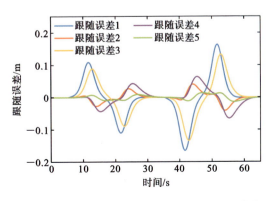

图 5-10　时间触发策略下车辆编队跟随误差曲线

综上所述，在仿真工况中，事件触发策略仅使用了相对于时间触发策略的14.5%的通信资源进行车辆编队控制。虽然跟随精度在一定程度上有所降低，但是得益于系统优异的收敛特性，跟随精度依旧较高。同时，在面对参数不确定性和事件触发双重影响时，系统依旧能够保证良好的队列弦稳定性。图 5-11 所示为不同触发策略下的最大跟随误差。

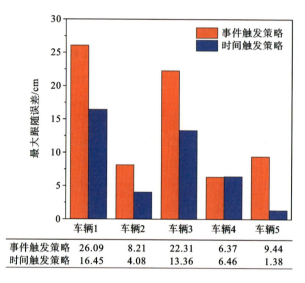

图 5-11　不同触发策略下的最大跟随误差

通过分析仿真结果可以发现，事件触发策略对车辆编队控制中的跟随精度影响最大。为了进一步证明该策略可以保证合理的跟随精度和安全性，图 5-12 和图 5-13 给出了 HWFET 下的仿真结果。

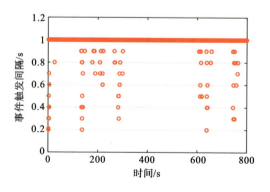

图 5-12　HWFET 下的事件触发间隔

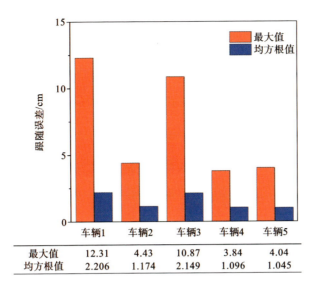

图 5-13 HWFET 下跟随误差最大值和均方根值

在整个 800 s 的仿真过程中,头车仅发送了 827 个加速度信号,即节省了 89.7% 的通信资源。而且其中有 88.9% 的数据是在事件触发间隔达到 MAXI-ET 时才触发的,这有力地证明了时间触发策略发送了大量非必要的数据。对于跟随精度而言,由于车辆 1 采用了较小的跟车时距,因此其跟随误差在整个车辆编队中最大,峰值达到 12.31 cm。但是跟随精度依旧很高,而且不会威胁驾驶安全。由于车辆 4 采用了较大的跟车时距,因此其跟车精度最高,峰值仅为 3.84 cm。HWFET 下的仿真结果充分证明了事件触发策略适用于真实的驾驶场景,在大幅提高通信资源利用率的同时,还可以很好地保证跟随效果。

5.2 非理想通信状态下的事件触发控制策略设计

根据 5.1 节所述,使用事件触发控制可以大幅降低通信带宽的使用量。但是随着数据包频率的降低,控制性能更易受到通信丢包的影响。即通信丢包的存在,很容易导致数据出现较大的误差,从而影响跟随效果,甚至威胁驾驶安全。本节将在 5.1 节的基础上,进一步针对通信丢包下的事件触发设计合理的控制策略。

5.2.1 存在通信丢包时的系统模型建立

定义事件集合 S 表示采样序列中被成功激活并发送数据包的时刻:

$$\mathbb{S} = \{t_0^{i-1}\zeta, t_1^{i-1}\zeta, t_2^{i-1}\zeta, \cdots, t_N^{i-1}\zeta, t_{N+1}^{i-1}\zeta\} \tag{5-33}$$

此时，期望加速度输入可以表示为

$$u_i(t) = k_p e_i(t) + k_v \dot{e}_i(t) + k_a \bar{a}_{i-1}(t-\zeta), \quad t_N^{i-1}\zeta + \zeta < t < t_{N+1}^{i-1}\zeta + \zeta \tag{5-34}$$

定义每一触发时刻的丢包序列 $\{\vartheta(t_j^{i-1}\zeta)\}_{j \in \mathbb{N}}$：

$$\{\vartheta(t_j^{i-1}\zeta)\}_{j \in \mathbb{N}} = \{\vartheta(t_0^{i-1}\zeta), \vartheta(t_1^{i-1}\zeta), \vartheta(t_2^{i-1}\zeta), \cdots, \vartheta(t_N^{i-1}\zeta), \vartheta(t_{N+1}^{i-1}\zeta)\} \tag{5-35}$$

式中：$\{\vartheta(t_j^{i-1}\zeta)\}_{j \in \mathbb{N}}$ 用于表示触发数据包 $\hat{a}_{i-1}(t_j^{i-1}\zeta)$ 是否丢包，$\vartheta(t_j^{i-1}\zeta)=1$ 表示通信顺利，$\vartheta(t_j^{i-1}\zeta)=0$ 表示发生丢包。丢包概率可用伯努利模型来描述，并定义为

$$\text{Prob}\{\vartheta(t_j^{i-1}\zeta)=1\} = 1-\beta_j \tag{5-36}$$

$$\text{Prob}\{\vartheta(t_j^{i-1}\zeta)=0\} = \beta_j \tag{5-37}$$

式中：β_j 为丢包率。

在考虑通信丢包之后，前馈加速度可以表示为

$$\bar{a}_{i-1}(t_N^{i-1}\zeta) = \vartheta(t_N^{i-1}\zeta)\hat{a}_{i-1}(t_N^{i-1}\zeta) + [1-\vartheta(t_N^{i-1}\zeta)]\bar{a}_{i-1}(t_{N-1}^{i-1}\zeta) \tag{5-38}$$

同理，$\bar{a}_{i-1}(t_{N-1}^{i-1}\zeta)$ 可表示为

$$\bar{a}_{i-1}(t_{N-1}^{i-1}\zeta) = \vartheta(t_{N-1}^{i-1}\zeta)\hat{a}_{i-1}(t_{N-1}^{i-1}\zeta) + [1-\vartheta(t_{N-1}^{i-1}\zeta)]\bar{a}_{i-1}(t_{N-2}^{i-1}\zeta) \tag{5-39}$$

经过多次迭代，可以得到

$$\bar{a}_{i-1}(t_N^{i-1}\zeta) = \vartheta(t_N^{i-1}\zeta)\hat{a}_{i-1}(t_N^{i-1}\zeta) + \vartheta(t_{N-1}^{i-1}\zeta)[1-\vartheta(t_N^{i-1}\zeta)]\hat{a}_{i-1}(t_{N-1}^{i-1}\zeta)$$
$$+ \cdots + \vartheta(t_{N-k}^{i-1}\zeta)\Big\{\prod_{0 \leq j \leq k}[1-\vartheta(t_{N-j}^{i-1}\zeta)]\Big\}\hat{a}_{i-1}(t_{N-k}^{i-1}\zeta) \tag{5-40}$$

此时，$\bar{a}_{i-1}(t_N^{i-1}\zeta)$ 的期望值为

$$\bar{a}_{i-1}(t_N^{i-1}\zeta)$$
$$= (1-\beta)\hat{a}_{i-1}(t_N^{i-1}\zeta) + \beta(1-\beta)\hat{a}_{i-1}(t_{N-1}^{i-1}\zeta) + \cdots + \beta^k(1-\beta)\hat{a}_{i-1}(t_{N-k}^{i-1}\zeta) \tag{5-41}$$

$\bar{a}_{i-1}(t_N^{i-1}\zeta)$ 综合体现了事件触发控制和通信丢包对前馈输入的影响。其导致的误差将同样影响车辆编队的队列弦稳定性，本节沿用 5.1 节中的分析方法进行控制器设计。

根据式(5-3)定义的事件触发条件，在存在通信丢包时，始终可以找到一个传递函数 $\mathcal{N}$，使式(5-42)恒成立：

$$\mathcal{N}_1 \| a_{i-1}(t) \| \leq \| \bar{a}_{i-1}(t_N^{i-1}\zeta) \| \leq \mathcal{N}_2 \| a_{i-1}(t) \| \tag{5-42}$$

证明 根据式(5-3)定义的事件触发条件，可以得到以下不等式：

$$\| a_{i-1}(t) - \hat{a}_{i-1}(t_N^{i-1}\zeta) \| \leq \frac{\gamma + \sqrt{\gamma}}{1-\gamma} \| a_{i-1}(t) \| + \sqrt{\frac{\varepsilon}{1-\gamma}} \tag{5-43}$$

$$\| \hat{a}_{i-1}(t_N^{i-1}\zeta) - \hat{a}_{i-1}(t_{N-1}^{i-1}\zeta) \| \leq \frac{\gamma + \sqrt{\gamma}}{1-\gamma} \| \hat{a}_{i-1}(t_N^{i-1}\zeta) \| + \sqrt{\frac{\varepsilon}{1-\gamma}} \tag{5-44}$$

定义 $\tilde{\delta}_{i-1}$ 和 $\bar{\bar{\delta}}_{i-1}$ 分别为与状态量相关的和与状态量无关的误差量。这里，$\bar{\bar{\delta}}_{i-1} = \sqrt{\frac{\varepsilon}{1-\gamma}}$。为简化证明过程，在以下推理中忽略与状态量无关的误差量，即式(5-43)和式(5-44)分别简化为

$$\| a_{i-1}(t) - \hat{a}_{i-1}(t_N^{i-1}\zeta) \| \leq \frac{\gamma + \sqrt{\gamma}}{1-\gamma} \| a_{i-1}(t) \| \tag{5-45}$$

$$\| \hat{a}_{i-1}(t_N^{i-1}\zeta) - \hat{a}_{i-1}(t_{N-1}^{i-1}\zeta) \| \leq \frac{\gamma + \sqrt{\gamma}}{1-\gamma} \| \hat{a}_{i-1}(t_N^{i-1}\zeta) \| \tag{5-46}$$

进一步可以得到

$$(1-\mathcal{M}) \| a_{i-1}(t) \| \leq \| \hat{a}_{i-1}(t_N^{i-1}\zeta) \| \leq (1+\mathcal{M}) \| a_{i-1}(t) \| \tag{5-47}$$

式中：$\mathcal{M} = \frac{\gamma + \sqrt{\gamma}}{1-\gamma}$。

同理，可以得到

$$(1+\mathcal{M}) \| \hat{a}_{i-1}(t_{N-k+1}^{i-1}\zeta) \| \leq \| \hat{a}_{i-1}(t_{N-k}^{i-1}\zeta) \| \leq (1+\mathcal{M}) \| \hat{a}_{i-1}(t_{N-k+1}^{i-1}\zeta) \| \tag{5-48}$$

经过多次迭代，可以得到

$$(1-\mathcal{M})^{k+1} \| a_{i-1}(t) \| \leq \| \hat{a}_{i-1}(t_{N-k}^{i-1}\zeta) \| \leq (1+\mathcal{M})^{k+1} \| a_{i-1}(t) \| \tag{5-49}$$

由于

$$\prod_{k=1}^{N} \beta^k (1-\beta) = 1 \tag{5-50}$$

根据式(5-41)，可以推得

$$\begin{aligned}
\tilde{\delta}_{i-1}(t) &= \bar{a}_{i-1}(t_N^{i-1}\zeta) - a_{i-1}(t) \\
&= (1-\beta)[\hat{a}_{i-1}(t_N^{i-1}\zeta) - a_{i-1}(t)] + \beta(1-\beta)[\hat{a}_{i-1}(t_{N-1}^{i-1}\zeta) - a_{i-1}(t)] \\
&\quad + \cdots + \beta^k(1-\beta)^k [\hat{a}_{i-1}(t_{N-k}^{i-1}\zeta) - a_{i-1}(t)]
\end{aligned} \tag{5-51}$$

整合以上推导，可以得到

$$\| \bar{a}_{i-1}(t) \| \leq [(1-\beta)(1+\mathcal{M}) + \beta(1-\beta)(1+\mathcal{M})^2 \\ + \cdots + \beta^k(1-\beta)(1+\mathcal{M})^{k+1}] \| a_{i-1}(t) \| \tag{5-52}$$

$$\| \bar{a}_{i-1}(t) \| \geq [(1-\beta)(1-\mathcal{M}) + \beta(1-\beta)(1-\mathcal{M})^2 \\ + \cdots + \beta^k(1-\beta)(1-\mathcal{M})^{k+1}] \| a_{i-1}(t) \| \tag{5-53}$$

因此，$\mathcal{N}_1$ 和 $\mathcal{N}_2$ 分别按照式(5-54)和式(5-55)定义便可保证式(5-42)成立：

$$\mathcal{N}_1 = (1-\beta)(1-\mathcal{M}) + \beta(1-\beta)(1-\mathcal{M})^2 + \cdots + \beta^k(1-\beta)(1-\mathcal{M})^{k+1} \tag{5-54}$$

$$\mathcal{N}_2 = (1-\beta)(1+\mathcal{M}) + \beta(1-\beta)(1+\mathcal{M})^2 + \cdots + \beta^k(1-\beta)(1+\mathcal{M})^{k+1} \tag{5-55}$$

证毕。

据此,系统的传递函数转变为

$$|\Gamma(j\omega)| = \left| \frac{\chi D(s) G_F(s) G_i(s) + F(s) G_B(s) G_i(s)}{F(s) + H(s) G_B(s) G_i(s) F(s)} \right| \tag{5-56}$$

$$\mathcal{N}_1 < \chi < \mathcal{N}_2 \tag{5-57}$$

5.2.2 自适应触发机制设计及仿真验证

通信延时的存在使得 χ 的变化范围增大,从而影响队列弦稳定性。而 χ 由事件触发阈值和通信丢包率共同决定,因此当通信丢包存在时,可以通过适当降低事件触发阈值来减小通信丢包的影响。该策略主要实现了跟车性能与通信资源利用率之间的协调。

以通信丢包率 $\beta=0$,事件触发阈值 $\gamma=0.01$ 为基准,此时 $\mathcal{N}_1=0.8889$, $\mathcal{N}_2=1.1111$。可以根据 $\mathcal{N}_1$ 和 $\mathcal{N}_2$ 的表达式,计算不同通信丢包率所对应的事件触发阈值,使误差始终控制在边界 $(\mathcal{N}_1, \mathcal{N}_2)$ 之内。不同通信丢包率满足队列弦稳定性的事件触发阈值如表 5-4 所示,每个车辆的通信丢包率如表 5-5 所示,每个车辆发送的通信报文的数量如表 5-6 所示。

表 5-4 不同通信丢包率满足队列弦稳定性的事件触发阈值

通信丢包率	0	0.1	0.2	0.3	0.4	0.5
事件触发阈值	0.01	0.0081	0.0064	0.0049	0.0036	0.0025

表 5-5 每个车辆的通信丢包率

车辆编号	车辆 0	车辆 1	车辆 2	车辆 3	车辆 4
通信丢包率	0.1	0.2	0.3	0.4	0.5

表 5-6 每个车辆发送的通信报文的数量

车辆编号	车辆 0	车辆 1	车辆 2	车辆 3	车辆 4
通信报文的数量	171	185	199	213	233

图 5-14 给出了跟车时距为 0.6 s，每辆车具有表 5-5 所述通信丢包率，并按照表 5-4 匹配相应事件触发阈值时的仿真结果。可以发现，即使通信丢包率较大，车辆编队依旧可以保证队列弦稳定性，此时加速度均方根值如图 5-15 所示，从其整体变化趋势来看，速度与加速度响应均相对比较平滑，并没有出现较大程度的抖动和超调现象。此外跟随精度也得到了很好的保证。图 5-14 显示跟随误差与不存在通信延时的基本保持一致。仅车辆 4 由于在某些时段连续丢包，出现误差增大现象。以上均得益于自适应触发阈值的采用。车辆 4 的丢包率最大，其对应的通信报文的数量有所增加，但是增加量在合理范围之内，其总数仅为时间触发控制的 23.3%。

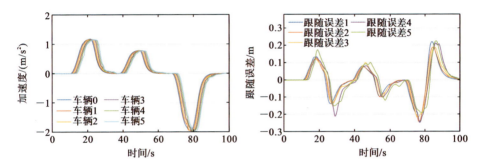

图 5-14 自适应触发阈值下的仿真结果

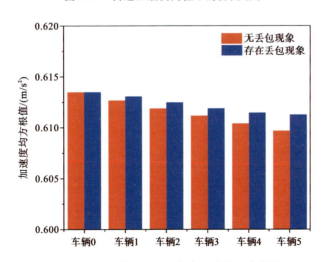

图 5-15 多车协同编队中各车加速度均方根值

5.2.3 基于自适应跟车时距的协同自适应巡航控制器设计

本小节所提方案主要基于跟随车辆可以通过某种方式预估前行车辆所发送加速度信号的丢包率,在不改变协同自适应巡航控制反馈增益的前提下,根据实时丢包率自适应调整跟车间距来保证跟车稳定性和安全性,即针对通信丢包选择较大的跟车时距。

通信丢包存在,即 $\chi = \mathcal{N}_1$,使得 $\omega \to 0$ 时的前馈增益值小于1。此时为保证传递函数 Γ 在 $\omega \to 0$ 时的队列弦稳定性,反馈增益必须满足:

$$k_p > \frac{4 - 4\mathcal{N}_1}{2h^2} \tag{5-58}$$

式(5-58)包含 k_p、$\mathcal{N}_1$ 和 h,其中,通信丢包率不同将导致 $\mathcal{N}_1$ 发生变化。若始终采用固定的反馈增益 k_p,则可以通过调整 h 来保证式(5-58)始终成立,即寻找在不同通信丢包率下,满足队列弦稳定性要求的最小跟车时距,该值可以由式(5-59)计算得到:

$$h > \sqrt{\frac{2 - 2\mathcal{N}_1}{k_p}} \tag{5-59}$$

表 5-7 给出了不同通信丢包率 β 下保证队列弦稳定性的最小跟车时距 $h_{\min}$。为验证自适应变时距策略在应对通信丢包时的有效性,本小节假设每辆车都有不同的通信丢包率,且在整个仿真过程中通信丢包率保持不变。在通信丢包率已知的情况下,每辆车可以根据前行车辆数据的丢包率自适应匹配满足队列弦稳定性要求的跟车时距。

表 5-7 不同通信丢包率 β 下保证队列弦稳定性的最小跟车时距 $h_{\min}$

β	0	0.1	0.2	0.3	0.4	0.5
$\mathcal{N}_1$	0.8889	0.8780	0.8649	0.8485	0.8276	0.8001
$h_{\min}/\text{s}$	0.5987	0.6272	0.6602	0.6991	0.7458	0.8030

图 5-16 给出了自适应跟车时距下的仿真结果,通信丢包率和跟车时距分别按照表 5-5 和表 5-7 来设计。如图 5-16 所示,被控车辆都具有较好的跟随前行车辆的加速度,速度曲线也相对较为平滑,没有出现速度超调和抖动的现象。但是在 50 s 和 83 s 附近,车辆 5 的加速度相较于前行车辆更大,且出现了明显的波动。这主要是因为车辆 4 所发送加速度信号的通信丢包率高达 0.5,很容易出现连续丢包情况。

图 5-17 给出了多车协同编队中各车加速度均方根值,并与无通信丢包现象

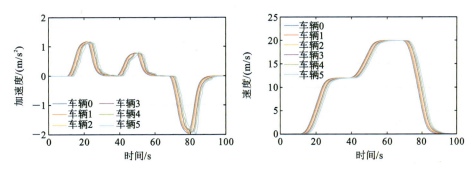

图 5-16　自适应跟车时距下的仿真结果

时的仿真结果进行了比较。从图 5-17 中可以看出,加速度均方根值呈现出不断递减的变化趋势,而且相较于无通信丢包现象的模型,利用自适应变时距策略来应对通信丢包可以在一定程度上增大加速度均方根值的衰减速度,即队列弦稳定性得到了更加充分的保证。

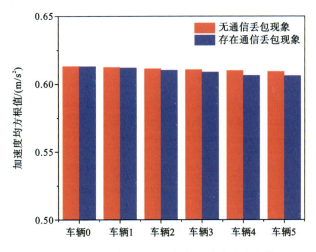

图 5-17　多车协同编队中各车加速度均方根值

针对多车协同编队的跟随精度,比较图 5-18 中的两组仿真结果可以发现,车辆 1、车辆 2、车辆 3 基本保持了与不存在通信丢包时相似的跟随精度,而车辆 4、车辆 5 由于其前行车辆在发送加速度信号时通信丢包率较大,容易出现连续丢包现象,因此在某些特殊情况下出现了跟随误差激增的现象。但是由于在协同自适应巡航控制器设计过程中充分考虑了内稳定性和跟随精度要求,跟随误差还是能够快速收敛的,并且最大的跟随误差也控制在了 0.56 m 以内。

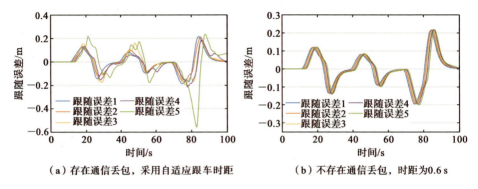

(a) 存在通信丢包,采用自适应跟车时距　　(b) 不存在通信丢包,时距为0.6 s

图 5-18　多车协同编队跟随误差对比图

本章参考文献

[1] NOWAKOWSKI C, O'CONNELL J, SHLADOVER S E, et al. Cooperative adaptive cruise control: driver acceptance of following gap settings less than one second[C]//Proceedings of the Human Factors and Ergonomics Society 54th Annual Meeting. Washington D. C.: Human Factors and Ergonomics Society,2010.

[2] WEN S X, GUO G, CHEN B, et al. Event-triggered cooperative control of vehicle platoons in vehicular ad hoc networks[J]. Information Sciences, 2018, 459: 341-353.

[3] WANG J W, MA F W, YANG Y, et al. Adaptive event-triggered platoon control under unreliable communication links[J]. IEEE Transactions on Intelligent Transportation Systems, 2022,23(3):1924-1935.

[4] LIU Z C, LI Z H, GUO G, et al. Cooperative platoon control of heterogeneous vehicles under a novel event-triggered communication strategy [J]. IEEE Access, 2019, 7: 41172-41182.

[5] LI Z C, HU B, LI M, et al. String stability analysis for vehicle platooning under unreliable communication links with event-triggered strategy[J]. IEEE Transactions on Vehicular Technology, 2019, 68(3): 2152-2164.

[6] GUO G, DING L, HAN Q L. A distributed event-triggered transmission strategy for sampled-data consensus of multi-agent systems[J]. Automatica, 2014, 50(5): 1489-1496.

第 6 章
智能网联车队列节能控制方法

日益严重的环境污染与能源问题对现代汽车工业提出了新的挑战,因此通过技术升级来构建绿色高效的移动出行生态系统成了汽车相关行业的关键目标之一。同时,随着科学技术的进步、配套设施的不断升级,诸多有利于节能的汽车技术被广泛研究与应用。例如,在高效内燃机的研发中,通过结构优化等手段提升发动机的工作效率;在可替代清洁能源的研发中,将氢燃料电池、超级电容器等作为汽车动力系统的核心储能动力元件;在先进规划与控制技术的研发中,对汽车动力系统的效率进行最优控制,使其在工作过程中保持驱动力的同时能够以最低能耗运行。

由于 5G 和 V2X 技术的快速发展,以车辆编队行驶为典型代表的多车组群系统控制技术受到了广大研究人员的高度重视。基于 V2X 通信的网联车队列生态协同自适应巡航控制(ecological cooperative adaptive cruise control, ECACC)技术是在网联车队列行驶的基础上以节能为主要优化目标的队列协同控制方法。该技术作为多车协同编队控制的关键技术之一,可以实现车辆群体节能,提高跟车行驶安全性和通行效率,对实现可持续发展的智能交通系统发展战略起到关键推动作用。该技术的主要思想为:基于 V2V 和 V2I 的车联网通信通过获取当前交通环境状态、队列中车辆状态及前方道路信息等,进行以提高队列行驶经济性为主要目标的最优设计,同时实现稳定、安全的队列跟随效果,从而对队列头车进行行为决策,以及对各子车辆动力系统进行最优控制,最终达到队列在多种智能交通场景下节能、安全行驶的目标。

6.1 动力系统构成及能耗模型构建

当前智能网联汽车的载体主要集中于传统燃油车、纯电动汽车和混合动力汽车。对于不同类型的汽车,动力系统结构不一样,节能潜力就会存在差别。由于当今社会石油资源消耗过多,多个国家和国际组织对传统燃油车的关注度逐渐降低，更倾向于采用可替代清洁能源来驱动汽车以减小对石油的过多需求。传统燃油车的节能技术路线主要集中于开发高性能的内燃机及控制系统以提高燃油效率。相应地，一般的动力系统由发动机、变速箱等核心元件组成。

图 6-1 所示为传统燃油车动力系统结构，其主要由发动机和动力传动系组成，而动力传动系一般由变速箱、差速器、离合器、主减速器等部件构成。因此在节能设计上，除了研发高效发动机及其控制系统以外，动力传动系的效率提升、变速箱的换挡策略及整车的动力匹配与优化都可以改善节能效果。

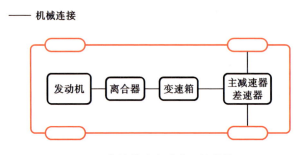

图 6-1　传统燃油车动力系统结构

对于纯电动汽车而言，基本的动力系统结构较为简单，主要由储能系统、电机、传动系构成，如图 6-2 所示。储能系统中使用最广泛的是锂电池组，主流的锂电池材料一般为磷酸铁锂和三元锂。而燃料电池利用氢气和氧气的化学反应来发电并驱动汽车，可做到高效率、零排放，是未来汽车能源动力的主要发展方向之一。除了以上两者以外，超级电容器凭借其可实现瞬时大功率充放电的特性，也常与锂电池组搭配成为复合电源系统，并应用在公交车、商用车及高铁等载运工具上。相比于内燃机，纯电动汽车中的电机因体积小、效率高、最大输出扭矩高的优势而备受青睐。按照装配位置不同，电机可分为中央电机和轮毂电机。当今主流电机类型为永磁同步电机，其在国内得到广泛应用。同时，其他电机类型还包括三相异步电机，其在国外的一些高端车型上得到大量应用。纯电动汽车可根据动力需求配备一个、两个甚至多个电机，但随着电机的增多，系统集成复杂度会增大，并且对控制系统的要求会更高。由于电机具有较宽的转速区间和优秀的低速扭矩输出性能，纯电动汽车的传动系构成比较灵活，可以选择直驱的方式配备变速箱（单速比或多速比）。纯电动汽车在能耗方面具有良好表现的关键原因之一是其具有制动能量回收系统。由于电机可同时作为电动机和发电机使用，在汽车制动过程中可以采用电制动的方式来回收电能至储能系统以实现能源回收利用,因此在节能设计上,多电机分布式控制、纯电动汽车能量管理、制动能量回收系统控制、先进电池材料合成及电池成组技术研发等是纯电动汽车研究的主要方向。

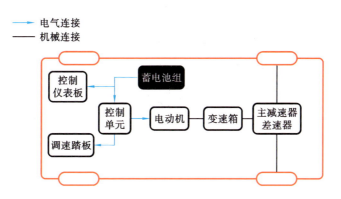

图 6-2　纯电动汽车动力系统结构

混合动力汽车将电驱动系统和燃油驱动系统有机地结合在一起,互相协作、取长补短以获得最佳的节能效果。混合动力汽车根据电驱动使用程度分类,可分为轻混、中混和重混三种类型;而根据驱动结构分类,可分为串联式、并联式和混联式三种类型。串联式混合动力汽车也称为增程式混合动力汽车,主要特点是汽车只由电机驱动,而发动机一直工作在高效率区域为储能系统供能,用以支持电机运行。并联式混合动力汽车的主要特点是其装载的发动机和电机可根据不同的道路功率需求共同驱动汽车,发动机与电机分属两套系统,可以分别独立地向汽车传动系提供扭矩。混联式混合动力汽车结构较为复杂,对控制系统和生产工艺要求较高,其优点是采用两个电机分别负责不同工作的方案:一个电机单纯负责驱动车轮,另一个电机则在启动发动机、提供车轮驱动力、补充驱动电机电力这三种模式中来回切换。在实现油电单独驱动和同时驱动的过程中,行星齿轮作为核心部件可以将两套系统和变速箱灵活地结合起来,保证驱动桥动力的平稳输出。因此在节能设计上,混合动力系统能量管理策略、电池荷电状态(SOC)、电池健康度(SOH)估计等是混合动力汽车研究的主要方向。图 6-3 所示为混联式混合动力汽车动力系统结构。

车辆能耗模型作为控制算法开发过程中的核心组成部分,可以描述动态过程中汽车在不同行驶状态下的能量变化,该模型相对于实车的准确程度对控制算法的决策量的有效性有着直接的影响。车辆能耗模型有多种构建方法,该模

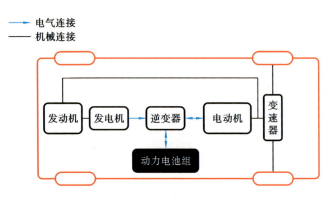

图 6-3 混联式混合动力汽车动力系统结构

型主要分为黑盒模型和白盒模型。顾名思义,黑盒模型是指没有描述影响能耗的具体物理过程,而仅采用输入和输出数据的相互关系来描述车辆能耗的变化过程的模型。通常情况下,黑盒模型数据是通过在真实场景下采集实车数据得到的。相应地,白盒模型则是指对已知影响能耗的汽车特性及组件进行数学描述的模型,即整个车辆能耗的动态变化均可由一组数学公式来解释与体现。通常,白盒模型更适合描述能耗的静态变化过程。此外,也可以将黑盒模型和白盒模型进行一定的结合,即在部分知道车辆能耗模型的情况下,利用实车数据进行动态补充,以便准确地构建、完善能耗模型以接近车辆能耗真实的变化规律。对于不同类型的汽车而言,动力系统结构存在差异,用来描述汽车能耗变化的过程也存在差异。下面分别针对传统燃油车、纯电动汽车和混合动力汽车介绍几种主要的车辆能耗模型构建方法。

6.1.1 传统燃油车能耗模型构建

基于汽车燃油消耗率的静态模型被广泛使用。已知目标车辆发动机在各种工况下所需的点火控制曲线图(发动机 MAP),根据发动机扭矩、转速及效率,利用它们之间的数学关系来计算燃油消耗量。该模型的数学描述为

$$Q_f[T_e(t),\omega_e(t)] = Q_{BSFC}[T_e(t),\omega_e(t)]P_e(t)$$
$$\begin{cases} q_f(t) = Q_f[T_e(t),\omega_e(t)], & u(t) > 0 \\ q_f(t) = q_{f,\text{idle}}, & u(t) \leqslant 0 \end{cases} \quad (6-1)$$

式中: Q_f 为燃油消耗率; Q_{BSFC} 为扭矩 T_e 和转速 ω_e 的函数关系,在发动机 MAP 中可以认为它是对应扭矩和转速的工作点效率; P_e 为发动机功率; q_f 和 $q_{f,\text{idle}}$ 分别为

瞬时油耗和怠速油耗;u 为控制量,可以解释为单位质量下作用在车轮处的牵引力或制动力。

在未知汽车发动机 MAP 的情况下,需要对车辆油耗进行在线动态估计,此时可以采用黑盒模型,利用实车数据进行线性回归拟合或利用仿射 Willan 模型的方法,来描述车辆燃油消耗率的变化特征。这里介绍一种基于发动机参数(扭矩、转速、功率)来估计油耗的方法。该方法的数学描述为

$$\begin{cases} P_e(t) = [\alpha_0 \omega_e(t) + \alpha_1 \omega_e^2(t)] + [\alpha_2 + \alpha_3 \omega_e(t) + \alpha_4 \omega_e^2(t)] T_e(t) \omega_e(t) \\ T_{e,\max} = \alpha_5 + \alpha_6 \omega_e(t) + \alpha_7 \omega_e^2(t) \end{cases} \quad (6-2)$$

式中:$\alpha_{0\sim7}$ 为线性回归方程的拟合系数;$T_{e,\max}$ 为发动机的最大输出扭矩。

6.1.2 纯电动汽车能耗模型构建

在已知电机效率 MAP 的情况下,基于电机、电池、传动系特性与参数,可以计算出静态纯电动汽车的能量消耗状态,其中常用的表征量为电池的充放电功率和 SOC。在离散系统中,基于一阶电阻-电容模型(RC 模型)的电池系统的数学描述为

$$\begin{cases} P_b(k) = [V_{OC}(k) + V_s(k)] I(k) - I^2(k) R_e(k) \\ SOC(k+1) = SOC(k) - \dfrac{I(k)\delta t}{Q_{MAX}} \end{cases} \quad (6-3)$$

式中:P_b 为电池组的功率;V_{OC} 和 V_s 分别为电池组的开路电压和极化内阻电压;I 为当前时刻的电流;R_e 为电池组的等效欧姆阻抗;Q_{MAX} 为电池组的最大容量;δt 表示离散系统的时间间隔。

除了电池系统以外,能量消耗率(ECR)主要取决于电机的运行状态,这意味着扭矩和转速位于高效率区域有利于降低能耗。此外,当车辆处于电制动状态即转矩为负时,制动能量回收系统将会回收部分能量。但是,这并不意味着制动越多越有利于降低能耗。毕竟,能量是守恒的,能量在转换过程中存在较大的损耗。因此,减少不必要的能量转换也有助于节能。相应的能耗模型可以描述为

$$\dot{q}(k) = \begin{cases} \dfrac{\varsigma P_{out}}{\eta_m [T_m(k), \omega_m(k)] \eta_b}, & a(k) > 0 \\ -\varsigma P_{in} \eta_m [T_m(k), \omega_m(k)] \eta_b, & a(k) \leqslant 0 \end{cases} \quad (6-4)$$

式中:$\dot{q}(k)$ 为纯电动汽车的能量消耗率;P_{out} 和 P_{in} 分别为电机驱动和制动过程中的功率;ς 为电机功率和电池功率之间的关系函数;T_m 和 ω_m 分别为电机的转矩和转速;η_m 和 η_b 分别为电机和电池的效率;a 为纯电动汽车的加速度,这里用

以区分其驱动和制动状态。

基于实车速度数据可以建立基于车辆运行参数的黑盒模型,用以计算纯电动汽车的 ECR,并描述微观的纯电动汽车能耗变化过程。该模型共包含四个过程,即加速、减速、巡航和怠速过程,其数学描述为

$$\text{ECR} = \begin{cases} e^{\sum_{i=0}^{3}\sum_{j=0}^{3}(l_{i,j} \times v^i \times a^j)}, & a > 0 \\ e^{\sum_{i=0}^{3}\sum_{j=0}^{3}(m_{i,j} \times v^i \times a^j)}, & a < 0 \\ e^{\sum_{i=0}^{3}(n_i \times v^i)}, & a = 0, v \neq 0 \\ \overline{\text{const}}, & a = 0, v = 0 \end{cases} \quad (6\text{-}5)$$

式中:$l_{i,j}$、$m_{i,j}$ 和 n_i 为速度索引 $i(i=0,1,2,3)$ 和加速度索引 $j(j=0,1,2,3)$ 的系数;v 为瞬时速度;a 为瞬时加速度;$\overline{\text{const}}$ 代表怠速过程中的平均能量消耗率。

式(6-5)中所有的系数均通过在真实场景下纯电动汽车的驾驶数据线性回归拟合获得。

6.1.3 混合动力汽车能耗模型构建

能量管理策略在定义混合动力汽车的能耗方面起着至关重要的作用。然而,即使利用实车数据对发动机功率和电池功率进行近似拟合,沿给定轨迹行驶的混合动力汽车的能耗表达式也比传统燃油车或纯电动汽车的难获得。这里介绍一种全解析能耗估计(fully-analytical fuel consumption estimation, FACE)方法。该方法假设系数 ζ 代表混合动力系统中电驱动参与的程度,而在一个跟 ζ 相关的最优能量管理策略下,总能耗由 ζ 的取值决定。在该假设下,任何合理的 ζ 取值均可以很好地估计混合动力汽车的总能耗。而该值可以通过已知的某一工况下的车辆能耗状态进行离线计算得到,此后可以利用该值进行其他未知工况下的能耗状态估计。基本的数学模型表达框架为

$$E_{\text{HEV}} = \int_0^{t_f} P_f(t \mid s)\mathrm{d}t + \zeta \int_0^{t_f} P_b(t \mid s)\mathrm{d}t \quad (6\text{-}6)$$

式中:等号右边前半部分代表燃油驱动系统消耗的能量;等号右边后半部分代表电驱动系统消耗的能量;E_{HEV} 为混合动力汽车的总能耗;t_f 为对应工况积分区间的终点时刻。

6.2 车辆编队节能最优控制主要算法

车辆编队节能问题均可转化为最优控制问题,从而得到特定目标的驾驶行

为决策与控制。求解最优控制问题相当于求解一类含有约束条件的泛函极值问题,一般方法为:建立合适的性能函数(也称代价函数),并进行最大值/最小值求解。根据被控系统的特征,通常采用解析法或者数值法求解。此外,这类问题同样可以通过强化学习的方法求解。对于队列跟车行驶优化问题,建立代价函数时,主要目标是优化跟车性能和能耗表现,其中跟车性能可以用前车速度跟随、前车加速度跟随、期望跟随误差等一种或几种联合指标来体现;而能耗表现可以用能量消耗率来体现。除此以外,也可以在满足上述指标的同时优化其他驾驶特性,如驾驶舒适性、车辆横向特性约束等。

6.2.1 庞特里亚金极值原理

当系统的容许控制集为开集时,通过求解代价函数的变分问题来得到泛函极值是一种常用手段。然而对于汽车动力系统而言,因为车辆自身限制、道路限制、系统动力学特性的限制,对应的优化问题往往存在诸多状态约束和控制约束。因此,变分法不适用于有界控制集或哈密顿(Hamilton)函数关于控制量没有连续偏导数的优化问题。基于此,20 世纪 50 年代,庞特里亚金提出了极小值原理(Pontryagin's minimum principle, PMP)。针对汽车相关的控制问题,我们以带约束的 PMP 求解方法为例。对于系统:

$$\dot{x}(t) = f[x(t), u(t), t] \tag{6-7}$$

其对应的代价函数为

$$J_n = \Phi[x(t_f), t_f] + \int_{t_i}^{t_f} L[x(t), u(t), t] dt \tag{6-8}$$

式中: $\Phi[x(t_f), t_f]$ 为 Mayer 型代价函数,主要功能为终端惩罚; $\int_{t_i}^{t_f} L[x(t), u(t), t] dt$ 为 Lagrange 型代价函数,主要功能为过程惩罚。

当上述两项结合起来时,代价函数称为混合型代价函数,在智能网联车协同能耗控制中,主要以 Lagrange 型代价函数为主。当 Mayer 型代价函数对 $x(t_f)$ 和 t_f 有连续偏导数,系统状态方程和 Lagrange 型代价函数对 $u(t)$ 连续且对 $x(t)$ 和 t 有连续偏导数,同时约束条件满足:

$$\begin{cases} g_1[x(t), u(t), t] = 0 \\ g_2[x(t), u(t), t] \leqslant 0 \end{cases} \tag{6-9}$$

且过程约束 $g_1 \in \mathbb{R}^p$ 和 $g_2 \in \mathbb{R}^q$ 在区间 $t \in [t_0, t_f]$ 上有连续偏导数时,求解方法如下。

首先建立 Hamilton 函数 H:

$$H[x(t), u(t), \lambda, t] = L[x(t), u(t), t] + \lambda' f[x(t), u(t), t] \tag{6-10}$$

式中:λ 为 Lagrange 乘子。

根据上述两个约束条件,引入另外两个 Lagrange 乘子 μ 和 η,并建立 Lagrange 函数 $\hat{L}$:

$$\hat{L}[x(t),u(t),\lambda,\mu,\eta,t]=H[x(t),u(t),\lambda,t]+\mu^t g_1[x(t),u(t),t] \\ +\eta^t g_2[x(t),u(t),t] \tag{6-11}$$

$\hat{L}$ 的极值求解过程分为以下 5 个步骤。

(1) 规范方程:

$$\dot{x}^*(t)=\frac{\partial \hat{L}[x(t),u(t),\lambda,\mu,\eta,t]}{\partial \lambda(t)}=f[x^*(t),u^*(t),t] \tag{6-12}$$

$$\dot{\lambda}^*(t)=-\frac{\partial \hat{L}[x(t),u(t),\lambda,\mu,\eta,t]}{\partial x^*(t)} \tag{6-13}$$

(2) 边值条件:

$$x(t_0)=x_0 \tag{6-14}$$

$$\lambda(t_f^*)=-\frac{\partial \Phi[x^*(t_f^*),t_f^*]}{\partial x^*(t_f^*)} \tag{6-15}$$

(3) 极小值条件和约束条件:

$$H[x^*(t),u^*(t),\lambda,t]=\min_{u(t)\in \hat{U}} H[x^*(t),u(t),\lambda,t] \tag{6-16}$$

$$\begin{cases} g_1[x^*(t),u^*(t),t]=0 \\ g_2[x^*(t),u^*(t),t]\leqslant 0 \end{cases} \tag{6-17}$$

$$\eta_{2i}g_{2i}[x^*(t),u^*(t),t]=0, \quad \eta_{2i}\geqslant 0, \quad i=1,2,\cdots,q \tag{6-18}$$

$$\begin{cases} U_1=\{u(t)\,|\,g_1[x^*(t),u^*(t),t]=0\} \\ U_2=\{u(t)\,|\,g_2[x^*(t),u^*(t),t]\leqslant 0, \\ \quad \eta_{2i}g_{2i}[x^*(t),u^*(t),t]=0, \quad \eta_{2i}\geqslant 0, \quad i=1,2,\cdots,q\} \end{cases} \tag{6-19}$$

$$\hat{U}=U\cap U_1\cap U_2 \tag{6-20}$$

(4) 终端条件:

$$H[x^*(t_f^*),u^*(t_f^*),\lambda,t_f^*]=-\frac{\partial \Phi[x^*(t_f^*),t_f^*]}{\partial t_f^*} \tag{6-21}$$

(5) 函数 H 沿最优轨线解等式:

$$H[x^*(t),u(t),\lambda,t] \\ =H[x^*(t_f^*),u^*(t_f^*),\lambda,t_f^*]+\int_{t_f^*}^{t}-\frac{\partial \hat{L}[x(t),u(t),\lambda,\mu,\eta,t]}{\partial \tau}\mathrm{d}\tau \tag{6-22}$$

6.2.2 模型预测控制

模型预测控制(model predictive control,MPC)是一种应用广泛的反馈控制,其优势在于可以有效地处理带约束的多目标优化问题。尤其是在基于 V2X 的多车协同驾驶策略下,MPC 可以很好地解决跟车和能耗方面的多目标优化控制问题。同时,针对车辆本身的行驶特性(包括动力系统输出扭矩、转速、汽车速度等)导致被控系统受到的限制,MPC 可以很好地在线处理约束。图 6-4 所示为 MPC 的一本构型。

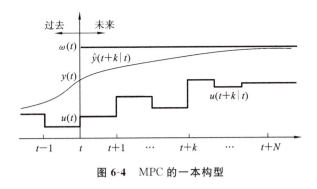

图 6-4 MPC 的一本构型

MPC 是一种在线求解开环问题的反馈控制。在线是指在每个采样时刻均进行一轮考虑预测时域系统动态的求解过程,得到包含预测时域中控制元素的一组控制序列,因为预测时域中控制元素依赖对应时刻的系统输出,并且系统存在扰动,所以仅将控制序列中的第一个元素作用于系统;反馈是指在每个采样时刻,系统都会返回真实的测量值并将其与系统期望值进行比较,用于求解控制问题使系统输出接近期望值。MPC 的预测时域 N_p 是提前设定的,在任意采样时刻,系统均会对预测时域 N_p 内的系统状态量进行计算,因此预测时域 N_p 也相当于在随时间推移,我们称预测时域 N_p 在向前滚动,MPC 又称为滚动时域控制。由于实现 MPC 的过程通常需要占用大量计算资源,减少独立变量可以提高计算效率,因此引入控制时域 N_u,基于时间离散的系统可以表示为

$$\begin{cases} x_n(k+1) = f[x_n(k), u_n(k)] \\ y_{n,c}(k+1) = g_{n,c}[x_n(k), u_n(k)] \end{cases}, \quad k \geqslant 0 \tag{6-23}$$

基于车辆编队系统,被控车辆 n 的代价函数 J_n 的一种基本形式为

$$J_n = \int_{t_i}^{t_f} (w_1 L_1 + w_2 L_2 + w_a L_a) \mathrm{d}t \tag{6-24}$$

式中:t_i 和 t_f 分别为初始时刻和终止时刻;w 为对应优化指标的权重分配;L_1、L_2 为反映多车协同驾驶策略的主要优化指标;L_a 为附加指标,如驾驶舒适性等。

可根据具体问题增减或选择指标,并根据具体的求解方法灵活地构建代价函数的形式,然后对优化问题求解最小值并获得最优控制序列,基本形式为

$$U_n^*(t) = \mathop{\text{argmin}}_{p_{1,n}(t),p_{2,n}(t),p_{3,n}(t)} J_n \tag{6-25}$$

$$\begin{cases} y(k+1) = f[y(k),u(k),t] \\ u_{\min} \leqslant u_n(k) \leqslant u_{\max} \\ v_{\min} \leqslant v_n(k) \leqslant v_{\max} \\ \text{SOC}_{\min} \leqslant \text{SOC}(k) \leqslant \text{SOC}_{\max} \\ T_{n,\min} \leqslant T_n(k) \leqslant T_{n,\max} \\ \omega_{n,\min} \leqslant \omega_n(k) \leqslant \omega_{n,\max} \\ a_{n,\min} \leqslant a_n(k) \leqslant a_{n,\max} \\ \vdots \end{cases} \tag{6-26}$$

式中:p_n 为与求解代价函数 J_n 相关的车辆动态参数;u_n 为控制器输入;v_n 为车辆速度;T_n 为电机或发动机的输出扭矩;ω_n 为电机或发动机的输出转速;a_n 为车辆的加速度。

在约束条件中通常要考虑车辆动力系统属性限制,尤其是被控车辆类型为纯电动汽车或混合动力汽车时,要着重考虑电驱动系统特性以建立合适的约束条件。可根据问题实际属性及需求建立合适的约束条件。此外,在一些解法的框架下需要给出初始/终端条件。而 k 时刻的预测输出为

$$\boldsymbol{Y}_{n,N_p}(k+1|k) \triangleq \begin{bmatrix} y_{n,c}(k+1|k) \\ y_{n,c}(k+2|k) \\ \vdots \\ y_{n,c}(k+N_p|k) \end{bmatrix} \tag{6-27}$$

同样地,在 k 时刻的控制序列 $\boldsymbol{U}_n(k)$ 为

$$\boldsymbol{U}_n(k) \triangleq \begin{bmatrix} u_n(k) \\ u_n(k+1) \\ \vdots \\ u_n(k+N_u-1) \end{bmatrix} \tag{6-28}$$

由于在一般情况下控制时域不超过预测时域($N_u \leqslant N_p$),因此在 N_u 步后,控制量被定义为保持不变,即 $u_n(k+N_u-1) = u_n(k+N_u) = \cdots = u_n(k+N_p-1)$。

6.2.3 动态规划

当研究对象(车辆系统)具有高度非线性或者相应最优问题的泛函不连续

可微时,很难求解性能泛函的极值。动态规划(dynamic programming,DP)对于带约束条件的线性和非线性问题均有优秀的求取全局最优解的能力,因此,在车辆控制及规划等领域中应用十分广泛。动态规划的核心思想是贝尔曼(Bellman)最优性原理,即无论初始状态和初始控制决策如何,对于由前面的决策所形成的状态来说,其后各阶段的决策序列必定构成相应子过程的最优策略。动态规划的特点是把一个复杂的优化问题分解成多个子优化问题,而且满足最优策略的子策略依然是最优的。因此,在求解智能网联车队列生态驾驶相关的最优问题时,动态规划将最优控制问题求解过程转化为多阶段子问题决策过程,从而得到全局最优解。这里以离散系统车辆编队最优问题为例来介绍动态规划的求解过程。对于车辆编队中子车辆 n 的系统:

$$\dot{x}_n(t) = f[x(t), u(t), t] \tag{6-29}$$

对应的约束为控制量 $u \in U$ 和状态约束 $x \in X$。而代价函数为

$$J_n = \Phi[x(N), N] + \sum_{t=t_i}^{N-1} L[x(t), u(t), t], \quad N = t_f \tag{6-30}$$

基于动态规划求解过程的后向性,先找出最后一个阶段的元素,获得最小代价的决策,再分解成多个对应的子问题,依次向前计算 $t = N-1, N-2, \cdots, t_i+1, t_i$ 阶段的最优决策,并且子问题变为求解前一个阶段得出的最优代价 $J_n^*(j+1)$ 与当前代价 $L(j)$ 之和的最小值并得出最优决策。具体的递推公式为

$$\begin{cases} J_n^*[x(N-1), N-1] = \min_{\substack{u(N-1) \in U \\ x(N) \in X}} \{\Phi[f(x(N-1), u(N-1), N-1), N] \\ \qquad\qquad\qquad\qquad\qquad + L[x(N-1), u(N-1), N-1]\} \\ J_n^*[x(t), t] = \min_{\substack{u(t) \in U \\ x(t+1) \in X}} \{L[x(t), u(t), t] + J_n^*[f(x(t), u(t), t), t+1]\} \\ J_n^* = J_n^*[x(t_i), t_i] \end{cases} \tag{6-31}$$

但是动态规划算法存在维数灾难的弊端,当系统的状态量、控制量等参数的维数增大时,计算量会呈指数增大,在此情况下其很难实现车端的实时在线计算,因此,可以离线求解动态规划问题,并将其作为基准来衡量其他算法的效果。要想解决动态规划维数灾难的问题,降维是主要的途径,利用合理的数学运算和转换或者结合其他算法将高维空间直接降维,或者将上述问题拆分成多个低维空间子问题,可以有效减轻维数灾难带来的计算负担。

6.2.4 伪谱法

伪谱法(pseudospectral method)是谱方法中求解含有非线性问题的一种方法。对于多车协同编队控制过程中非线性问题对应的性能泛函的求解具有重要意义,相比于动态规划对非线性问题的计算效率,伪谱法的优势在于既可以得到最优解,又可以保证计算效率。其原理为:任意一个连续的最优控制问题经过一系列数学差值、逼近等变换转化为非线性规划(nonlinear programming, NLP)问题,这其中涉及的变换部分就是伪谱法的核心部分。在伪谱逼近过程中,按照勒让德-高斯-洛巴托(Legendre-Gauss-Lobatto,LGL)积分对系统状态和控制变量进行节点配置,再使用 Lagrange 内插多项式对节点上的系统状态、控制变量和性能泛函进行数学逼近,最终将整个非线性系统(包括状态方程和代价函数)的最优控制问题转换为纯数学代数运算的 NLP 问题。在伪谱法近似函数过程中,可利用多种配点方法来逼近多个节点上的变量。下面以 Legendre 伪谱法为例进行介绍。

Legendre 伪谱法是一种求解最优控制问题的直接法,它的解满足最优性必要条件,即其对应的 NLP 问题的一阶必要条件卡罗需-库恩-塔克(Karush-Kuhn-Tucker,KKT)等价于最优控制的最优性必要条件,也称为乘子等价映射。正交多项式的逼近状态和控制变量的方式,提高了计算精度,加快了计算速度和收敛速度。针对式(6-7)和式(6-8),Legendre 伪谱法的求解过程如下。

首先根据代价函数确定积分部分的时间区间 $[t_0, t_f]$,将区间转到 $[-1, 1]$,即

$$t = \frac{t_f - t_0}{2}\tau + \frac{t_f + t_0}{2} \tag{6-32}$$

解得归一化变量 τ 的表达式为

$$\tau = \frac{2t - t_f - t_0}{t_f - t_0}, \quad \tau \in [-1, 1] \tag{6-33}$$

此时,原最优控制问题的代价函数积分部分的时间区间变为 $[\tau_0, \tau_f]$,$[\tau_0, \tau_f] = [-1, 1]$,即

$$J_n = \Phi[x(-1), x(1), t_f, t_0] + \frac{t_f - t_0}{2} \int_{-1}^{1} L[x(t), u(t), t] d\tau \tag{6-34}$$

状态方程为

$$\frac{dx}{d\tau} = \frac{t_f - t_0}{2} f[x(\tau), u(\tau), \tau, t_f, t_0]$$

边界条件为

$$E[x(-1),x(1),t_f,t_0]=0$$

路径约束为

$$c[x(\tau),u(\tau),\tau,t_f,t_0]\leqslant 0$$

对状态变量和控制变量进行最佳配点分布,在一系列 LGL 点上进行离散化,这里引入 $L_N(\tau)$ 即 N 次 Legendre 正交多项式进行节点配点,即

$$L_0(x)=1,\quad L_1(x)=x,\quad L_2(x)=\frac{3}{2}x^2-\frac{1}{2} \quad (6-35)$$

$$(i+1)L_{i+1}(\tau)=(2i+1)\tau L_i(\tau)-iL_{i-1}(\tau) \quad (6-36)$$

根据式(6-36)的递归关系,总结得到

$$L_N(\tau)=\frac{1}{2^N N!}\frac{\mathrm{d}^N}{\mathrm{d}\tau^N}(\tau^2-1)^N \quad (6-37)$$

$$\tau_0=-1,\quad \tau_f=1,\quad \tau_i\in\{L'_N(\tau)\text{的零点}\},\quad 1\leqslant i\leqslant N-1 \quad (6-38)$$

由此可以看出,一共有 $N+1$ 个 LGL 点。因为 LGL 点没有显式表达式,所以需要进行数值求解。我们引入 Lagrange 差值:

$$C_i(x)=\prod_{k=0,k\neq i}^{N}\frac{\tau-\tau_k}{\tau_i-\tau_k} \quad (6-39)$$

利用上述 Lagrange 差值,根据 $N+1$ 差值点的函数值,对系统状态变量 $x(\tau_i)$ 和控制变量 $u(\tau_i)$ 构造 N 次差值多项式,即 $x(\tau)\approx X(\tau)=X\{X_0,X_1,\cdots,X_N\}$ 和 $u(\tau)\approx U(\tau)=U\{U_0,U_1,\cdots,U_N\}$,近似过程满足:

$$P_N(\tau)=\sum_{i=0}^{N}P(\tau_i)C_i(\tau) \quad (6-40)$$

式中:$P_N(\tau)$ 为近似后的函数;$P(\tau_i)$ 为配置节点上的函数值,此处为 $X(\tau)$ 和 $U(\tau)$。

此时最优控制问题中对系统状态方程 $\dot{x}(\tau)$ 微分转换为对近似转化后的函数 $X(\tau_i)$ 微分,即

$$\dot{X}_N(\tau_k)=\sum_{i=0}^{N}X_i\dot{C}_i(\tau_k)=\sum_{i=0}^{N}X_i D_{ki} \quad (6-41)$$

$$D_{ki}=\begin{cases}\dfrac{L_N(\tau_k)}{L_N(\tau_k)(\tau_k-\tau_i)}, & i\neq k \\[2mm] \dfrac{-N(N+1)}{4}, & i=k=0 \\[2mm] \dfrac{N(N+1)}{4}, & i=k=N \\[2mm] 0, & \text{其他}\end{cases} \quad (6-42)$$

此时可将状态约束转换为一系列 $N+1$ 组 LGL 配置节点处的约束:

$$\sum_{i=0}^{N} D_{ki} X_i = \frac{t_f - t_i}{2} f(X_k, U_k, \tau_k \mid t_0, t_f) \tag{6-43}$$

原最优控制问题中,代价函数的积分部分通过 Gauss-Lobatto 积分方法转换得到:

$$\int_{-1}^{1} L[x(t), u(t), t \mid t_0, t_f] \approx \sum_{i=0}^{N} \omega_i L[x(\tau_i), u(\tau_i), \tau_i \mid t_0, t_f]$$
$$= \sum_{i=0}^{N} \omega_i L(X_i, U_i, \tau_i \mid t_0, t_f) \tag{6-44}$$

式中:ω_i 为 Gauss 积分公式中的权函数值,可以通过选取合理的权函数值来处理次数小于或等于 $2N+1$ 的多项式;配置节点 $\tau_i(i=0,1,\cdots,N)$ 称为高斯点。

ω_i 可由式(6-45)给出:

$$\omega_i = \int_{-1}^{1} L_i(\tau) \mathrm{d}\tau = \frac{2}{N(N+1)L_N^2(\tau_i)} \tag{6-45}$$

至此,原本的最优控制问题转化成了离散形式的 NLP 问题,即

$$J_n = \Phi(X_0, t_0, X_N, t_f) + \frac{t_f - t_0}{2} \sum_{i=0}^{N} \omega_i L(X_i, U_i, \tau_i \mid t_0, t_f) \tag{6-46}$$

状态方程为

$$\sum_{i=0}^{N} D_{ki} X_i - \frac{t_f - t_i}{2} f(X_k, U_k, \tau_k \mid t_0, t_f) = 0$$

边界条件为

$$E(X_0, X_f, t_0, t_f) = 0$$

路径约束为

$$c(X_i, U_i, \tau_i \mid t_0, t_f) \leqslant 0$$

此时,只要对 NLP 问题进行求解即可,而当前 NLP 问题的求解方法十分成熟,直接用 NLP 求解器求解即可。对于上述解的最优性,需要考虑非线性规划 KKT 条件,并对极小值原理离散伴随状态的映射关系加以证明,具体证明方式可参见本章参考文献[7]。

6.2.5 强化学习

车路协同过程为车路系统的时空演化过程,包含车辆组群子系统及环境子系统。车辆组群子系统可以等效为多个车间子系统的集合,由于目标车与主车构成的车间子系统能较好地传递信息,因此环境子系统主要包含道路、交通标识及路边静态建筑物等子系统。在特定环境子系统构成的交通场景中,车间子系统的时空状态变化会影响车辆组群子系统,其具备能够反映相邻时刻间系统

状态演化的转移规律。车间子系统须具备多维连续动态观测样本输入,同时需要预测车间子系统中车辆单体的运动意图。由此可知,考虑系统状态混合可观的车间子系统决策过程,可以采用强化学习中的混合可观测马尔可夫决策过程(mixed observable Markov decision process, MOMDP)模型。

MOMDP 模型属于复杂决策算法,模型内的马氏决策逻辑可以接收处理混合状态模型的多维连续计算结果及状态样本。将车辆组群态势作为不可观测状态量的计算值输入马氏决策逻辑中,将各车辆单体驾驶模式作为马氏决策效用函数权重系数的标志量,即可实现期望的决策效果。MOMDP 框架形式可以表示为一个元组,如式(6-47)所示:

$$\{S, A, T, Z, O, R, \gamma\} \tag{6-47}$$

其中,S 为状态空间,即所有可能环境状态的集合;A 为行为空间,即主车产生的所有可能行动组成的集合;T 为转移函数,$T(s', s, a) = \Pr(s'|s, a): S \times A \times S$,建立状态 $s \in S$ 时,主车采取一个行为 $a \in A$ 后,模型状态转移函数为 $s' \in S$ 的转移概率;Z 为观测空间;O 为观测函数,$O(z, s', a) = \Pr(z|s', a): S \times A \times Z$,采取特定行为 $a \in A$ 且结果状态 $s' \in S$ 时,对应的观测 $z \in Z$ 的观测概率;R 为效用函数,$R(s, a): S \times A$,效用函数是在状态 $s \in S$ 时,采取特定行为 $a \in A$ 而获得的效用;γ 为折扣因子,$\gamma \in [0, 1]$,用于平衡瞬时和未来效用。

MOMDP 中的不确定性为车辆运动意图的不确定性,需要信念状态 $b \in B$ 及基于贝叶斯规则的更新信念 $b' = \tau(b, a, z)$,其中 B 为信念状态集合,τ 为已知行为 a 和观测 z 条件下的更新信念函数,更新信念 b' 的具体表达式为

$$b'(s') = \eta O(z, s', a) \sum_{s \in S} T(s', s, a) b(s) \tag{6-48}$$

式中:η 为归一化系数。

η 的表达式为

$$\eta = \frac{1}{\sum_{s' \in S} O(s', a, z) \sum_{s \in S} T(s', s, a) b(s)} \tag{6-49}$$

MOMDP 模型旨在找到可以最大化效用函数 R 对应的策略 π^*,如式(6-50)所示:

$$\pi^* = \arg\max_{\pi} \left\{ E \sum_{t=0}^{\infty} \gamma^t R[s_t, \pi(b_t)] \pi b_0 \right\} \tag{6-50}$$

式中:π 为特定行为 $a = \pi(b)$ 下的映射策略;b_0 为初始信念状态。

6.2.5.1 车路协同系统中车间子系统决策逻辑元组设计

根据马尔可夫决策过程的属性,状态空间 S 应该包含丰富的信息,如式

(6-51)所示：

$$\begin{cases} S = \{X_s, Y_s\} \\ X_s = \{x, y, \theta, V_x, V_y, a_x, a_y, Y_{aw}\} \\ Y_s = I_m \end{cases} \quad (6\text{-}51)$$

式(6-51)中，$\{x, y, \theta\}$ 为车辆位置，$\{V_x, V_y, a_x, a_y, Y_{aw}\}$ 为包含车辆纵向速度、侧向速度、纵向加速度、侧向加速度及横摆角度在内的车辆状态，当前状态 $s = \{s_{ego}, s_{t1}, s_{t2}, \cdots, s_{tN}\}$，其中 s_{ego} 为主车状态，$s_{ti} = \{x_i, I'_{m,i}\}$ 为目标车状态，N 为目标车数量。在含有传感器噪声的感知系统中，X_s 为完全可观测的，而 Y_s 为基于观测数据推断的非直接可观测状态。

作为决策过程的输出，行为空间需要产生车辆加速度序列，将车辆纵、侧向加速度序列作为序列集合的各元素，得到决策过程的行为空间：

$$A = \{a_{\text{lon}}, a_{\text{lat}}\} \quad (6\text{-}52)$$
$$a_{\text{lon}} = \{a_{\text{lon,a}}, a_{\text{lon,d}}, a_{\text{lon,c}}\}$$
$$a_{\text{lat}} = \{a_{\text{lat,a}}, a_{\text{lat,d}}, a_{\text{lat,c}}\}$$

式中：a_{lon} 和 a_{lat} 分别为车辆的纵向和侧向行为；下标 a、d 和 c 分别表示加速、减速和维持当前速度三种行为。

观测空间 $z = \{z_{ego}, z_{t1}, z_{t2}, \cdots, z_{tN}\}$ 为 MOMDP 模型能够感知到的时空维度及系统状态量，其中 z_{ego} 为主车观测子空间，z_{ti} 为目标车观测子空间，N 为目标车数量。

状态转移模型 $T(s', s, a) = \Pr(s' | s, a)$ 描述了在已知当前时刻本车状态及行为条件下系统未来的动态随机性，该动态特性是由本车行为和障碍车辆运动意图共同作用的结果，如式(6-53)所示：

$$\Pr(s' | s, a) = \Pr(s'_{ego} | s_{ego}, a_{ego}) \sum_{i=0}^{N} \Pr(s'_i | s_i) \quad (6\text{-}53)$$

式中：a_{ego} 为当前时刻的主车行为；$\Pr(s'_{ego} | s_{ego}, a_{ego})$ 为在当前时刻主车状态和行为条件下的下一时刻主车状态转移概率；$\Pr(s'_i | s_i)$ 为目标车状态转移概率。

$$\begin{bmatrix} x' \\ y' \\ V'_x \\ a'_x \\ \theta' \\ V'_y \\ a'_y \\ Y'_{aw} \end{bmatrix} = \begin{bmatrix} x \\ y \\ V_x \\ a_x \\ \theta \\ V_y \\ a_y \\ Y_{aw} \end{bmatrix} + \begin{bmatrix} V_x \Delta t + 0.5 a_{\text{lon}} \Delta t^2 \\ V_y \Delta t + 0.5 a_{\text{lat}} \Delta t^2 \\ a_{\text{lon}} \Delta t \\ a_{\text{lon}} \\ 0 \\ a_{\text{lat}} \Delta t \\ a_{\text{lat}} \\ 0 \end{bmatrix} \quad (6\text{-}54)$$

$$\Pr(s'_i \mid s_i) = \sum_{a_i} \Pr(s'_i \mid s_i, a_i) \Pr(a_i \mid s_i) \tag{6-55}$$

需要推导式(6-55)中的 $\Pr(s'_i \mid s_i, a_i)$ 和 $\Pr(a_i \mid s_i)$。$\Pr(s'_i \mid s_i, a_i)$ 的推导公式为

$$\Pr(s'_i \mid s_i, a_i) = \Pr(x'_i \mid x_i, a_i) \Pr(I'_{m,i} \mid x'_i, x_i, I_{m,i}, a_i) \tag{6-56}$$

假设车辆运动意图 $I_{m,i}$ 在当前采样周期内处于稳定状态且在下一采样周期内随输入的数据样本变化，则 $\Pr(a_i \mid s_i)$ 可以用式(6-57)表示：

$$\Pr(a_i \mid s_i) = \sum_{x'_{\text{ego}}} \Pr(a_i \mid x'_{\text{ego}}, x_i, I_{m,i}) \Pr(x'_{\text{ego}} \mid x_i, I_{m,i}) \tag{6-57}$$

式(6-57)中，$\Pr(x'_{\text{ego}} \mid x_i, I_{m,i})$ 可通过式(6-54)计算得到，采用确定性建模机制计算 $\Pr(a_i \mid x'_{\text{ego}}, x_i, I_{m,i})$，如式(6-58)所示：

$$a_i = \begin{cases} a_{i,\text{low}}, & a_{i,\text{comft}} < a_{i,\text{low}} \\ 0.5(a_{i,\text{comft}} + a_{i,\text{low}}), & a_{i,\text{comft}} \geq a_{i,\text{low}} \end{cases} \tag{6-58}$$

式中：$a_{i,\text{low}}$ 和 $a_{i,\text{comft}}$ 分别为特定车辆行为对应的加速度下限和上限。

观测模型为数据的采集和测量过程中的样本序列，如式(6-59)所示：

$$\begin{cases} \Pr(z \mid a, s') = \Pr(z_{\text{ego}} \mid s'_{\text{ego}}) \sum_{i=0}^{N} \Pr(z_i \mid s_i) \\ \Pr(z_{\text{ego}} \mid s'_{\text{ego}}) \sim N\left(z_{\text{ego}} \mid x'_{\text{ego}}, \sum z_{\text{ego}}\right) \end{cases} \tag{6-59}$$

假设传感器为理想传感器，观测模型的方差矩阵为 **0**。在特定采样周期内，观测模型内的数值保持不变。

效用函数在满足安全性和舒适性要求的前提下，需要能够与车辆单体驾驶模式产生映射关系，在其设计中还需要考虑交通规则和到达目的地所需的时间，如式(6-60)所示：

$$R(s,a) = \mu_1 R_{\text{safety}}(s,a) + \mu_2 R_{\text{goal}}(s,a) + \mu_3 R_{\text{law}}(s,a) + \mu_4 R_{\text{comft}}(s,a)$$

$$\tag{6-60}$$

式中：R_{safety} 为安全效用；R_{goal} 为时间效用；R_{law} 为交通规则效用；R_{comft} 为舒适效用；μ_1、μ_2、μ_3、μ_4 为各效用指标对应的权重系数。

R_{safety} 定义为奖励函数且在没有潜在冲突的情况下设置为大的值。T_x 和 T_y 设置为包含车辆行驶方向和当前时刻运动意图的车辆纵、侧向行为，当且仅当无潜在碰撞时，判断函数 $F(T_x, T_y)$ 的值为 1，否则为 0。R_{goal} 表示主车到达目的地时的奖励，通过至目的地距离(DTG)与本车当前时刻车速 V_{ego} 的比值计算得到。当车辆遵守交通规则时，R_{law} 为较大值，否则为 0。

6.2.5.2 MOMDP 近似求解器

为了解决预测时间水平为 H 的总信念空间 $O(|A|^H|Z|^H)$ 搜索的复杂度问题,建立了确定性模型,将其作为近似求解器,假定传感器为理想传感器,进而得到 $|Z|$ 等于 1。建立合适的策略并选择合理的全局预测时间间隔及全局时间水平,进而计算出近似的优化策略。策略的生成、预测时间水平的选择及时间步长的选择是 MOMDP 求解的关键部分。策略生成中期望的速度序列需要满足个性化、舒适性要求及阈值约束,候选策略根据驾驶习惯和驾驶任务被分为 ζ 个时间段,对应的加速度阈值为 $[-4,4]$ m/s^2。加速行为可以被离散为多个 $[-0.5,0.5,0]$ 集合对应的组合,行为空间可表示为离散加速集合。此外,预测时间水平的选择需要平衡求解质量和计算资源间的矛盾。最后,考虑到车辆运动意图及 MOMDP 均需要按步长计算,采用定步长求解机制并将各个模块间计算所得步长的最小值作为定步长的值。

6.3 跟车行驶过程队列能耗优化

随着智能交通系统和 5G 的飞速发展,智能网联车技术得到了迅猛的发展。多车协同的运行模式也使车辆节能技术有了新的突破。协同自适应巡航控制(CACC)以智能网联车辆编队为对象,通过 V2V 通信,可以实现车辆编队中子车辆的速度、加速度等信息的实时相互传递,由此可以应用一系列先进控制方法,实现车辆编队协同行驶,降低能耗,提高通行效率。在高速工况下,空气阻力与车速平方成正比并在整体阻力中占比较大,是影响能耗的主要因素之一。而在协同自适应巡航控制中,减小跟车间距可以有效减小车辆的空气阻力,降低能耗,这一点对于大型商用车的影响更加明显且意义非凡。在城市工况下,基于 CACC 的车辆编队行驶模式可以有效减小跟车间距,提高道路交通的负载容量,减少拥堵,提高通行效率,从而促进城市交通系统的可持续发展。此外,在车辆跟随过程中由于控制方法不同,可能会出现车辆为保证跟随效率、减小跟随误差而导致的频繁加减速行为。因此,为保证智能网联车辆编队的能耗表现,合理地平衡跟车性能和能耗表现(即消除跟随过程中高能耗的激烈跟车行为)也是队列节能控制的研究目标之一。近年来,随着通信技术的逐渐成熟,车车、车路协同技术应运而生并极大地满足了环境友好型智能交通系统的建设需求。因此,在 CACC 的基础上,将能量因素问题考虑在内的具有优良能耗表现的生态协同自适应巡航控制(ECACC)的智能网联车辆编队逐渐受到广泛关注。在大量现有研究中,表 6-1 选取了一些典型的控制策略和被控对象,用以更直观地体现研究体系的热点和优劣势。ECACC 的核心问题在于如何优化跟随过程中车辆的能耗表现,尤其是在采用车辆编队形式的多车协同行驶过程中,如何同时保证跟车性能和优良的能耗表现。此处以由三辆纯电动汽车组成的车辆编队为例,介绍一种基于模型预测控制的智能网联车辆编队行驶的节能策略。该策略既具有良好的跟车性能,又具有良好的能量经济性。其实质是一种考虑跟车速度、与前车的期望距离误差和能耗的多目标优化策略。其通过分析车辆编队的纵向动力学特性及跟随车辆的加速度、电机特性等参数来评价车辆编队在各个工况下的综合表现。

表 6-1 多车协同控制研究概况

被控车辆	控制算法	优化目标	巡航模式	本章参考文献
传统燃油车	MPC	跟车性能+能耗表现	非队列式跟车行驶	[14]
传统燃油车	比例积分(PI)控制	通信延时	协同巡航控制	[15]
传统燃油车	伪谱法	能耗表现	加速-滑行	[16]
混合动力汽车	非线性 MPC	跟车性能+能耗表现	EACC	[17]
未指定	分散控制	通信拓扑结构下的稳定性	CACC	[18]
纯电动汽车	非线性 MPC	跟车性能+能耗表现	ECACC	本节

注:EACC—生态自适应巡航控制。

图 6-5 所示为基于 V2V 通信的智能网联车辆编队的队列行驶示意图。该队列为均质车辆编队,由具有相同参数的纯电动汽车组成,利用 LPF 通信拓扑结构,即跟随车辆同时接收来自前车和头车的信息。为了提高队列行驶的稳定性,引入了固定时距跟车策略。

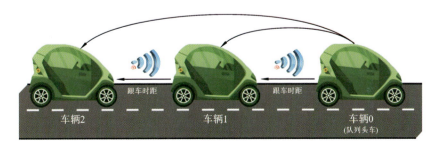

图 6-5 基于 V2V 通信的智能网联车辆编队的队列行驶示意图

6.3.1 基于纵向动力学的车辆编队建模

根据牛顿第二定律,建立基于时间的离散纵向动力学模型:

$$\begin{cases} p_n(k+1) = p_n(k) + v_n(k)\delta t \\ v_n(k+1) = v_n(k) + a_n(k)\delta t \\ a_n(k) = -\dfrac{C_{n,\mathrm{D}}\rho_n A_n v_n^2(k)}{2m} - g(\mu\cos\theta + \sin\theta) + u_n(k) \\ \delta h(k) = h_\mathrm{d}(k) - h_\mathrm{c}(k) \\ h_\mathrm{d}(k) = \tau_\mathrm{h} v_n(k) + r_0 + l_0 \\ h_\mathrm{c}(k) = p_{n-1}(k) - p_n(k) \end{cases} \quad (6\text{-}61)$$

式中:$p_n(k)$、$v_n(k)$和$a_n(k)$分别为第n辆车在k时刻的位移、速度和加速度;δt为离散系统的时间间隔;$C_{n,\mathrm{D}}$、ρ_n、A_n和m分别为空气阻力系数、空气密度、迎风面积和车辆质量;g、μ和θ分别为重力加速度、地面摩擦系数和道路坡度角;$u_n(k)$为控制量,即作用在车轮处的牵引力或制动力;$\delta h(k)$为跟随误差;$h_\mathrm{d}(k)$为期望跟车时距;$h_\mathrm{c}(k)$为当前跟车时距;τ_h为间隔时间;r_0为最小初始安全车距;l_0为车辆长度。

这里,针对纯电动汽车的动力系统静态动力学模型进行研究。其中简化的电机模型可以描述为

$$F_n(k)r_\mathrm{w} = T_n(k) - J_n \dfrac{\omega_n(k+1) - \omega_n(k)}{\delta t} \quad (6\text{-}62)$$

式中:$F_n(k)$、$T_n(k)$和$\omega_n(k)$分别为牵引力、电机输出扭矩和电机转速;r_w为车轮半径;J_n为转动惯量。

电机转速与车速v_n、主减速器齿比g_n和车轮半径r_w的关系为

$$\omega_n(k) = \dfrac{60 v_n(k) g_n}{2\pi r_\mathrm{w}} \quad (6\text{-}63)$$

在本小节中,电池系统状态用一阶 RC 模型描述,其数学表达式详见 6.1.2 节相关介绍。

6.3.2 基于模型预测控制的队列节能策略

智能网联车辆编队在行驶过程中,通过 V2V 通信传递当前车辆的状态参数。在此过程中仅考虑正常范围的通信延时影响,而严重的通信延时和通信丢包对智能网联车辆编队行驶的影响不考虑在内。在设计智能网联车辆编队行驶的节能策略时,需要着重考虑队列中车辆的跟车性能及能耗表现与跟随误差

之间的平衡关系,还需要考虑驾驶舒适性、电机扭矩转速限制、电池和电机功率限制等因素。因此,基于模型预测控制来设计节能策略可以很好地满足在多约束条件下的能耗表现、速度跟随、期望跟车间距的综合要求。在上述系统建模过程中涉及多个非线性过程,因此考虑到计算效率,采用离散系统并且其采样周期为 0.1 s。由 6.2.2 节中对模型预测控制的介绍可知,在每个采样时刻在线求解开环问题,分别得到一组包括预测值的控制序列和输出序列。因为在每个采样时刻控制量都会依赖输出量和被测量,所以只将控制序列的第一个值作用于控制系统,在每个采样时刻重复上述环节,并且在每个时刻求解计算都会在一个定长的预测周期内进行,即滚动优化过程。

基于纵向动力学的智能网联车辆编队行驶过程中包括若干非线性过程,出于对系统描述的直观性和建模方便,考虑车辆纵向动力学和能量变化,系统状态矢量选为 $\boldsymbol{x}_n(k)=[p_n \quad v_n \quad a_n \quad \mathrm{SOC}_n]^\mathrm{T} \in \mathbb{R}^4$,并且非线性系统的差分表示为 $\dot{\boldsymbol{x}}_n(k)=f_n[\boldsymbol{x}_n(k),u_n(k)]$,其具体描述为

$$\begin{bmatrix} v_n(k) \\ -\dfrac{C_{n,\mathrm{D}}\rho_n A_n v_n^2(k)}{2m}-g(\mu\cos\theta+\sin\theta)+u_n(k) \\ \dfrac{1}{T}[u_n(k)-a_n(k)] \\ -\dfrac{V_{\mathrm{OC}}(k)+V_{\mathrm{s}}(k)-\sqrt{[V_{\mathrm{OC}}(k)+V_{\mathrm{s}}(k)]^2-4R_{\mathrm{e}}(k)T_n(k)\omega_n(k)\eta_{\mathrm{m}}(k)\eta_{\mathrm{b}}(k)^{-\mathrm{sgn}[T_{\mathrm{m}}(k)]}}}{2R_{\mathrm{e}}(k)Q_{\max}} \end{bmatrix}$$

(6-64)

而整个时间离散系统则表示为

$$\begin{cases} \boldsymbol{x}_n(k+1)=f[\boldsymbol{x}_n(k),u_n(k)] \\ \boldsymbol{y}_{n,c}(k+1)=g_{n,c}[\boldsymbol{x}_n(k),u_n(k)] \end{cases}, \quad k>0 \quad (6-65)$$

根据模型预测控制原理,动态优化在 k 时刻的预测周期为 $[k,k+N_p]$,其中,预测时域选取 $N_p=5$,而控制时域选取 $N_u=3$,满足 $N_u \leqslant N_p$ 的一般要求。当控制序列长度超出控制时域时,超出的控制元素与控制时域内最后一个控制元素的值保持相等,即 $u_n(k+N_u-1)=u_n(k+N_u)=u_n(k+N_p-1)$。相应地,基于跟车性能和能耗的综合表现,代价函数设计为

$$f_n=\sum_{t=k}^{k+T_p}\dfrac{w_1(|v_{n-1}(k)-v_n(k)|\delta t)+w_2\delta h(k)\delta t+w_3\dot{q}_n(k)\delta t}{s_n(k+T_p)-s_n(k)} \quad (6-66)$$

式中: f_n 是在预测周期 T_p 内基于权重分配原则关于跟车速度、跟车时距及能耗的综合代价函数; w_1 对应被控车辆速度与前车速度之间的差值; w_2 对应当前跟车时距和期望跟车时距之间的偏差; w_3 对应当前车辆在单位时间内的能

耗值。

本小节所描述的智能网联车辆编队节能策略可以转化为求解带多项约束的代价函数 $f_n[y_{n,c}(k),U_n(k),N_u,N_p]$ 的最小值问题,即

$$U_n(t) = \underset{T_{n,x}(t),\omega_{n,x}(t),a_n(t)}{\arg\min} f_n[y_{n,c}(k),U_n(k),N_u,N_p] \quad (6\text{-}67)$$

$$v_{\min} \leqslant v_n(k) \leqslant v_{\max}$$

$$v_{\min} \leqslant v_{n-1}(k) \leqslant v_{\max}$$

$$\delta h_{\min} \leqslant \delta h(k) \leqslant \delta h_{\max}$$

$$SOC_{\min} \leqslant SOC(k) \leqslant SOC_{\max}$$

$$T_{n,\min} \leqslant T_n(k) \leqslant T_{n,\max}$$

$$\omega_{n,\min} \leqslant \omega_n(k) \leqslant \omega_{n,\max}$$

$$a_{n,\min} \leqslant a_n(k) \leqslant a_{n,\max}$$

求解过程中,车辆编队中每辆车需满足车辆本身能达到的最大速度及道路要求的速度限制。为防止跟随误差发生过大波动,跟随误差需要限制在 $\delta h_{\min}$ 至 $\delta h_{\max}$ 之间。考虑电池本身充放电特性并且防止电池过充和过放,需要对电池的 SOC 进行约束,一般来讲荷电状态下限 $SOC_{\min}$ 设置为 0.2,而荷电状态上限 $SOC_{\max}$ 设置为 0.8。根据电机的运行特性,同样需要对电机扭矩与转速进行约束。此外,在车辆编队执行跟车控制过程中,为满足代价函数条件而采用过大的加速度或减速度的现象应避免出现,这可反映为以加速度为判据的驾驶舒适性,需要对加速度进行限制,一般认为舒适驾驶的巡航过程加速度区间为 $[-2,2]$ m/s²。具体的 MPC 的理论推导和求解方法详见 6.2.2 节。对于非线性模型预测控制(NMPC)而言,很难通过直接求解系统的哈密顿-雅可比-贝尔曼(Hamilton-Jacobi-Bellman)方程得到精确的解析解,因此可以采用在线数值求解的方法,也可直接使用相关带约束的数值求解工具箱,如 NAG、ACADO、MATMPC 等。

6.3.3 智能网联车辆编队节能效果分析

为验证非线性模型预测控制策略在智能网联车辆编队中的综合性能,首先利用美国环境保护局(EPA)发布的城市道路循环工况(urban dynamometer driving schedule,UDDS)验证城市环境下的跟车性能和能量经济性。车辆编队中头车被命名为车辆 0,并设置完全遵循 UDDS 驾驶循环的速度轨迹。而跟随车辆,即车辆 1 和车辆 2,将按照所提出的控制策略跟随车辆 0。如图 6-6(a)所示,在车辆 0 减速时,跟随车辆在较少速度波动情况下表现出了优秀的跟车性能。由于控制器的响应特性,在速度轨迹的峰谷会出现波动,并会出现较小

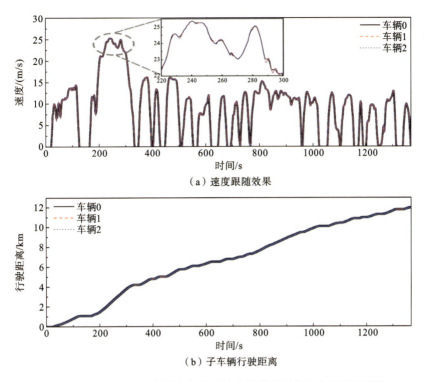

图 6-6　UDDS 下智能网联车辆编队速度跟随效果和子车辆行驶距离

幅度的时滞和超调现象。图 6-6(a)中的局部放大图是对车辆编队表现的细节描述,展示了车辆 1 和车辆 2 的速度轨迹跟随精度。与车辆 1 相比,车辆 2 存在一个不明显的沿时间轴(x 轴的正方向)的速度偏移,这是因为控制器响应受到 V2V 延时和通信拓扑结构的影响,此处采用的通信拓扑结构为 LPF,即车辆编队中跟随车辆接收的信号来自头车和前车。行驶距离也可作为衡量车辆跟车性能的宏观评价指标,即在整个行程内,车辆编队中各子车辆行驶距离的一致性。如图 6-6(b)所示,在整个行驶周期内,车辆 1 和车辆 2 的曲线与车辆 0 的曲线重合,几乎没有出现明显的分叉,在每一个时间点车辆编队中的子车辆行驶距离是一致的。在 UDDS 下,车辆编队中三个子车辆的完全行驶里程分别约为 11.9902 km(车辆 0)、11.9897 km(车辆 1)和 11.9893 km(车辆 2),在近 12 km 的路程下车辆之间的行驶距离误差小于 1 m,说明车辆编队在宏观层面上表现出良好的跟车性能。

为了更全面地研究智能网联车辆编队的性能,UDDS 循环前 400 s 部分的详细评价指标描述可以更直观地揭示跟随车辆的特性。跟随误差表示期望跟车距离与当前实际跟车距离之间的差值。图 6-7(a)显示了车辆 1 与车辆 2 的跟随误差变化趋势,整个过程误差波动小于 3 m,车辆起步时跟随误差稍大,而在车辆起步后的驾驶阶段,误差波动小于 1.5 m。车辆 1 在从完全停止状态到开始加速的启动过程中出现相对较大的跟随误差,主要影响因素为通信延时、控制器响应和执行器响应。而车辆 2 也存在同样的情况,但误差明显减小,这主要得益于车辆 2 的基于 LPF 的 V2V 拓扑结构,即接收的信号来自车辆编队中的头车和前车。当头车起步时,车辆 2 接收到信号,控制器根据当前时刻头车和前车的速度、加速度及跟车间距信息发出对应控制指令,这样可以使车辆 1 和车辆 2 之间的跟车间距误差保持在一个小的范围内。此外,在整个 UDDS 下,车辆 2 的跟车间距误差明显小于车辆 1 的,说明车辆编队中子车辆的跟随误差的波动是沿着车辆编队顺序向后收敛的。如图 6-7(b)所示,跟随车辆的加速度变化区间为[-2,3] m/s^2。对比两条加速度曲线,两者具有相似的趋势,并且在整个过程中,车辆 2 的加速度曲线变化幅度和加速度峰值均略小于车辆

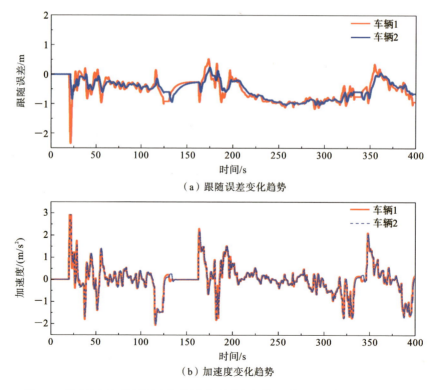

(a)跟随误差变化趋势

(b)加速度变化趋势

图 6-7 UDDS 下智能网联车辆编队中跟随车辆的跟随误差和加速度变化趋势

1 的,这也证明了智能网联车辆编队具有良好的跟车性能。

能量经济性与电机效率有着密切的关系。从图 6-8 中可以看出,UDDS 下智能网联车辆编队中两辆跟随车辆的电机工作点都集中在能耗较低的高效率区域。而图中电机工作效率为零的区域,表示车辆处于停止状态,电机转速和扭矩均为零。在实际应用案例中,可以由参数相同的车辆组成均质车辆编队,也可以由参数不同的车辆组成异质车辆编队。因此,无论车辆编队构成如何,均可以其能耗表现取代单车能耗表现,这可以反映或对比含有相同数量子车辆的编队的节能特性。由 3 辆车组成的车辆编队在 UDDS 下的前 400 s 行驶过程中,能耗表现分为增长过程(正常的能量需求)、减少过程(减速阶段的制动能量回收),以及无变化过程(车辆停车)。在第 400 s 时,仿真结果显示该车辆编队的总能耗为 0.738 kW·h。

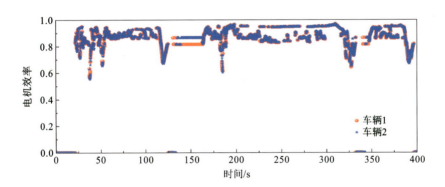

图 6-8　UDDS 下智能网联车辆编队中跟随车辆的电机效率分布

车辆编队在高速行驶状态下的综合性能也十分重要,因此引入 EPA 发布的 HWFET 工况用以验证基于模型预测控制的 ECACC 策略。HWFET 工况下车辆以较高车速进行巡航,而该工况下车辆的跟车性能和能量经济性具有重要实际意义,尤其是对于商用车在城际货物运输等方面有极大的潜在价值,可以有效帮助商用车编队降低能耗、增加续航里程及提高驾驶安全性。下面依然以由 3 辆参数相同的智能网联车辆组成的编队为对象,探究 HWFET 工况下该编队中子车辆的各项性能。

如图 6-9(a)所示,在 HWFET 工况下,车辆编队中跟随车辆 1 和跟随车辆 2 在基于模型预测控制的 ECACC 策略下表现出了良好的跟车性能,几乎完全跟随了头车的速度轨迹,仅在速度轨迹波峰和波谷存在微小波动。高速行驶的特点是速度变化区间主要分布在高速区域并且没有剧烈的速度波动,这种工况

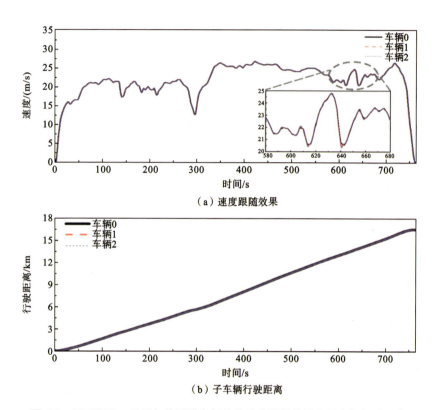

图 6-9 HWFET 工况下智能网联车辆编队速度跟随效果和子车辆行驶距离

非常适合采用模型预测控制器,当头车速度波动较温和时,后车速度跟随效果是稳定的,而当头车速度波动相对剧烈时,模型预测控制器会使车辆编队中的后车在速度跟随上出现较小幅度的超调,如图 6-9(a)中的局部放大图所示。车辆编队中子车辆行驶距离如图 6-9(b)所示,几乎重合的曲线说明了在该工况下的各个时刻跟车间距具有一致性。在 HWFET 工况的结束时刻,3 辆车的总里程分别为 16.5065 km、16.5056 km 和 16.5046 km,误差不超过 1 m,说明了在基于模型预测控制的 ECACC 策略下车辆编队具有优秀的跟车性能。

如图 6-10(a)所示,跟随车辆在 HWFET 工况下的跟随误差变化小于在 UDDS 下的跟随误差变化,主要是因为 HWFET 工况下速度波动较小,可以得出头车行驶状态越平稳,后车的跟随效果越好的结论。同样地,如图 6-10(b)所示,跟随车辆在 HWFET 工况下的加速度变化区间为 $[-2,2]$ m/s^2,波动较小且相对稳定,有助于提高能量经济性,并且该加速度变化区间满足驾驶舒适性要求。通过以上讨论,可得出结论:车辆编队在高速行驶条件下同样表现出较好的综合性能。

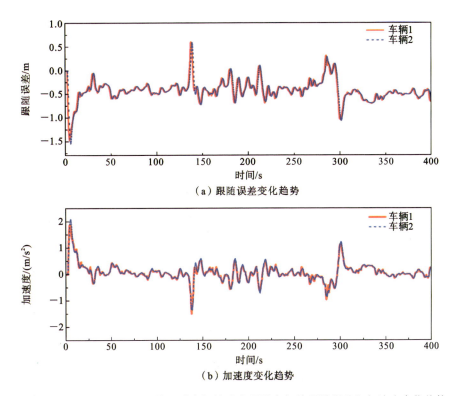

图 6-10 HWFET 工况下智能网联车辆编队中跟随车辆的跟随误差和加速度变化趋势

6.3.4 ECACC 与传统 ACC 的效果对比

自适应巡航控制(ACC)是目前应用最广泛的车载主动巡航功能,其主要原理是通过毫米波雷达探测与前车之间的距离,当前车状态发生变化时,如果制动导致车间距发生变化,则系统会做出判断,并执行相应操作以确保车间安全距离。相比于 CACC,传统 ACC 的所有信息均来自被控车辆自身,并且仅可测得前车信息,控制器功能结构相对简单,故在跟车性能方面具有一定局限性。

为验证车辆编队 CACC 跟车策略在 V2X 通信框架下的优势,将 ECACC 控制器与现有的 EACC 控制器进行性能比较。控制器设计参见本章参考文献[17]。EACC 控制器的本质特征同样基于模型预测控制策略,在不进行 V2V 通信的情况下,后车利用自主装备的毫米波雷达获得与前车的距离信息并决策车轮端牵引力以保持与前车的期望跟车间距。此外,EACC 控制器的能耗指标同样参照静态能耗模型即根据电机效率计算出当前能耗。当前车速度产生波动时,尤其是发生剧烈变化时,EACC 控制器的超调更为严重,且被控车辆速度波动较大,响应速度较慢,不利于保证队列的稳定性和能量经济性。此外,在图 6-11 中可以明显观察到,车辆 1 的响应更为迟缓,导致其在第一个启动阶段的 25 s 处加速有很大延迟,产生较大的跟随误差。然而,本节研究策略下基于 V2V 通信的智能网联车辆编队中跟随头车的子车辆,在相同环境下有着更快的控制响应并且始终保持较小的跟随误差。由此可知,过多的速度波动和响应慢不利于保证车辆编队的稳定性和能量经济性。综上所述,与传统 EACC 策略相比,ECACC 策略使车辆具有更好的跟车性能。

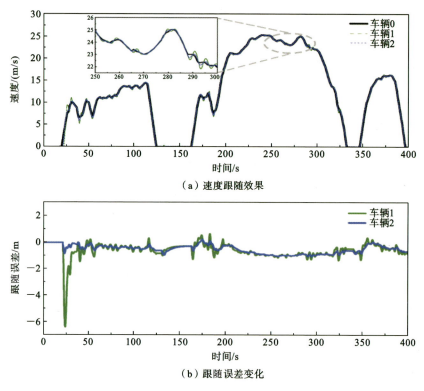

(a) 速度跟随效果

(b) 跟随误差变化

图 6-11 对比 EACC 和 ECACC 两种策略在 UDDS 下智能网联车辆编队中跟随车辆的速度跟随效果和跟随误差变化

如图 6-12(a)所示,在相同跟车性能需求下 EACC 的加速度变化幅值明显大于 ECACC 的,表明基于 MPC 策略的跟随车辆加速度变化更平稳,满足驾驶舒适性要求并有利于保证能量经济性。此外,EACC 策略下,加速度多次达到 -3 m/s^2 和 3 m/s^2,也降低了其综合性能评价分数。SOC 是直观反映纯电动汽车综合能耗表现的关键参数,因此可以通过 SOC 变化来对比两种控制策略的节能潜力。图 6-12(b)所示为在 UDDS 下前 400 s EACC 和 ECACC 两种策略下跟随车辆的 SOC 变化。电池组初始 SOC 值设为 0.8,当车辆保持巡航状态或采取加速动作时,SOC 值减小,而在车辆减速过程中由于制动能量回收系统工作,并为电池组充电,该过程的 SOC 值出现阶段性增长。很明显的是,EACC 的 SOC 与 ECACC 的相比仍呈现出快速下降的趋势,且随时间的推移二者差值不断增大。在第 400 s 时,ECACC 的 SOC 值仍为 0.706,而 EACC 的 SOC 值为 0.688,直接反映出 ECACC 控制器具有良好的能量经济性。

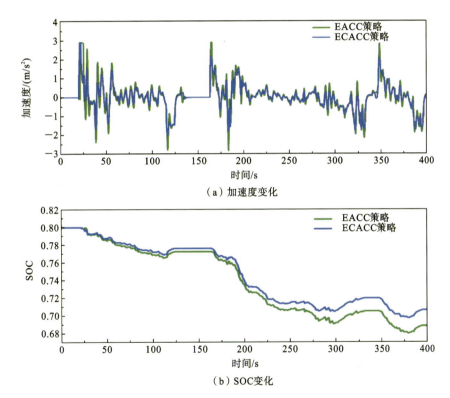

图 6-12 对比 EACC 和 ECACC 两种策略在 UDDS 下智能网联车辆编队中跟随车辆的加速度变化和 SOC 变化

UDDS、HWFET 和 NEDC(new European driving cycle,新标欧洲循环测试)代表不同环境、不同国家标准下的标准燃油经济性循环工况,它们可以很好地反映汽车的能耗水平。如图 6-13 所示,分别比较采用 ECACC 和 EACC 策略的车辆编队中子车辆在上述三种工况下完成行驶任务的能耗表现。数据显示,

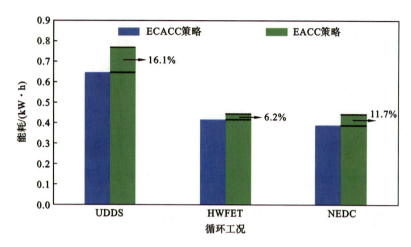

图 6-13 对比 EACC 和 ECACC 两种策略在 UDDS、HWFET、NEDC 工况下的能耗表现

装配 EACC 控制器的车辆在 UDDS、HWFET 和 NEDC 工况下的能耗分别为 0.7716 kW·h、0.4461 kW·h 和 0.4432 kW·h;而装配基于模型预测控制的 ECACC(MPC-ECACC)控制器的车辆的能耗则分别为 0.6470 kW·h、0.4183 kW·h 和 0.3914 kW·h。可以看出,在 HWFET 工况下,ECACC 的节能效果相对于 EACC 提升了约 6.2%,略低于 UDDS 的 16.1% 和 NEDC 的 11.7%,这说明该循环工况在大部分时间处于高速巡航状态,加、减速变化相对较小,有利于动力系统如电机等持续在高效率区域运行,因此两种控制器的节能潜力相差不大。综上,上述两种策略在速度稳定变化区域差别较小且均有较好的节能效果,而 ECACC 在速度剧烈变化区域依然有优秀的节能效果,例如在城市拥堵道路行驶情况下,车速起伏较大,而能够在该场景下提高节能潜力则具有重要意义。表 6-2 列出了不同循环工况下车辆的能耗表现对比。

表 6-2 不同循环工况下车辆的能耗表现对比

循环工况	研究策略	能耗/(kW·h)	性能提升
UDDS	ECACC	0.6470	16.1%
	EACC	0.7716	基准
HWFET	ECACC	0.4183	6.2%
	EACC	0.4461	基准
NEDC	ECACC	0.3914	11.7%
	EACC	0.4432	基准

从车辆编队协同控制的角度出发，本小节针对纯电动汽车编队介绍了一种兼顾车辆跟车性能和能耗表现的生态协同自适应巡航控制策略，通过仿真测试分析了该策略在不同循环工况下的综合表现。ECACC 策略利用非线性模型预测控制对带约束的最优控制问题进行求解，并通过设计代价函数惩罚项和权重调节实现车辆跟车性能和能耗表现的共同优化。仿真结果显示在 UDDS 下车辆编队的跟随误差可以有效地控制在 3 m 以内；在 HWFET 工况下，跟随误差可以保持在 1 m 以内，并且车辆的加速度变化区间满足车辆驾驶舒适性的要求。此外，在能耗表现方面，队列节能的基本设计思想是在车辆行驶过程中使电机尽量运行在高效率区域，并且避免在调节跟随误差过程中急加速或急减速带来的瞬时大扭矩输出，导致电机工作点出现在低效率区域。通过在 UDDS、HWFET 和 NEDC 三种典型工况下的仿真验证，得出车辆编队中车辆的能耗分别为 0.6470 kW·h、0.4183 kW·h 和 0.3914 kW·h。通过与基于传统单车控制的 EACC 策略进行对比，基于多车协同编队控制的 ECACC 策略表现出更小的跟随误差、更快的控制响应以及优异的节能效果，在 UDDS、HWFET 和 NEDC 三种典型工况下，能耗表现分别显示出了较大的提升，再次凸显出基于多车协同编队控制的 ECACC 策略的优势。

本章参考文献

[1] HU X S, WANG H, TANG X L. Cyber-physical control for energy-saving vehicle following with connectivity[J]. IEEE Transactions on Industrial Electronics, 2017, 64(11): 8578-8587.

[2] SCIARRETTA A, VAHIDI A. Energy-efficient driving of road vehicles: toward cooperative, connected, and automated mobility[M]. Cham: Springer Nature Switzerland AG, 2020.

[3] SAERENS B, RAKHA H, AHN K, et al. Assessment of alternative polynomial fuel consumption models for use in intelligent transportation systems applications[J]. Journal of Intelligent Transportation Systems, 2013, 17(4): 294-303.

[4] MA F W, YANG Y, WANG J W, et al. Predictive energy-saving optimization based on nonlinear model predictive control for cooperative connected vehicles platoon with V2V communication[J]. Energy, 2019,

189: 116120.

[5] ZHANG R, YAO E J. Electric vehicles' energy consumption estimation with real driving condition data[J]. Transportation Research Part D: Transport and Environment, 2015, 41: 177-187.

[6] ZHAO J N, SCIARRETTA A. A fully-analytical fuel consumption estimation for the optimal design of light-and heavy-duty series hybrid electric powertrains[C]// Proceedings of WCX™ 17: SAE World Congress Experience. Detroit: SAE International, 2017.

[7] LI S E, DENG K, ZHANG X X, et al. Automotive air conditioning[M]. Cham: Springer International Publishing Switzerland, 2016.

[8] CHEN D J, AHN S, CHITTURI M, et al. Truck platooning on uphill grades under cooperative adaptive cruise control (CACC)[J]. Transportation Research Part C: Emerging Technologies, 2018, 94: 50-66.

[9] FLORES C, MILANÉS V. Fractional-order-based ACC/CACC algorithm for improving string stability[J]. Transportation Research Part C: Emerging Technologies, 2018, 95: 381-393.

[10] EMIRLER M T, GUVENC L, GUVENC B A. Design and evaluation of robust cooperative adaptive cruise control systems in parameter space [J]. International Journal of Automotive Technology, 2018, 19: 359-367.

[11] 孟竹. V2I环境下面向最小油耗的信号交叉口单车车速引导策略研究[D]. 武汉: 武汉理工大学, 2018.

[12] 顾海燕. 车联网环境下高速公路车辆跟驰模型及仿真研究[D]. 南京: 东南大学, 2017.

[13] OZATAY E, ONORI S, WOLLAEGER J, et al. Cloud-based velocity profile optimization for everyday driving: a dynamic-programming-based solution[J]. IEEE Transactions on Intelligent Transportation Systems, 2014, 15(6): 2491-2505.

[14] OROSZ G. Connected cruise control: modelling, delay effects, and nonlinear behaviour [J]. Vehicle System Dynamics, 2016, 54 (8): 1147-1176.

[15] LI S E, LI R J, WANG J Q, et al. Stabilizing periodic control of auto-

mated vehicle platoon with minimized fuel consumption[J]. IEEE Transactions on Transportation Electrification, 2017, 3(1): 259-271.

[16] VAJEDI M, AZAD N L. Ecological adaptive cruise controller for plug-in hybrid electric vehicles using nonlinear model predictive control[J]. IEEE Transactions on Intelligent Transportation Systems, 2016, 17(1): 113-122.

[17] ZHENG Y, LI S E, LI K Q, et al. Stability margin improvement of vehicular platoon considering undirected topology and asymmetric control[J]. IEEE Transactions on Control Systems Technology, 2016, 24(4): 1253-1265.

[18] CHEN Y T, BRUSCHETTA M, PICOTTI E, et al. MATMPC-A MATLAB based toolbox for real-time nonlinear model predictive control[C]// Proceedings of European Control Conference (ECC). New York: IEEE, 2019.

第 7 章 车路协同环境下的生态驾驶技术研究

近年来,全球各个工业领域的能源节约和绿色可持续发展问题备受关注,多数国家制定了相关的政策和战略,以减少能源浪费、环境污染和温室气体排放。随着生态汽车技术的不断发展,汽车工业在实现可持续发展目标方面发挥着关键作用。与传统内燃机汽车相比,纯电动汽车、燃料电池汽车和混合动力汽车具有巨大的绿色可持续发展潜力。此外,5G 和人工智能正蓬勃发展,汽车技术在智能化和网联化方面有很多的创新机会,但也面临着更多的挑战。随着智能交通系统的日益成熟,基于 V2V 通信、V2I 通信的智能规划算法和控制策略为智能网联汽车的绿色生态出行带来了诸多优势。

7.1 智能网联汽车生态驾驶概述

车联网通信可以使车辆获得道路基建传递的道路交通信息等,帮助车辆感知实时交通状态,提高通行效率、减少拥堵,从而降低车辆过多启停导致的能耗。基于上述思路,生态驾驶技术应运而生,其通过获取前方交叉口信号灯状态进行速度引导,实现信号灯交叉口绿波带通行,从而减少因车辆等待红灯而带来的低能效启停过程,促进道路车辆和交通的可持续发展。生态驾驶技术被认作提高汽车燃油经济性和交通绿色可持续性的一项非常有效的技术,在学术界和工业界有较大的研究价值和应用潜力,吸引了很多研究人员的关注。该技术主要关注基于内部动力系统特性和外部实时交通状态的生态速度规划,来实现车辆节能并最终减少道路拥堵及能耗。在车辆内部动力系统方面,其核心在于通过提高动力总成的工作效率来实现最优的能量经济性。加速-滑行(pulse and gliding,PaG)驾驶策略是一种利用最优周期性加减速的驾驶模式来降低油耗的创新方法。该策略同时考虑了变速箱挡位匹配和制动有效比油耗等因素,研究结果显示,该策略能耗表现优异,相比于传统巡航控制策略节能效果显著提高了 21.8%。此外,在车辆的选型上,与传统内燃机汽车相比,混合动力汽车利用多种提高能量利用效率的方法,取得了诸多成果。能量管理系统核心技术聚焦于如何高效地对发动机和电机的动力输出进行分配,并以此为基础发展了多种高效的控制策略。在已知驾驶工况时,基于庞特里亚金极小值原理(PMP)的等效能耗最小化策略,通过估计等效因子可使能耗表现最优。该控制策略可以实现在线实时应用,并根据道路行驶功率需求进行周期性更新控制输入,从而使电池组的荷电状态(SOC)保持在约束范围内,使动力总成能耗最小化。PMP 和 MPC 等解析方法可以很好地用来求解能耗代价函数的极小值,因此它们得到了广泛的应用。

在外部交通状态方面,基于能耗、出行时间和路线选择等多目标的出行规划是主要的研究方向。前两个目标属于生态驾驶(eco-driving)技术领域,第三个目标属于生态路由(eco-routing)技术领域。一般来说,出行规划优化需要通过 V2X 通信从 ITS 获取外部实时交通信息,由此可根据备选路径、道路地形、车速限制和交通标识等静态信息推导出或转化为优化问题的约束条件和系统参数。典型的应用是:根据道路坡度、进匝道或出匝道场景,通过预测控制和动态规划等最优控制方法来确定能耗表现最优的速度轨迹。而另一类从 ITS 中获取的数据源是一系列动态信息,如交通流状态、信号相位与时序。最典型的应用是:智能网联车辆编队如何以最优的能耗表现通过连续的信号灯交叉口。在算法方面,Ad-hoc、Hamilton-Jacobi 相关方法和伪谱法在解决绿波带通行的最优控制问题来实现节能和节省驾驶时间方面效果突出。在面向信号灯交叉口设计生态驾驶策略时,为保证车辆可以在绿灯相位通行,需要根据信号灯状态、车辆状态进行速度轨迹规划,使车辆在预计的时刻按照规划的速度轨迹到达信号灯交叉口。当前研究人员对车速的规划与引导策略进行了大量研究,面向生态驾驶策略的主流速度轨迹规划方式按照策略复杂度的不同分为以下四种。

(1) 基于恒定加速度/减速度的速度轨迹。

恒定加速度/减速度是生态驾驶策略中最简单的速度轨迹规划方式,该方式要求车辆行驶过程中加速度/减速度均为定值。其优势在于实施简单、计算方便,劣势在于该方式的能量经济性并不高,并且以恒定加速度行驶在真实交通场景中的实际效果不理想。在早期的研究中,部分研究人员采用了这种速度轨迹规划方式。Chen 等人在获取信号灯状态信息后,通过模型计算出行驶至信号灯交叉口的建议车速与需求时间,采取了匀加速至巡航速度并保持巡航速度直至通过信号灯交叉口的策略。Alsabaan 等人提出了一种信号灯交叉口生态驶入方法,即车辆以当前限速上限作为巡航速度行驶至预设的信号灯通信距离范围内,根据信号灯状态信息和车辆当前系统状态计算出建议车速,并以恒定减速度减速至建议巡航速度,直至通过信号灯交叉口,然后匀加速至最大限速,在每个信号灯交叉口重复上述操作。

(2)基于衰减加速度的速度轨迹。

在实际驾驶过程中,采用恒定加速度进行加速的方法很少见,且不利于提高能量经济性和驾驶舒适性。一般而言,加速度的取值与车速和动力系统状态约束存在直接联系,在加速过程中,随着车速的增大,加速度会逐渐减小,尤其是当车辆电机或发动机达到峰值输出功率时,车辆牵引力达到峰值,道路阻力随着车速增大而增大,车辆的加速度必然会减小。在该过程中,车速和加速度成反比关系的速度轨迹规划方式称为基于衰减加速度的速度轨迹,当车辆起步时,加速度为预设范围的最大值,而随着车速的增大,加速度经历短时间恒定、线性或非线性减小的过程,当车速增至最大值时,加速度减小为零。

(3)基于三角函数的加速度变化的速度轨迹。

基于三角函数的加速度变化的方法的核心思想为:首先计算出车辆能够实现信号灯交叉口绿波带通行的平均速度,然后车辆根据当前速度判断加速或减速,其加速度按照预设三角函数进行变化,从而使加速度的变化量始终处于有限值范围(三角函数的导数依然为三角函数,连续且有上下界)内以减小车辆冲击、提升驾驶舒适性,当速度增至某一确定值时,车辆开启定速巡航,行驶至信号灯交叉口。需要注意的是,车辆在从初始速度加速至预设平均速度的过程中行驶的距离等于车辆在从预设平均速度加速至最终巡航速度的过程中行驶的距离。该方法的好处是在确保绿波带通行的前提下,车辆加速度的变化量连续且有限(对加速度导数进行约束),有效避免了加速度导数变化范围大引起的抖动。美国加州大学伯克利分校 PATH 实验室、加州大学河滨分校的 Matthew 教授团队和国内清华大学李克强教授团队对基于三角函数的速度轨迹规划策略做了大量研究。Xia 等人提出了信号灯交叉口的生态驶入和离开(eco-approach and departure,EAD)策略,基于功率约束来减少燃油消耗,并采用基于三角函数的加速度变化的方法实现绿波带通行。Qi 等人基于预设的三角函数变化速度轨迹对混合动力系统采用能耗表现最优能量管理策略,在实现 EAD 策略效果的基础上实现了电驱动和燃油驱动之间的功率最优分配。

(4) 基于最优控制问题求解的速度轨迹。

上述三种速度轨迹规划方式主要基于能耗考虑的正向设计,即根据信号灯状态、道路状态等规划一种可以实现绿波带通行的速度轨迹,然后建立部分约束对能耗进行观测。该类方法的优势在于实现简单、在线计算量小、求解难度小,劣势在于车辆节能的效果并不一定是最优的。因此,目前有诸多研究致力于基于最优控制问题求解来计算出相应的速度轨迹,其核心思想在于将生态驾驶问题转化为最优控制问题,一般的优化目标为能耗,通过建立合理的约束和初始、终端状态约束对最优控制问题进行求解,最终得出最优控制下的速度轨迹。该方法有效地保证了信号灯绿波带通行,且在行驶过程中,实现了约束条件下的能耗表现最优,然而带来的挑战是需要使用更复杂的求解方法与更多的计算资源。Sun 等人提出考虑单个网联车辆通过信号灯交叉口能耗表现最优的生态驾驶策略,提高了车辆燃油经济性和通行效率。Xu 等人利用勒让德(Legendre)伪谱法求解城市信号灯交叉口网联车辆生态驾驶最优速度规划问题,有效地减小了在线计算量,提高了计算效率,得到了接近最优的系统输出,体现了车辆良好的节能潜力。在信号灯交叉口应用的生态驾驶策略对于提高交通总能源效率和城市条件下的通行效率具有巨大潜力。因此,汽车的生态驾驶被确认为是非常有应用前景的方法之一,其目标是在未来交通应用中实现更安全、更环保和更互联的出行方式。

从长远来看,可持续发展的战略目标面向多车甚至整个交通系统,而不仅面向单个车辆。因此,基于 V2V 通信,应用于车辆组群的先进协同控制可以进一步提高整个交通系统的生态可持续性。车辆编队作为一种十分具有潜力的驾驶模式,因其缩短跟车间距、降低空气阻力和提高通行效率而备受关注。因此,一些研究人员提出并设计了协同自适应巡航控制(CACC),通过减小或抵消通信延时和丢包的负面影响,保证车辆编队稳定行驶,从而保障行车安全,该控制方法显示出优异的跟车性能,有效地减小了理论跟随误差并将其降至分米级。在此基础上,结合功能导向,研究人员又进一步提出了生态协同自适应巡航控制(ECACC),在保证良好的跟车性能基础上进一步提高能量经济性。其主要思路是:避免车辆跟车过程中被控车辆动力系统出现低效率工作点。在车辆编队中前车处于非巡航阶段(即速度波动阶段)时,后车可能会频繁主动加速或减速以减小期望跟随误差,这对节能是不利的。而 ECACC 策略可以平衡跟车性能和能耗表现,实现双赢。此外,另一类智能网联车辆编队 ECACC 的实现方法是采取分层控制,对头车规划能耗表现最优的速度轨迹,对后车采用传统 CACC 策略,从而使车辆编队整体能耗表现最优。

7.2 考虑横向约束的队列最优速度轨迹规划

现有研究大多集中在车辆纵向动力学方面,存在一定的局限性,即能耗表现最优速度轨迹规划仅适用于较简单的直线道路,而不适用于实际的坡路、弯道甚至包含连续坡路和弯道的环山道路。本节介绍一种创新的分层 ECACC 策略,并克服汽车横向动力学特性的局限,进一步优化汽车能耗表现和安全性能。该策略由两部分组成:上层决策采用基于动态规划算法求解多目标优化的最优速度轨迹;下层跟车控制采用基于前馈-反馈控制的 CACC 策略。本节研究的主要特点可以总结如下。

(1) 面向智能网联车辆编队采用改进的分层控制框架实现多车节能并伴随优越的跟车表现。

(2) 在队列前车的生态速度轨迹规划中综合考虑了纵向和横向动力学,使汽车能够在真实复杂道路上行驶。

(3) 考虑电池动态特性,能更准确地描述行驶过程中能耗的动态变化。

(4) 引入时间因子,可使车主自行根据需求定制期望行程时间,研究出行时间因素,做出时间-能量总和最优决策。

因此,本节的主要思路是:队列头车可以最优的速度行驶,后车可以平缓的跟车方式跟随头车并保证队列弦稳定性,这样由多个车辆组成的车辆编队甚至扩展到整个交通系统的车辆都可以实现绿色可持续发展的目标。

7.2.1 车辆横向动力学建模与约束设计

根据真实道路的特点,可以将其分为三种典型路况,如图 7-1 所示,描述

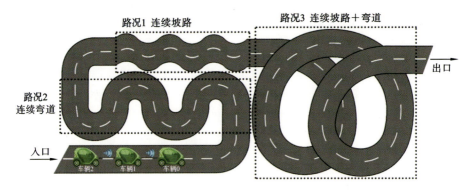

图 7-1 真实道路环境下三种典型路况示意图

如下。

(1) 路况 1：连续坡路，包括具有恒定坡度和变坡度的坡路。

(2) 路况 2：变曲率的连续弯道。

(3) 路况 3：包含连续坡路和弯道的高速公路、立交桥等。

本小节研究对象为配备中央电机、充放电电池组且传动比固定的纯电动汽车，建立车辆的纵向和横向动力学模型。根据牛顿第二定律，考虑空气阻力 F_aero、滚动阻力 F_roll、坡度阻力 F_slope 和加速度阻力 F_acc 的纵向动力学模型可以定义为

$$F_\text{T} = F_\text{aero} + F_\text{roll} + F_\text{slope} + F_\text{acc} \tag{7-1}$$

式中：F_T 为车辆的牵引力。

具体的表达式可以描述为

$$\frac{T_\text{m} i_\text{f} \eta_\text{T}}{r_\text{w}} = \frac{C_\text{D} \rho A v^2}{2} + mgf\cos\theta + mg\sin\theta + ma \tag{7-2}$$

式中：T_m 为电机输出的扭矩；i_f 为主减速器齿比；η_T 为动力传动系的效率；r_w 为车轮半径；v 和 g 分别为车辆当前速度和重力加速度；C_D、ρ、A、f 和 m 分别为空气阻力系数、空气密度、迎风面积、摩擦系数和车辆质量；a 为加速度；θ 为道路坡度角。

加速度 a 可以写为

$$a = \frac{T_\text{m} i_\text{f} \eta_\text{T}}{m r_\text{w}} - \frac{C_\text{D} \rho A v^2}{2m} - gf\cos\theta - g\sin\theta \tag{7-3}$$

利用道路高精度地图获得地形参数，进而可利用式(7-4)计算道路坡度角：

$$\theta_k [\text{rad}] = \arctan\left(\frac{H_{k+1} - H_k}{D_\text{s}}\right) \tag{7-4}$$

式中：θ_k 和 H_k 分别为相应道路点 k 的坡度角和相对坡路高程（k 点至坡底的垂直距离）；D_s 是离散采样点 k 和离散采样点 $k+1$ 之间的距离。

考虑到车辆的横向性能，结合纵向动力学特性引入车辆的二自由度模型，如图 7-2 所示，对应数学描述由本章参考文献[9]提出：

$$m(\dot{v}_x - v_y r) = F_\text{T} - F_\text{yf}\sin\delta - \frac{C_\text{D} \rho A v_x^2}{2} - mgf \tag{7-5}$$

式中：v_x 和 v_y 分别为车辆纵向和横向速度；r 为车辆横摆角速度；F_yf 和 δ 分别为前轮的侧向力和车轮转角。

这里假设轮胎侧偏角 α 在很小的范围内并且始终处于非饱和区域，则前轮和后轮的侧向力（F_yf 和 F_yr）可以分别表示为

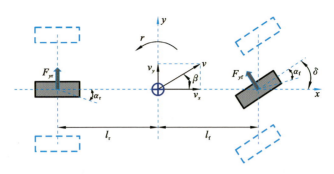

图7-2 车辆横向动力学模型示意图

$$\begin{cases} F_{yf} = -C_{af}\alpha_f \\ F_{yr} = -C_{ar}\alpha_r \end{cases} \quad (7\text{-}6)$$

式中：C_{af} 和 C_{ar} 分别为前轮和后轮的侧偏刚度。

前轮和后轮对应的轮胎侧偏角（α_f 和 α_r）可以分别表示为

$$\begin{cases} \alpha_f = \theta_{vf} - \delta \\ \alpha_r = \theta_{vr} \end{cases} \quad (7\text{-}7)$$

式中：θ_{vf} 和 θ_{vr} 分别为前轮和后轮的轮速矢量方向和车头方向的夹角；δ 为车轮转角。

因为轮胎侧偏角很小，这里我们假设 $\tan\theta_{vf} = \theta_{vf}$ 和 $\tan\theta_{vr} = \theta_{vr}$，有

$$\begin{cases} \theta_{vf} = \beta + \dfrac{l_f r}{v_x} \\ \theta_{vr} = \beta - \dfrac{l_r r}{v_x} \end{cases} \quad (7\text{-}8)$$

式中：l_f 和 l_r 分别为车辆前轴和后轴相对于车辆质心的距离；β 为车辆的滑移角。

假设在稳态下，车辆能够完全沿曲线轨迹行驶。利用 MATLAB 中的符号工具箱（symbolic math toolbox）求解本章参考文献[10]中的稳态轨迹跟随误差，计算出横向位置误差 e_1 和横摆角误差 e_2，可以将车辆的滑移角 β 描述为

$$\beta = \frac{v_y}{v_x} = \frac{1}{v_x}(\dot{e}_1 - v_x e_2) \quad (7\text{-}9)$$

在稳态下，$\dot{e}_1$ 的值为零，而转向过程中的横摆角误差 e_2 可以描述为

$$e_{2,ss} = -\frac{l_r}{R} + \frac{l_f}{2C_{ar}(l_f + l_r)} \frac{m v_x^2}{R} \quad (7\text{-}10)$$

式中：$e_{2,ss}$ 为稳态横摆角误差；R 为转弯半径。

因此，式(7-10)可以重新写为

$$\beta = -e_{2,ss} = \frac{l_r}{R} - \frac{l_f}{2C_{ar}(l_f+l_r)} \frac{mv_x^2}{R} \qquad (7\text{-}11)$$

然后,稳态下的车轮转角 δ_{ss}(中性转向)为

$$\delta_{ss} = \frac{l_f+l_r}{R} + K_v a_y \qquad (7\text{-}12)$$

式中:a_y 为横向加速度;K_v 为不足转向参数,用来描述车辆转向过程中的不足转向。

如上文所述,所涉及的转向过程中车辆始终处于中性转向过程,即 $K_v=0$。类似地,车辆稳态横摆角速度为

$$r_{ss} = \frac{C_{af}C_{ar}Lv_x\delta_{ss}}{C_{af}C_{ar}L^2 + m(C_{af}l_f - C_{ar}l_r)v_x^2} \qquad (7\text{-}13)$$

式中:L 为车辆轴距。

当不考虑车辆侧偏角的影响时,稳态横向加速度可以表示为

$$a_{y,ss} = \frac{v_x^2}{R} \qquad (7\text{-}14)$$

在轮胎速度较小的情况下,纵向速度、轮速和稳态横摆角速度之间的关系可以描述为

$$v_x = v_w \cos\theta_{vf} \approx r_w r_{ss} \qquad (7\text{-}15)$$

因此,式(7-5)中车辆纵向速度的变化率即加速度可以重新写为

$$\dot{v}_x = \frac{1}{m}\left(F_T - F_{yf}\sin\delta - \frac{C_D\rho A v_x^2}{2} - mgf\right) + v_y r_{ss} \qquad (7\text{-}16)$$

根据式(7-13)可求出稳态下的车轮转角,并利用转弯半径的倒数来表示道路曲率,即

$$\kappa_c = \left|\frac{\dfrac{d^2 y}{dx^2}}{\left(1+\dfrac{dy^2}{dx}\right)^{\frac{3}{2}}}\right| \qquad (7\text{-}17)$$

在道路点 $c(x_c, y_c)$ 处,式(7-17)中的参数可基于道路地形图数据的连续三点法来计算:

$$\begin{cases} \dfrac{dy}{dx} = \dfrac{1}{2}\left(\dfrac{y_{c-1}-y_c}{x_{c-1}-x_c} + \dfrac{y_{c+1}-y_c}{x_{c+1}-x_c}\right) \\ \dfrac{d^2 y}{dx^2} = \dfrac{2\left(\dfrac{y_{c-1}-y_c}{x_{c-1}-x_c} - \dfrac{y_{c+1}-y_c}{x_{c+1}-x_c}\right)}{|x_{c-1}-x_c| + |x_{c+1}-x_c|} \end{cases} \qquad (7\text{-}18)$$

与传统内燃机汽车相比,纯电动汽车的动力系统中有两个核心部件,即电

机和电池组。本研究采用了基于电机 MAP 的能耗模型,并在开源软件(ADVISOR)上进行了验证。这里选用 50 kW 电机,电机转速 ω_m 的计算公式为

$$\omega_m = \frac{i_f v}{r_w} \quad (7\text{-}19)$$

通过单位换算,电机功率 P_m(单位为 kW)、T_m(单位为 N·m)和 ω_m(单位为 r/min)的关系为

$$P_m = \frac{T_m \omega_m}{9550} \quad (7\text{-}20)$$

对于电池模型,文献中大部分采用的是静态电池参数,这极大降低了能量变化的准确性。根据电池的电化学特性,电池在长时间充放电过程中表现出动态特性,这与车辆功率需求有较高的相关性,特别是开路电压和内阻会随 SOC 值发生变化。因此,此处应用动态电池模型来提高车辆行驶过程中能量变化的准确性。不同 SOC 值下电池组的开路电压和内阻的变化如图 7-3 所示。

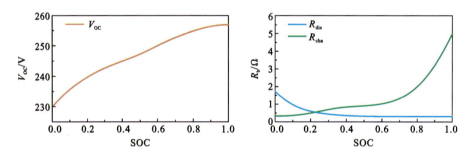

图 7-3 不同 SOC 值下电池组的开路电压和内阻的变化

电池组的输出功率 P_b 为

$$P_b = V_{OC} I - I^2 R_b \quad (7\text{-}21)$$

式中:V_{OC} 为电池组的开路电压;I 为电流;R_b 为电池组的内阻。

求解式(7-21),获得电流的表达式,为

$$I = \frac{V_{OC} - \sqrt{V_{OC}^2 - 4 R_b T_m \omega_m (\eta_m \eta_b)^{-\mathrm{sgn}(T_m)}}}{2 R_b} \quad (7\text{-}22)$$

式中:η_m 和 η_b 分别为电机和电池组的效率;$\mathrm{sgn}(T_m)$ 表示通过扭矩 T_m 的变化来判断车辆是处于牵引阶段还是制动阶段。

电池组的内阻在充放电状态下表现不同,即在车辆牵引和制动过程中表现出不同的特性:

$$R_b = \begin{cases} R_{dis}, & a \geqslant 0 \\ R_{cha}, & a < 0 \end{cases} \quad (7\text{-}23)$$

式中：R_{dis} 和 R_{cha} 分别为放电和充电过程的内阻。

7.2.2 基于动态规划算法的生态驾驶策略

ECACC 策略面向的对象为由一辆头车和三辆跟随车辆组成的均质智能网联电动车队列。智能网联电动车队列 ECACC 策略示意图如图 7-4 所示，该策略采用分层控制逻辑框架，上层采用后向动态规划求解的多目标最优速度轨迹规划，下层采用前馈-反馈控制的 CACC 跟车控制器。生态驾驶最重要的优化指标是节能效果，其也是评价应用场景绿色可持续性的关键指标。除此以外，交通流效率和驾驶舒适性也是重要的评价指标。本小节将围绕上述指标展开研究。

一般来说，节能通过降低单位时间间隔内能耗的总和来实现，通常用能量消耗率 $\dot{q}$ 表示，其可以描述为

$$\dot{q}=f(P_{out},P_{in},T_m,\omega_m) \tag{7-24}$$

式中：P_{out} 为电机输出功率；P_{in} 为电机输入功率。

一个复杂的驾驶场景通常由连续坡路和弯道组成，如图 7-1 中的路况 3。因此，需要考虑整车纵向和横向耦合的动力学特性，结合式(7-1)，式(7-5)可改写为

$$m(\dot{v}_x - v_y r) = F_T - F_{yf}\sin\delta - \frac{C_D \rho A v_x^2}{2} - mgf\cos\theta - mg\sin\theta \tag{7-25}$$

为减少求解过程的计算维度，将基于时间变化的状态方程转化为基于距离变化的形式，转化方法为

$$\begin{cases} u = \dfrac{dv}{dt} \\ \dfrac{dv}{dt} = \dfrac{dv}{ds}\dfrac{ds}{dt} = \dfrac{v dv}{ds} \\ \dfrac{dv}{ds} = \dfrac{dv}{v dt} \end{cases} \tag{7-26}$$

则用来描述能耗变化的基于距离变化的代价函数为

$$J = \int_0^{k_N} \dot{q} \frac{1}{v} ds \tag{7-27}$$

式中：J 为代价值；k_N 为点 N 的位置。

此外，为了满足车辆在转向状态下侧向性能的稳定性要求，需要对横向加速度进行约束。因此，引入基于希尔（Hill）函数的软约束作为横向加速度惩罚项，具体如下：

$$y = \frac{l \alpha^n}{b^n + \alpha^n} \tag{7-28}$$

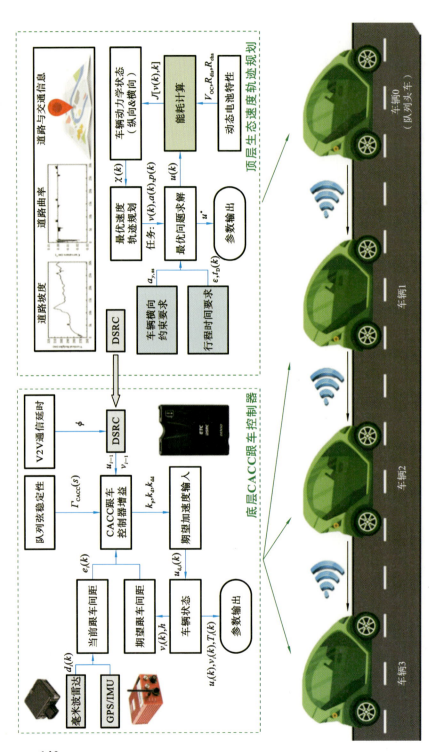

图 7-4 智能网联电动车队列ECACC策略示意图

注：IMU—惯性测量单元；DSRC—专用短程通信。

式中:自变量 a 的值设置为稳态横向加速度 $a_{y,ss}$ 的值;变量 y 为代价值;l、b 和 n 为影响代价值增长速度的常数。

通过非线性拟合分析,上述常数分别为 $l=54.95403$,$b=1.5906^4$,$n=5.16651$。从图 7-5 中可以看出,曲线被划分为三个区域。可行区定义为横向加速度在 $0.2g$ 以内的区域,代价值几乎恒定在零附近。缓冲区可用来满足软约束,避免车辆速度频繁波动,即由于硬约束的缺点,车辆当前速度导致的横向加速度可能会不断地触碰边界,使驾驶舒适性降低,也不利于保证队列弦稳定性。一般认为横向加速度在 $0.4g$ 以内是舒适的,根据这一范围,缓冲区布置在 $0.2g$ 至 $0.4g$ 之间,代价值增长缓慢。为了避免横向加速度过大,设置了代价值较高的禁止区,即横向加速度大于 $0.4g$,在此区域中车辆的轮胎侧偏角可能会进入饱和区,导致车辆失稳。

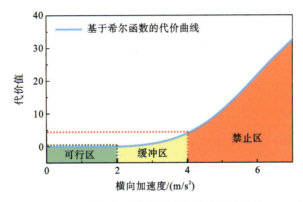

图 7-5 基于软约束的横向加速度代价函数

因此,结合式(7-27)中的能耗惩罚项和式(7-28)中的横向加速度惩罚项,总代价函数可以表示为

$$J = \int_0^{k_N} \left(\dot{q} + \gamma \frac{l\, a_{y,ss}^n}{b^n + a_{y,ss}^n} \right) \frac{1}{v} \mathrm{d}s \tag{7-29}$$

式中:γ 为影响缓冲区位置的软约束因子。

代价函数服从以下纵横向耦合动力学状态:

$$\frac{\mathrm{d}v}{\mathrm{d}s} = \frac{1}{v_x m}\left(F_T - F_{yf}\sin\delta_{ss} - \frac{C_D \rho A v_x^2}{2} - mgf\cos\theta - mg\sin\theta\right) + v_y r_{ss} \tag{7-30}$$

采用欧拉法沿距离离散后,相邻两点速度之间的关系为

$$v(k+1) = a(k)D_s + v(k) \tag{7-31}$$

式中:D_s 为单位离散距离。

在优化过程中,根据系统建模、控制边界条件和驾驶条件进行约束设置是非常重要的。在本小节中,控制输入($u=[T_m]$)主要受电机特性限制。此外,假设整个制动过程由电机的再生制动系统完成。

$$U_k := \{T_m(k) : T_m^{\min} \leqslant T_m(k) \leqslant T_m^{\max}\} \tag{7-32}$$

式中:U_k 为在电机驱动和制动过程中由最大转矩 $T_m^{\max}$ 和最小转矩 $T_m^{\min}$ 所决定的控制输入约束。

为了使车辆遵守交通规则,即在限速范围内,系统状态 $\chi=[v]$ 被限定为

$$\chi_{k,1} := \{v(k) : v_{\lim}^{\min} \leqslant v(k) \leqslant v^{\max}\} \tag{7-33}$$

式中:$v_{\lim}^{\min}$ 为交通规则要求的最低车速限制;$\chi_{k,1}$ 代表第一辆车的状态。

当车辆高速行驶在高速公路上时,为避免超速行驶,定义最大可行速度为

$$v^{\max} = \min\{v_{\lim}^{\max}, v_{\text{veh}}^{\max}\} \tag{7-34}$$

式中:$v_{\lim}^{\max}$ 为交通规则要求的最高车速限制;$v_{\text{veh}}^{\max}$ 为车辆自身能达到的最大速度限制。

此外,考虑驾驶舒适性,需要将纵向加速度约束为 $a \in [-2, 2]\ \text{m/s}^2$,则该约束可表示为

$$\chi_{k,2} := \left\{v(k) : \left(\frac{\mathrm{d}v}{\mathrm{d}s}\right)^{\min} \leqslant \frac{\mathrm{d}v}{\mathrm{d}s} \leqslant \left(\frac{\mathrm{d}v}{\mathrm{d}s}\right)^{\max}\right\} \tag{7-35}$$

将式(7-33)、式(7-34)和式(7-35)中的整体约束整合,即

$$\chi_k = \chi_{k,1} \cap \chi_{k,2} \tag{7-36}$$

在本小节中,定义车辆在行程开始和结束时对应的初始条件和终止条件分别为

$$\begin{aligned} v(k_0) &= 0 \\ v(k_N) &= \text{Random}(\chi_{k,1}) \end{aligned} \tag{7-37}$$

式(7-37)表示在约束条件下,车辆从初始位置出发到终止位置结束,且此时速度在约束条件内为自由值。需要注意的是,如果终端边界是自由的,即问题为具有自由终止条件的最优控制问题,则最好在系统中引入额外的状态量,如时间,或使用基于 Mayer 型的终端惩罚项。然而在本小节中,由于采用距离离散化方法,其好处为时间因子可以被表述为过程代价函数中的惩罚项,而不是一个附加的状态,因此在状态量减少的同时,状态空间维度降低,计算效率提高。

采用动态规划(DP)算法求解上述非线性最优控制问题,根据贝尔曼(Bellman)方程,最优策略的特性为:无论初始状态和初始控制输入如何,其余控制输入根据初始控制输入产生的系统状态构成最优策略。离散系统中基于 DP 的通

用表示形式为

$$J[v(k),k] = \Phi[v(k_N),k_N] + \sum_{i=k_0}^{k_{N-1}} L[v(i),u(i),i] \quad (7\text{-}38)$$

这意味着代价函数与位置点 k 的初始状态 $v(k)$ 和控制输入序列 $u = \{u(k_0), u(k_1), \cdots, u(k_{N-1})\}$ 相关。根据动态规划的后向性计算过程,有

$$J[v(k),k] = L[v(k),u(k),k] + J[v(k+1),k+1] \quad (7\text{-}39)$$

为了得到最优解,用 $J^*[v(k+1),k+1]$ 代表状态 $v(k+1)$ 在点 $k+1$ 所对应的代价函数 $J[v(k+1),k+1]$ 的最小值。基于最优控制理论,最优代价函数 $J^*[v(k),k]$ 的递推公式可表示为

$$\begin{cases} J^*[v(k_{N-1}),k_{N-1}] = \min\limits_{\substack{u(k_{N-1}) \in U \\ x(k_N) \in \chi_k}} \{\Phi[f[v(k_{N-1})],u(k_{N-1}),k_{N-1}], \\ \qquad\qquad\qquad\qquad N + L[v(k_{N-1}),u(k_{N-1}),k_{N-1}]\} \\ J^*[v(k),k] = \min\limits_{\substack{u(k) \in U \\ x(k+1) \in \chi_k}} \{L[v(k),u(k),k] + J^*[f[v(k)],u(k),k],k+1]\} \end{cases}$$

$$(7\text{-}40)$$

式中: $k = k_{N-2}, k_{N-3}, \cdots, k_1, k_0$; 初始位 $J^* = J^*[v(k_0),k_0]$。

除了能耗因素,生态驾驶性能还包含时间消耗这一因素。这里将车辆行程时间惩罚项引入代价函数中,在满足约束条件下将终止状态设为自由值,那么代价函数中的 Mayer 型代价函数项的值可以设为零,即

$$\Phi[v(k_N),k_N] = 0, \quad v(k_N) \in \chi_k \quad (7\text{-}41)$$

每个单位离散距离 D_s 内的车辆速度视为定值,即认为单位离散距离 D_s 内的车速不发生变化。因此,单位离散距离消耗的时间可以通过 $t_{D_s}(k) = D_s/v_{D_s}(k)$ 得到,且 $v_{D_s}(k) = [v(k+1) + v(k)]/2$。为了减小计算量,此处使 $v_{D_s}(k)$ 等于 $v(k)$,因为在单位离散距离 D_s 很小的情况下,两个端点速度值仅有微小差异并且可以忽略。因此,基于动态规划算法考虑能耗、时间消耗和车辆横向性能的代价函数可以表示为

$$J^*[v(k),k] = \min\limits_{u_k \in U_k} \left\{ \sum_{k=0}^{k_{N-1}} \left[\dot{q}(k) + \varepsilon t_{D_s}(k) + \gamma \frac{l a_{y,\text{ss}}^n(k)}{b^n + a_{y,\text{ss}}^n(k)} \right] \frac{1}{v(k)} D_s \right\}$$

$$(7\text{-}42)$$

式中: ε 为时间需求系数。

DP 算法的状态搜索方法优化示意图如图 7-6 所示。

DP 算法的计算量与状态量数量和计算步长有很强的相关性。状态量数量

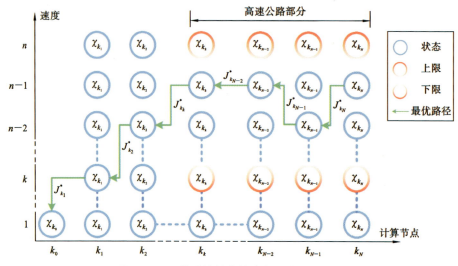

图 7-6 DP 算法的状态搜索方法优化示意图

和计算节点的增加可能会触发 DP 的短板,即维数灾难。冗余维数主要是状态量过多造成的,这会大大增大计算量,导致相关控制器无法在线应用。为了避免上述问题,将时间因子引入距离域的拉格朗日过程代价中,而不是将其作为一个附加的状态量,从而减少状态量。这样既满足了时间要求,又提高了算法的计算速度。此外,为了进一步减小计算量,可以根据不同路段的速度限制灵活调整 D_s,换言之,当车辆处于高速状态时,D_s 较大,对最优性影响较小;当车辆处于低速状态时,D_s 较小,以提高计算精度。因此,定义 D_s 为

$$D_s = \begin{cases} 1 \text{ m}, & v_{\lim}^{\max} \leqslant 25 \text{ mile/h} \\ 10 \text{ m}, & v_{\lim}^{\max} > 25 \text{ mile/h} \end{cases} \tag{7-43}$$

因此,利用该切换方法可以使计算节点选取更加灵活,并且使算法的计算步数适当减少。

7.2.3 车辆编队跟车与节能效果分析

基于 V2V 通信,CACC 在保证安全的前提下可以有效减小跟车间距,从而显著提高路网容量、通行效率、能源利用效率和出行时间效率等。本小节所提出的 ECACC 策略的底层控制被认为是车辆编队跟车问题,这意味着需要一个良好的跟车控制器来跟随队列头车的生态最优速度,以充分发挥整个均质智能网联车辆编队的生态潜力。这里基于一阶惯性延迟对车辆编队进行建模。首先,队列头车的系统模型为

$$\begin{bmatrix} \dot{v}_0(k) \\ \dot{a}_0(k) \end{bmatrix} = \begin{bmatrix} a_0(k) \\ -\dfrac{1}{\tau}a_0(k) + \dfrac{1}{\tau}u_0(k) \end{bmatrix} \qquad (7\text{-}44)$$

式中：a_0 为实际加速度；u_0 为期望加速度输入；τ 为一阶车辆系统的时间常数。

实际跟车间距 d_i 描述为

$$d_i = p_{i-1} - p_i - l_i \qquad (7\text{-}45)$$

式中：p_i 为车辆 i 的位移；l_i 为车辆 i 的长度。

车辆编队中跟随车辆 i 的通用跟随模型可以表示为

$$\begin{bmatrix} \dot{p}_i(k) \\ \dot{v}_i(k) \\ \dot{a}_i(k) \end{bmatrix} = \begin{bmatrix} v_i(k) \\ a_i(k) \\ -\dfrac{1}{\tau}a_i(k) + \dfrac{1}{\tau}u_i(k) \end{bmatrix} \qquad (7\text{-}46)$$

基于实车试验和统计调查，固定时距跟车策略对于智能网联车辆编队控制来说是一个有效的跟车策略。定义 h 为跟车时距，r_{safe} 为最小安全距离，则期望跟车间距为 $d_{d,i}(k) = hv_i(k) + r_{\text{safe}}$，对应的位移跟随误差（当前跟车间距和期望跟车间距的差值）为 $e_i(k) = d_i(k) - d_{d,i}(k)$。因此，基于速度层面的误差为 $\dot{e}_i(k) = \dot{d}_i(k) - \dot{d}_{d,i}(k) = v_i(k) - ha_i(k)$，基于加速度层面的误差为 $\ddot{e}_i(k) = \ddot{d}_i(k) - \ddot{d}_{d,i}(k) = a_i(k) - h\dot{a}_i(k)$。因此，可以建立式(7-47)使控制目标即上述误差最小：

$$\dot{u}_i(k) = \dfrac{1}{h}u_{i-1}(k) + \dfrac{1}{h}[k_p e_i(k) + k_d \dot{e}_i(k) + k_{dd}\ddot{e}_i(k)] - \dfrac{1}{h}u_i(k) \qquad (7\text{-}47)$$

式(7-47)由前馈和反馈两部分组成。前馈部分为前车的加速度输入，反馈部分为被控车辆的误差 $e_i(k)$、$\dot{e}_i(k)$、$\ddot{e}_i(k)$ 和加速度输入。$\boldsymbol{K} = \begin{bmatrix} k_p & k_d & k_{dd} \end{bmatrix}$，为反馈控制增益。均质智能网联车辆编队的状态可以描述为

$$\begin{cases} \dot{\boldsymbol{x}} = \boldsymbol{A}\boldsymbol{x} + \boldsymbol{B}u_0 \\ \boldsymbol{y}_i = \boldsymbol{C}_i\boldsymbol{x} \end{cases} \qquad (7\text{-}48)$$

式中：$\boldsymbol{x}^{\mathrm{T}} = \begin{bmatrix} \boldsymbol{x}_0^{\mathrm{T}} & \boldsymbol{x}_1^{\mathrm{T}} & \cdots & \boldsymbol{x}_i^{\mathrm{T}} \end{bmatrix}$；$\boldsymbol{x}_i^{\mathrm{T}} = \begin{bmatrix} e_i & v_i & a_i & u_i \end{bmatrix}$，为车辆 i 的状态；$\boldsymbol{A}$ 和 $\boldsymbol{B}$ 分别为系统状态转移矩阵和输入矩阵；$\boldsymbol{C}$ 为车辆 i 的输出 $\boldsymbol{y}_i$ 中的输出矩阵。

本小节基于频域方法对队列弦稳定性进行分析。对式(7-48)进行拉普拉斯变换，可改写为

$$\begin{aligned} \boldsymbol{X}(s) &= (s\boldsymbol{I} - \boldsymbol{A})^{-1}\boldsymbol{x}_0 + (s\boldsymbol{I} - \boldsymbol{A})^{-1}\boldsymbol{B}u_0(s) \\ \boldsymbol{y}_i(s) &= \boldsymbol{C}_i(s\boldsymbol{I} - \boldsymbol{A})^{-1}\boldsymbol{B}u_0(s) \end{aligned} \qquad (7\text{-}49)$$

采用 PF 通信拓扑结构和 $\mathcal{L}_2$ 队列弦稳定性来评价车辆编队的稳定效果，即

$$\|\Gamma_i(s)\| = \left\|\frac{a_i(s)}{a_{i-1}(s)}\right\| \leqslant 1, \quad 1 \leqslant i \leqslant m \tag{7-50}$$

这意味着队列弦稳定性灵敏度在长度为 m 的车辆编队上小于 1，并通过考虑通信延时的队列稳定条件来确定控制器增益 K。因此，当前车的加速度发生波动时，所用控制器可有效减少后车的波动，保证了队列弦稳定性。

我们用 MATLAB/Simulink 软件，对由 4 辆纯电动汽车组成的均质车辆编队进行了仿真分析。为了更好地验证 ECACC 策略对其综合性能的有效性，我们从开源地图软件 OpenStreetMap 中获得了一个真实的长距离高速公路场景的所有数据，该场景包括具有连续坡路的高速公路主干道和匝道。

智能网联车辆编队从美国俄亥俄州首府沿 270 州际公路出发，到 Marysville 结束，总长度为 30.313 km。在该测试道路中，道路高程与距离、道路曲率与距离的变化关系如图 7-7 所示。

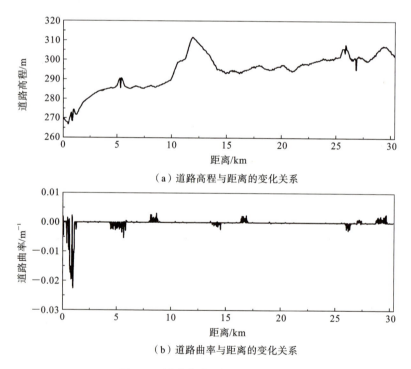

(a) 道路高程与距离的变化关系

(b) 道路曲率与距离的变化关系

图 7-7　测试道路(美国俄亥俄州)

能耗作为 ECACC 的关键评价指标，是本小节主要的优化指标之一。在现有研究中，大多数研究只关注纵向维度来优化生态速度轨迹，这极大地限制了对应策略在实际道路条件下的应用。这里,基于代价函数[式(7-29)],本小节提出的基于纵横向耦合控制的 ECACC 能量最优策略缩写为 DP-E(dynamic programming-energy),而现有文献中仅采用纵向动力学优化的能量最优策略缩写为 L-DP-E(longitudinal-dynamic programming-energy)。如图 7-8(a)所示,速度和横向加速度在大部分趋于平直的道路上显示出相似的趋势,而在弯道和坡路较多的道路上显示出截然不同的趋势,说明了基于不同车辆动力学特性分析产生的差异。最明显的差异主要体现在道路前 1.5 km 路段(见局部放大图)。可以看出,当车辆驶入剧烈弯道时,相对于 L-DP-E 的高速行驶,DP-E 的速度有所下降,以保证横向加速度约束在可行区内。结果表明,DP-E 具有良好的横向稳定性和节能效果。如图 7-8(b)所示,DP-E 的横向加速度始终小于 2 m/s²,表明 DP-E 能保证所要求的侧向稳定性和舒适性。另一方面,在有着大量弯道的道路前 1.5 km 路段上,L-DP-E 的横向加速度高达 6 m/s²,无法保证驾驶舒适性,并可能会使车辆出现较大的横摆角速度,使轮胎滑移角进入饱和区,导致车辆转向不稳定。因此,考虑横向约束的能量经济性最优速度轨迹规

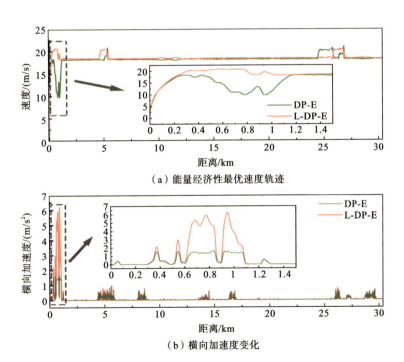

(a) 能量经济性最优速度轨迹

(b) 横向加速度变化

图 7-8 DP-E 和 L-DP-E 在全车程的能量经济性最优速度轨迹和横向加速度变化

注:内嵌部分是道路前 1.5 km 路段的局部放大图。

划在实际应用中比仅考虑纵向动力学的策略更有意义。

生态驾驶的目的不仅在于提高车辆的节能效果,还在于提高乘客的心理舒适度。行程时间是影响人情绪的主要因素之一,车内乘客会根据自己的需求定制行程时间。因此,本小节在不同的行程时间期望下对基于动态规划求解的 ECACC 策略展开了进一步研究,提出了能量-时间综合最优的速度轨迹规划,简写为 DP-ET(dynamic programming-energy and time),以同时保证能量消耗和时间消耗的综合最优性。

本小节实现不同行程时间定制化的主要途径是通过调节式(7-42)中的时间需求系数 ε,选取 $\varepsilon=0,1,2,5$,数值由小到大,代表对时间从无需求到最高需求的紧迫程度。如图 7-9(a)所示,当车辆进入巡航阶段时,速度随 ε 的增大而增大,即旅途消耗时间减少。在坡度变化较大的距离为 5 km 和 27 km 路段附近,蓝色曲线速度呈上升趋势,其他三条曲线速度呈相反的趋势。这是因为蓝色曲线代表无时间需求的最优能量轨迹,其动力系统运行在最高效率区域。在局部放大图中,道路前 1.5 km(高速入口匝道)路段,四条曲线速度显示了相似的变化趋势并且数值十分接近,这表明无论行程时间需求如何,横向约束都有效限制了当前车速,使其满足横向安全性的条件。也就是说,无论在哪一种行程时间期望下,车辆都可以表现出良好的横向性能。

在图 7-9(b)中,DP-ET 的加速度变化平滑并且 dv/ds 的数值始终保持在 1.2 m/s^2 以内,体现出良好的驾驶舒适性。在局部放大图所示的道路前 1.5 km 路段中,车辆多次轻微减速,这是因为车辆行驶速度受到了策略设计中代价函数式中横向惩罚项的约束,这样车辆在连续弯道中能够保持良好的横向性能。如图 7-9(c)所示,横向加速度的数值基本小于 2 m/s^2,满足横向加速度预设代价函数的可行区;而 $\varepsilon=5$ 对应的横向加速度的最大值不超过 2.5 m/s^2,满足横向加速度预设代价函数的缓冲区,这也是横向惩罚软约束的好处,即当时间需求较大时,在保证横向稳定性的基础上可适当调速。四条曲线的整体趋势是随着时间需求变大或等效平均速度需求变大,受车辆行驶速度影响的横向加速度会变大,但依然处于预设的可行区和缓冲区内。以上分析证明,所提策略可以根据实际路况对能量经济性、行程时间需求和横向性能决策出最优的速度轨迹,说明了该策略具备实用性和可行性。

为了更好地验证所提策略的节能效果,采用高速巡航控制常用到的定速巡航策略进行比较分析,其中 CSC-E(constant speed cruising-energy)为能量最优的定速巡航策略和 CSC-ET(constant speed cruising-energy and time)为能量-

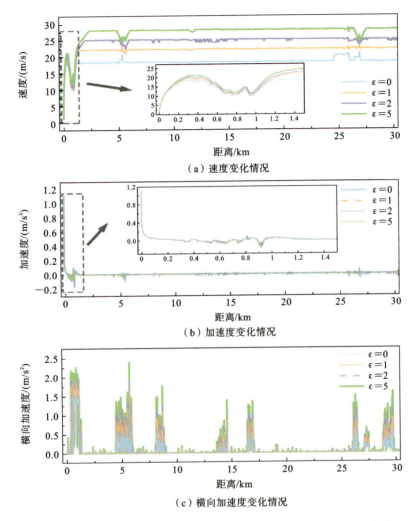

图 7-9　不同时间需求系数下 DP-ET 的速度、加速度和横向加速度变化情况

时间综合最优的定速巡航策略。需要说明的是，在高速入口匝道路段内，以上两种策略执行的速度轨迹与所提策略的相同[见图 7-10(a)中局部放大图]；而当车辆驶入高速干道并进入巡航阶段时，CSC-E 采用 DP-E 的平均巡航速度进行定速巡航，同样地，CSC-ET 采用 DP-ET 的平均巡航速度进行定速巡航。所提策略和对比策略的主要区别在于：所提策略在巡航部分的驾驶规划体现为随坡度变化的最优速度，而用于对比的定速巡航策略是使用所提策略的平均巡航速度执行定速巡航的，并不会随道路地形的变化而变化。

DP-E、DP-ET、CSC-E 和 CSC-ET 的扭矩变化情况如图 7-10(b)所示。能

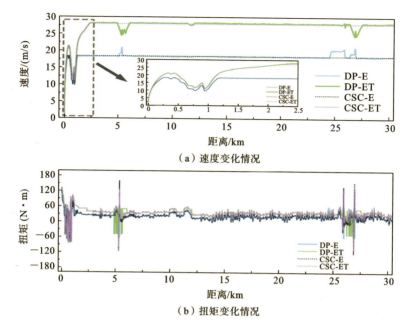

图 7-10 对比 DP-E、DP-ET、CSC-E 和 CSC-ET 的速度、扭矩变化情况

注:内嵌部分是道路前 2.5 km 路段的局部放大图。

量-时间最优策略对应的平均扭矩高于仅采用能量最优策略的平均扭矩,说明当对行程时间产生需求时,车辆在固定传动比条件下会提高输出扭矩来增大车速并同时考虑动力系统工作效率以确保能耗表现,从而实现时间和能量综合最优的目标。具体而言,CSC-E 和 CSC-ET 在坡度明显的区域表现出剧烈的扭矩提升,以维持速度不变。然而,激烈的扭矩变化不利于节能,会导致电机工作效率偏离高效工作区。至于 DP-ET,在坡度明显的距离为 5 km 和 27 km 的路段,车辆速度下降且发生波动,这与 DP-E 的速度轨迹不同,这主要源于限速上限阈值(美国高速公路限速 28.9 m/s),通常可以进一步解释为:在 DP-E 下,车辆在下坡道路不进行制动使速度增大;而在 DP-ET 下,虽然在同一场景中,但为避免速度超过最大限速,车辆提前适当减速以应对下坡时的速度增大。DP-ET 在坡路上对应的速度发生波动的主要原因是坡路上同样存在连续弯道,策略中的横向约束惩罚使横向加速度始终停留在可行区和缓冲区内。

车辆节能效果主要体现在电机工作效率上,即节能的目标是将电机的工作点优化到效率较高的区域。图 7-11 所示为 DP-E、DP-ET、CSC-E 和 CSC-ET 的电机工作效率比较(红线为电机工作可行边界)。可以看出,蓝点代表的 DP-E 大部分集中在工作效率高达 0.9 的区域。相反,黑点标记的 CSC-E 分散在各个区域,很多工作点甚至触到了电机工作可行边界,说明 CSC-E 为了克服地形变化引起的速度变化牺牲了电机工作效率。同样地,由于具有固定传动比的电动汽车的架构特点,在高速行驶需求下,DP-ET 需要电机工作在相对较高的高转速区域。与 CSC-ET 的分散的工作点分布相比,DP-ET 的工作点(绿点)大多仍保持在高效率区域。以上分析再一次证明了所提策略具有优越的节能潜力。

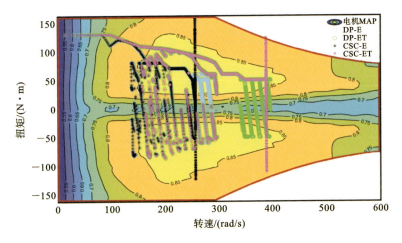

图 7-11　DP-E、DP-ET、CSC-E 和 CSC-ET 的电机工作效率比较

采用柱状图直观地比较 DP-E、CSC-E、DP-ET 和 CSC-ET 在能耗、SOC 和行程时间方面的性能,如图 7-12 所示。DP-E 比 DP-ET 节省约 38.1% 的能量,比 CSC-E 节省约 3.7% 的能量。SOC 与能耗的情况类似。所提策略在节能效果方

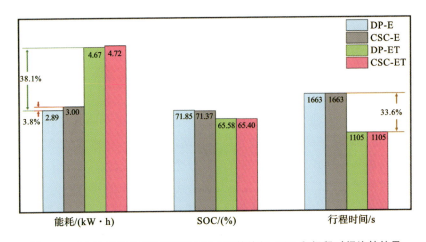

图 7-12　DP-E、CSC-E、DP-ET 和 CSC-ET 的能耗、SOC 和行程时间比较结果

面的改善主要归功于在坡路区域的出色表现,这意味着遇到的坡路越多,其节能潜力就越大。在行程时间方面,DP-E 的行程时间为 1663 s,而 DP-ET 的行程时间为 1105 s,比 DP-E 减少了 33.6%。然而,时间效率的提高是建立在能量损失的基础上的,但这仍是有意义的,满足了出行时间定制化的需求并保证了车辆高速行驶下的能量利用效率。这里主要的贡献之一是所提策略可以在考虑定制出行时间的情况下改善节能效果。生态驾驶策略性能对比见表 7-1。

表 7-1 生态驾驶策略性能对比

控制策略	能耗 /(kW·h)	SOC 变化 /(%)	行程时间 /s	能效提升 /(%)	时效提升 /(%)
DP-E	2.89	8.15	1663	38.8	0
DP-ET	4.67	14.42	1105	1.1	33.6
CSC-E	3.00	8.63	1663	36.4	基准
CSC-ET	4.72	14.60	1105	基准	33.6

7.3 连续信号灯交叉口场景下车辆编队生态协同驾驶研究

城市交通是造成环境问题的一个重要因素,不仅涉及尾气排放,还涉及大量能源消耗。随着出行需求的快速增长,如何减少尾气排放、提高燃油效率、减少拥堵和提高道路安全性等交通问题受到极大关注,因此,交通系统的绿色可持续发展已成为多个国家的主要战略目标。随着智能交通系统和智能网联汽车技术的快速发展,汽车作为交通路网关键组成部分表现出了显著的可持续性提升潜力。利用 V2X 通信的高效协同通信性能,采用基于 V2I 通信的生态驾驶(eco-driving)技术和生态路由(eco-routing)技术,以及基于 V2V 通信的车辆编队 CACC 等先进技术可有效实现可持续发展的目标。信号灯交叉口作为当前和未来一段时间内的主要交通限流措施对道路运输的效率有着决定性的影响,而针对在该场景下的各类功能导向型策略应运而生,在这其中,面向车辆避开红灯通行的驾驶模式以其优越的节能潜力受到广泛关注。

生态驾驶策略可以改善车辆在动力系统优化模式中的驾驶行为,避免车辆过激加减速和长时间怠速运行,从而降低能耗和减少尾气排放。特别是在连续有信号灯的交叉口,利用生态驾驶策略调整车速,使车辆在绿灯相位通过,从而提高能量经济性和通行效率。通过 V2I 通信,车辆可以从道路基础设施接收到更多的信息,包括信号灯的信号相位与时序(SPaT),从而更好地实现生态驾驶的全局最优决策。随着现有求解算法计算速度和 V2I 通信效率的提高,生态驾驶策略可以很好地应用在道路车辆上,以提高车辆的机动性和能量经济性,特别是在信号灯交叉口。除了能耗表现,通行效率和道路安全性同样是实现可持续交通的核心要素。在交通系统中,由于信号灯对道路车辆进行分开通行指示,车辆通常以成组的方式行驶,这也意味着优化一组车辆比优化单个车辆更有意义。由于 V2V 通信的加持,基于车辆编队的驾驶方式,特别是 CACC 策略,可以有效缩短车与车之间的距离,提高通行效率,避免碰撞,保证了行车安全。

7.3.1 信号灯交叉口生态驾驶最优控制问题设计框架

在本小节中,我们提出将生态协同自适应巡航控制(ECACC)策略应用于车辆编队,该策略结合了生态驾驶和 CACC 策略的优点,以提高车辆的机动性和能量经济性。与该领域现有研究相比,本小节研究的主要贡献是:

(1) 实现了不同交通流速度下的能量导向自适应最优速度轨迹规划;

(2) 利用加速-滑行特性,实现了连续信号灯交叉口最优速度轨迹的生态驾驶;

(3) 采用基于控制逻辑切换的改进动态规划算法获得全局最优解,并提高了计算速度;

(4) 提出了规划目标切换逻辑,以保证车辆编队不分离地通过连续信号灯交叉口。

图 7-13 所示为基于 ECACC 的智能网联车辆编队在连续信号灯交叉口通行示意图。

7.3.2 基于控制逻辑切换的改进动态规划算法设计

生态驾驶作为交通路网特别是信号灯交叉口场景下的节能驾驶的关键技术,在提高可持续性、改善节能效果、节省行程时间方面具有重要意义。本小节介绍基于生态驾驶的连续信号灯交叉口智能网联车辆编队 ECACC 策略,其核心思想是队列头车对信号灯交叉口状态进行生态驾驶决策,队列中其他子车辆利用 CACC 策略跟随队列头车轨迹行驶。

本小节选择能量经济性作为最优控制指标,最优控制问题(optimal control problem, OCP)可以描述如下。根据控制理论,将车辆位移和速度两个变量组成的状态空间 $[p \quad v]^\mathrm{T}$ 建模为

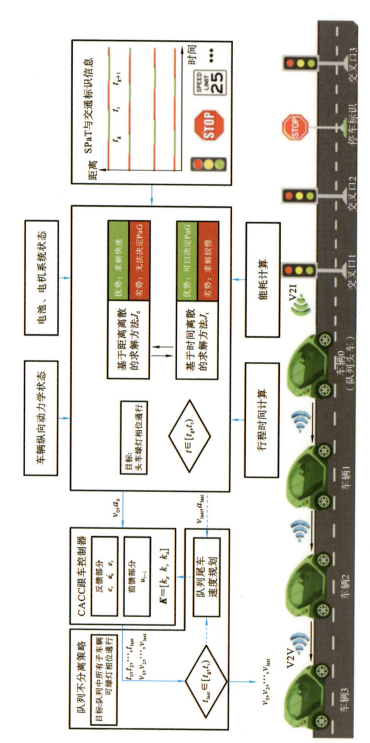

图 7-13 基于ECACC的智能网联车辆编队在连续信号灯交叉口通行示意图

$$\begin{cases} \dot{p}=v \\ \dot{v}=a \end{cases} \tag{7-51}$$

因此，根据车辆纵向动力学特性，状态转移方程可以表示为

$$\dot{x} = \begin{bmatrix} \dot{p} \\ \dot{v} \end{bmatrix} = \begin{bmatrix} 0 & 1 \\ 0 & Z \end{bmatrix} \begin{bmatrix} p \\ v \end{bmatrix} + \begin{bmatrix} 0 \\ \dfrac{\eta_T i_g}{mr_w} \end{bmatrix} T_m \tag{7-52}$$

$$Z = -\dfrac{1}{v}\left(\dfrac{C_D \rho A\, v^2}{2m} + gf\cos\theta + g\sin\theta\right) \tag{7-53}$$

电机的输出扭矩 T_m 被选为系统的控制量。式(7-53)中，因为速度平方项的存在，系统为非线性系统，并且为时变系统。在离散系统中，最优控制问题的代价函数定义为

$$J_t = \sum_{t_i}^{t_f} (\dot{Q} + \varepsilon v_d)\Delta t \tag{7-54}$$

式中：t_i 和 t_f 分别为初始时刻和终止时刻；$\dot{Q}$ 为电动汽车的能耗惩罚项；v_d 为当前速度和期望速度的差值，$v_d = v_c - v_{\text{desired}}$。队列头车应考虑前方不可控的交通流速度来决策其最优速度轨迹，即惩罚项 εv_d 用来调节队列头车跟随其前方道路车辆速度的程度。可以理解为：当前方道路车辆的速度大于队列头车的能量最优决策速度时，通过选取 ε 来决定是否提高速度（此时队列行驶方式切换为能量-时间最优模式）；当前方道路车辆的速度小于队列头车的能量最优决策速度时，在保持一定安全车距的基础上，做出与前方道路车辆相同速度的行驶决策。考虑系统状态转移和约束，使代价函数取得最小值，定义最小代价为

$$J_t^* = \arg\min_{T_m, \omega_m} J_t(Q, v_d) \tag{7-55}$$

$$\begin{cases} \begin{bmatrix} \dot{p} \\ \dot{v} \end{bmatrix} = \begin{bmatrix} 0 & 1 \\ 0 & Z \end{bmatrix} \begin{bmatrix} p \\ v \end{bmatrix} + \begin{bmatrix} 0 \\ \dfrac{\eta_T i_g}{mr_w} \end{bmatrix} T_m \\ T_{\min} \leqslant T_m \leqslant T_{\max} \\ a_{\min} \leqslant a \leqslant a_{\max} \\ x(t_i) = \begin{bmatrix} 0 & v_i \end{bmatrix}^T \\ x(t_f) = \begin{bmatrix} p_f & v_f \end{bmatrix}^T \end{cases} \tag{7-56}$$

求解过程为获得最优控制律的过程。$T_{\min}$ 和 $T_{\max}$ 分别为车辆的最小和最大扭矩，$a_{\min}$ 和 $a_{\max}$ 分别为保证驾驶舒适性的最小和最大加速度。$x(t_i)$ 和 $x(t_f)$ 分别代表初始状态和终止状态。需要注意的是，我们定义终止速度 v_f 为速度约束

内的任意值,即终止速度不为固定值。那么问题为在考虑车辆约束下给定初始速度但不确定终止速度的情况下,如何求解能耗表现最优的扭矩输出序列及对应的速度轨迹。

上述系统是非线性的,很难用最小值原理来求解两点边界问题。因此,采用数值求解的方法来求解由 OCP 转换而来的 NLP 是比较好的。本书采用最经典的动态规划(DP)算法求解 OCP。DP 算法的优点是它可以将复杂的问题分解成多个子问题,求解每个阶段的最优决策,即最优的子决策仍然是最优的。根据 Bellman 方程,最基本的优化原则是:无论初始状态和决策是什么,剩下的决策对于第一个决策产生的状态仍然是最优的。这里采用 DP 算法求解空间的离散化问题,基本形式为

$$J_t^* = \min \left\{ \Phi[x(N), N] + \sum_{i=k}^{N-1} L[x(i), u(i), i] \right\} \quad (7\text{-}57)$$

式中:J_t^* 为终点 N 处的代价。

计算中使用的步数是根据两个信号灯交叉口之间的目标行程时间来选择的。车辆的初始和终止边界条件分别为

$$\boldsymbol{x}(t_i) = \begin{bmatrix} p(t_i) \\ v(t_i) \end{bmatrix} = \begin{bmatrix} 0 \\ v_i \end{bmatrix} \quad (7\text{-}58)$$

$$\boldsymbol{x}(t_f) = \begin{bmatrix} p(t_f) \\ v(t_f) \end{bmatrix} = \begin{bmatrix} p_f \\ v_f \end{bmatrix} \quad (7\text{-}59)$$

式中:终止位置 p_f 代表前方信号灯交叉口相对于当前车辆的位置。

终止车速 v_f 是在速度约束内的任意值而非预先设定值,并且最终决策出的 v_f 将作为下一轮目标路径动态规划求解的初始状态值。求解代价函数 J_t 的最优值时,DP 算法求解过程涉及两个维度,分别包含 2 个状态量和 N 个求解步数。DP 算法的缺点是计算量会随着运算维数的增加而呈指数增大,即维数灾难。因此,为了在保持求解最优性的同时减小计算量,减少变量是一条可行路径。因此我们将最优控制问题转换到基于距离离散的系统,此时状态空间只有一个变量即纵向速度 v,则基于时间离散的代价函数[见式(7-54)]可以写为基于距离离散的形式,即

$$J_d = \sum_{d_i}^{d_f} \left(\dot{Q} \frac{1}{v} \Delta d + \varepsilon T_d \right) \quad (7\text{-}60)$$

式中:d_i 和 d_f 分别代表初始距离和终止距离;T_d 为时间调节因子,用于决定在目标路段行驶的消耗时间,或为位置点 $d(k)$ 和 $d(k+1)$ 单位离散距离间隔 Δd

内的消耗时间,即 $T_d = [d(k+1) - d(k)]/v(k)$,当 Δd 取为一个较小的数值时,$v(k)$可被简化为单位离散距离间隔内的近似平均速度。

与式(7-55)相似,求解带约束条件的代价函数极小值的过程被描述为

$$J_d^* = \arg\min_{T_m, \omega_m} J_d(Q, T_d) \tag{7-61}$$

$$\begin{cases} \dot{v} = \dfrac{T_m i_g \eta_T}{m r_w} - \dfrac{C_D \rho A v^2}{2m} - gf\cos\theta - g\sin\theta \\ T_{\min} \leqslant T_m \leqslant T_{\max} \\ a_{\min} \leqslant a \leqslant a_{\max} \\ x(d_i) = v_i \\ x(d_f) = v_f \end{cases} \tag{7-62}$$

在利用 DP 算法求解极小值过程中,基于距离离散的系统的初始状态和终止状态分别对应式(7-62)中的 $x(d_i)$ 和 $x(d_f)$。终止速度为满足限速条件的离散速度集,即在速度集中决策出代价值最小的速度作为终止速度,并且该速度将作为下一个路段问题求解的初始速度。

如上文所述,DP 算法的计算量会随着状态量和计算节点的增加而急剧增大。因此,基于距离离散的代价函数 J_d 仅用一个状态变量就可以进行快速计算,这里我们将基于距离离散的 OCP 求解过程记为控制逻辑 1。然而,面对连续信号灯交叉口绿灯相位通行的复杂生态驾驶问题,目标信号灯交叉口处车辆的终止位置的时刻 t_N 不一定处于绿灯相位阶段。因此,为保证绿灯相位通行,这里使用含有固定终止时刻 t_f 的 OCP,即用基于时间离散的代价函数 J_t 来代替 J_d 记为控制逻辑 2,通常终止时刻 t_f 为绿灯亮起时刻 t_g 或者绿灯结束时刻 t_r。在确定初始时刻 $t_i = 0$ 和终止时刻 $t_f = \{t_g, t_r\}$ 的情况下,用基于时间离散的代价函数 J_t 求解 OCP。其实际意义为当车辆所处相位为绿灯相位时直接输出控制逻辑 1 决策速度轨迹,而当其所处相位为红灯相位时切换为含有固定绿波带通行时刻 t_g 或 t_r 的控制逻辑 2 决策速度轨迹。控制逻辑 1 的优势在于求解速度快,但无法保证绿灯相位通行;而控制逻辑 2 的优势在于可以保证绿灯相位通行,但是求解速度慢。因此将两个控制逻辑进行灵活的切换可以有效地提升计算速度,并且依然能得到问题的最优解。

为了更好的理解,图 7-14 展示了连续信号灯交叉口的 ECACC 逻辑。通过 V2X 通信传递车辆的当前速度 v_c、位移 p_c 及信号相位与时序(SPaT),并作为系统的输入。由于整个过程中数据处理量大,连续信号灯交叉口被分隔为单个交叉口,每一个相邻两个信号灯交叉口之间的路段均进行一次 OCP 求解。控

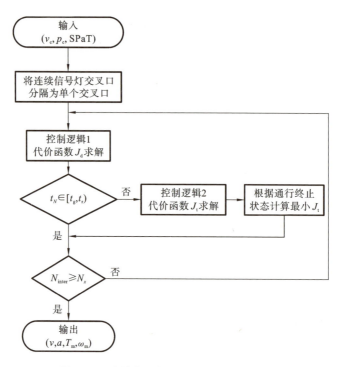

图 7-14 连续信号灯交叉口的 ECACC 逻辑

制逻辑 1 作为默认执行,以决策出距离离散的最优速度轨迹。同时,计算终止位置的时刻 t_N,即到达目标信号灯交叉口的时刻。如果车辆能够实现绿灯相位 ($t_N\in[t_g,t_r)$)通行,则输出该系统的相关决策。否则,车辆在红灯或黄灯相位到达交叉口,意味着车辆必须重新考虑到达时间,以确保在绿灯相位通过。因此,有两种方式来选择到达时间以满足次优驾驶条件:一种是车辆加速来实现绿灯相位通行,其时间临界点是当前的绿灯相位 $t_r(n)$ 刚刚结束;另一种是车辆减速等待下一轮绿灯相位 $t_g(n+1)$。因此,通过控制逻辑 2 将问题转换为具有固定初始时刻 t_i 和固定终止时刻 $t_f=\{t_g(n+1),t_r(n)\}$ 的 OCP。然而,需要对两种终止时刻的 OCP 代价值进行比较,以确定最小的代价值,即

$$J_t^* = \min\{J_{t,r}^*[Q,V_d,t_i,t_r(n)], J_{t,g}^*[Q,V_d,t_i,t_g(n+1)]\} \quad (7\text{-}63)$$

式中:$J_{t,r}^*$ 和 $J_{t,g}^*$ 为上述两种终止时刻 OCP 的最优解。

当决策出所有的信号灯交叉口对应的路段速度轨迹,即系统当前执行的目标信号灯交叉口 N_{inter} 序号等于信号灯交叉口的总数(即 $N_{\text{inter}}=N_x$)时,系统输出沿连续信号灯交叉口的整个行程的所有决策。

7.3.3　城市工况下队列生态协同驾驶效果分析

在一定条件下,车辆以队列行驶可以减小跟车间距,提高通行效率和能量经济性。因此,保证车辆以队列行驶的基本前提是队列不能因信号灯相位改变而被切断。为了让队列中所有车辆可以在绿灯相位通过交叉口,也就是说在红灯亮起之前队列中最后一辆车也可以顺利通过交叉口,本小节提出规划目标切换逻辑,如图 7-15 所示。默认情况下,规划目标为队列头车,即对头车采用最优速度轨迹规划策略,采用协同自适应巡航控制器对队列中其余车辆进行跟车控制,由此可以得到队列中最后一辆车在第 N 个信号灯交叉口的通过时间 $t_{N,\text{last}}$。如果该车辆能够在绿灯相位通过,即 $t_{N,\text{last}} \in [t_g, t_r)$,则系统正常为头车做出生态驾驶最优速度决策。否则,系统将规划目标切换为最后一辆车,即计算最后一辆车的最优速度轨迹,然后基于协同自适应巡航控制器反向预测头车的速度轨迹。这里为了简化上述过程,定义头车在第 N 个信号灯交叉口的速度为

$$v_{N,\text{lead}} = v_{N,\text{last}} + \varsigma \tag{7-64}$$

式中:ς 为使队列在绿灯相位通过的提速余度,即保证队列最后一辆车也可顺利通过交叉口,头车可以适当提速使最后一辆车在绿灯结束时刻刚好通过。

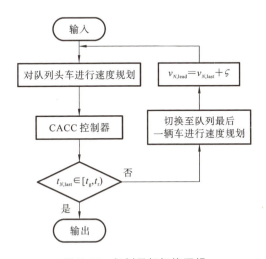

图 7-15　规划目标切换逻辑

根据所提出的 CACC 算法,在位置 k 处头车速度 $v_{k,\text{lead}}$ 与最后一辆车速度 $v_{k,\text{last}}$ 基本没有差异,但是可能存在一些干扰影响队列跟车性能,这在速度变化

上的表现是最后一辆车可能无法通过交叉口。简而言之，ς 可以略微提高车辆编队的整体速度，虽然可能会与最优解产生微小偏差，但是可以省略一个速度估计环节，从而降低系统的复杂性。

连续信号灯交叉口车辆编队速度轨迹分析如图 7-16 所示，该图给出了在 2 km 城市道路连续信号灯交叉口工况下智网联车辆编队中子车辆的速度轨迹。其中红线代表红灯相位，深红色虚线代表停车标识，所有车辆必须完全停车，确认安全后再继续行驶。车辆编队可以在每个信号灯交叉口的绿灯相位通过且无须停车。此外，可以看到速度轨迹组的宽度在变化，即智能网联车辆编队的长度 L_t 随着当前速度的变化而变化，这说明固定时距跟车策略能够根据车辆的当前速度决定安全跟车间距从而防止碰撞，即速度和跟车间距成正比。当车辆编队以更高的速度行驶时，例如在 100 s 之后的时间段中，L_t 大于之前低速行驶时的值。在停车标识位置，车辆编队被看作整体并要求保持停止状态 5 s。此外，可以明显看出，在最后一个信号灯交叉口处，车辆编队中最后一辆车依然可以在绿灯结束时刻顺利通过，这也证明了规划目标切换逻辑的有效性。

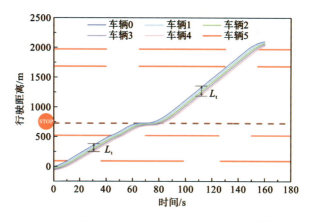

图 7-16 连续信号灯交叉口车辆编队速度轨迹分析

连续信号灯交叉口下车辆编队速度变化如图 7-17 所示，在 11 s 和 45 s 左右，各子车辆速度波动振幅沿队列方向逐渐减小。在停车标识处，头车按照交通规则停车等待 5 s，此处我们将车辆编队看作一个整体，当该整体停够 5 s 时可继续行驶，也就是说，队列中其余车辆可以适当减速而无须完全停车，这样可以避免车辆完全启停带来的较大能耗，即避免动力系统过多地在低效率区域运行。在最后一个信号灯交叉口前，头车（蓝线）的速度提前下降，而其他车辆仍保持巡航状态。如上文所述,我们对车辆编队采用了固定时距跟车策略,即车辆编队的长度随着当前速度的变化而变化。此外,当车辆编队通过最后一个信号灯交叉口时,车辆编队中的最后一辆车按原定策略无法顺利在绿灯结束前通过,因此,根据所提出的 ECACC 策略和固定时距跟车策略,降低头车速度以减小所需的最小跟车间距,同时减小车辆编队长度,从而帮助最后一辆车在绿灯相位通过。

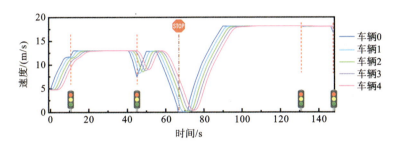

图 7-17　连续信号灯交叉口下车辆编队速度变化

一般来说,汽车跟车性能的评价标准主要集中在队列弦稳定性和跟随误差方面。队列弦稳定性反映在沿队列方向的加速度扰动传递情况上。如图 7-18(a)所示,每辆车的加速度幅值没有发生超调并沿队列方向逐渐减小,证明了所提出的 ECACC 策略能保证良好的队列弦稳定性。队列中每辆车的加速度控制在 $2\ m/s^2$ 以内,保证了车辆的驾驶舒适性。图 7-18(b)所示的跟随误差变化趋势也同样说明了车辆编队具有良好的队列弦稳定性。此外,从图 7-18 中还可以看出,跟随误差最大值不超过 0.6 m,平均值在 0.1 m 左右,这表明该策略能保证优异的跟车性能。

能量经济性是评价 ECACC 策略的关键指标,如图 7-19 所示,该图总结了相邻两个信号灯交叉口之间各路段的队列中各子车辆的能耗。从图中可以看出,五个路段的能耗存在两种趋势。在信号灯交叉口 1、停车标识和信号灯交叉口 3 对应的路段中,能耗沿队列方向呈下降趋势,其中头车能耗最高,原因是为在绿灯相位通过,头车加速或减速的幅度更大,比其他车辆消耗了更多的能量。当前车以巡航状态(在信号灯交叉口 2、4 对应的路段)通过信号灯交叉口时,头车动力系统以能量损失最小的方式工作,即能耗沿队列方向呈上升趋势。以上分析体现了 ECACC 策略的亮点,即整合了头车生态驾驶策略和后车 CACC 跟车策略的优势。

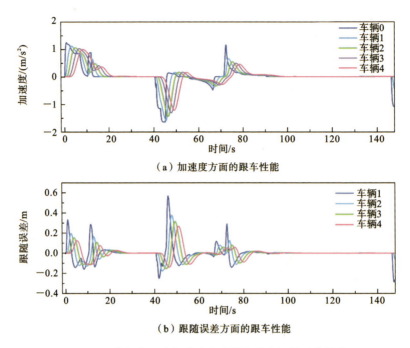

(a) 加速度方面的跟车性能

(b) 跟随误差方面的跟车性能

图 7-18　车辆编队在加速度和跟随误差方面的跟车性能

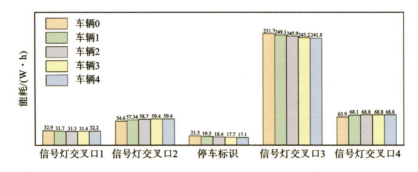

图 7-19　队列中各子车辆在信号灯交叉口和停车标识对应路段的能耗统计

综上所述,本小节所提的 ECACC 策略适用于连续信号灯交叉口下的车辆编队 PaG 的驾驶决策。该策略结合了生态驾驶和传统 CACC 技术的优点,实现了能量优化和多车最优速度轨迹规划。在求解过程中,采用了基于控制逻辑切换的改进动态规划算法,提高了计算速度。另外,采用规划目标切换逻辑来保证队列在交叉口绿灯相位通过而不发生分离。最终通过仿真试验分析,在低交通密度条件下,ECACC 策略在提高智能交通系统的能量经济性和通行效率等方面发挥了巨大的作用。

本章参考文献

[1] Li S E, Li R J, WANG J Q, et al. Stabilizing periodic control of automated vehicle platoon with minimized fuel consumption[J]. IEEE Transactions on Transportation Electrification, 2017, 3(1): 259-271.

[2] ALSABAAN M, NAIK K, KHALIFA T, et al. Optimization of fuel cost and emissions with vehicular networks at traffic intersections[C]//Proceedings of International Conference on Intelligent Transportation. New York: IEEE, 2012.

[3] MANDAVA S, BORIBOONSOMSIN K, BARTH M. Arterial velocity planning based on traffic signal information under light traffic conditions[C]//Proceedings of International Conference on Intelligent Transportation. New York: IEEE, 2009.

[4] AKCELIK R, BIGGS D C. Acceleration profile models for vehicles in road traffic[J]. Transportation Science, 1987, 21(1): 36-54.

[5] XIA H T. Eco-approach and departure techniques for connected vehicles at signalized traffic intersections[D]. Riverside: University of California, Riverside, 2014.

[6] QI X W, WU G Y, HAO P, et al. Integrated-connected eco-driving system for PHEVs with co-optimization of vehicle dynamics and powertrain operations[J]. IEEE Transactions on Intelligent Vehicles, 2017, 2(1): 2-13.

[7] SUN C, GUANETTI J, BORRELLI F, et al. Optimal eco-driving control of connected and autonomous vehicles through signalized intersections[J]. IEEE Internet of Things Journal, 2020, 7(5): 3759-3773.

[8] XU S B, Li S E, DENG K, et al. A unified pseudospectral computational framework for optimal control of road vehicles[J]. IEEE/ASME Transactions on Mechatronics, 2015, 20(4): 1499-1510.

[9] DING F, JIN H. On the optimal speed profile for eco-driving on curved roads[J]. IEEE Transactions on Intelligent Transportation Systems, 2018, 19(12): 4000-4010.

[10] RAJAMANI R. Vehicle dynamics and control[M]. Cham: Springer Sci-

ence and Business Media,2006.

[11] SUNDSTROM O,GUZZELLA L. A generic dynamic programming MATLAB function[C]//Proceedings of IEEE Conference on Control Technology and Applications(CCTA). New York:IEEE,2009.

[12] DEY K C,YAN L,WANG X J,et al. A review of communication, driver characteristics, and controls aspects of cooperative adaptive cruise control (CACC)[J]. IEEE Transactions on Intelligent Transportation Systems,2016,17(2):491-509.

[13] SHLADOVER S E,SU D Y,LU X Y. Impacts of cooperative adaptive cruise control on freeway traffic flow[C]//Proceedings of Transportation Research Board Annual Meeting. Washington D. C. :Transportation Research Record Journal of the Transportation Research Board,2012.

[14] HOEF S V D,JOHANSSON K H,DIMAROGONAS D V. Fuel-efficient en route formation of truck platoons[J]. IEEE Transactions on Intelligent Transportation Systems,2018,19(1):102-112.

第 8 章 车联网技术与软硬件实现

基于车与万物互联通信的智能车路协同系统是当前智能交通领域的研究热点,更是下一代智能交通系统的核心技术。车联网技术借助更高速率、更大带宽的通信网络和更快、更精确的计算能力,大幅提高交通系统效率,保障道路与出行的安全,同时有效降低能耗,为智能网联汽车的应用与智慧交通的实现提供技术保障。

8.1 车联网技术发展与应用

8.1.1 车联网发展历程

随着通信技术与汽车智能化的发展,智能交通系统成为汽车未来出行及未来交通智能化与信息化的重要发展方向。智能交通系统是交通领域中各类先进技术与功能应用的集合,通过智能手段使用交通网络,以提供与各种运输方式和交通管理相关的创新型服务。在智能交通系统技术背景与框架下,车联网经历了由车载自组网络(vehicular ad hoc networks,VANET)向基于异质网络通信结构的车联网演进的过程。

在采用传统通信技术时期,汽车先后搭载 2G、3G、4G 车载移动通信设备,实现了车联网人工呼叫中心和无线通信车载系统远程控制的应用。其中车联网人工呼叫中心包括紧急救援服务、故障救援服务和信息服务。紧急救援服务最早源自欧洲,旨在汽车发生事故后自动报警,将事故发生的时间、地点发送给救援人员,以便尽早组织救援。随着车载通信终端在车辆上的使用,V2V 和 V2I 通信逐步演化为车载自组网络。车载自组网络主要用于提高车辆行驶的安全性和提高通行效率。尽管车载自组网络具有相当多的潜在功能,但其由于容量受限、精度低、可靠性较低、难以处理全局信息、难以与其他智能设备实现网联等,没有得到广泛的商用。

针对车载自组网络存在的缺陷和问题,基于异质网络通信结构的车联网逐渐取代车载自组网络,成为智能交通领域的重要组成部分。相比于车载自组网络,车联网通信结构不仅包括车辆与道路基础设施,还包括个人智能移动通信设备和车载传感器等通信设备。相比于车载自组网络,基于异质网络通信结构的车联网具有精度更高、可靠性更高和兼容性更高的优势,更利于实现商业化,并且为基于大数据的智能决策和云计算提供了技术保证。

车联网是由物联网衍化而来的,相当于物联网在汽车领域中的应用。从广义上分类,车联网通信包括车辆外部通信与车内网络通信。利用车联网通信技术,可实现车辆与车辆、行人、道路基础设施和其他服务平台的通信,实现相关应用与功能。车内网络通信则是指汽车内部传感器与控制单元依靠控制器局域网络实现通信交互与控制。

作为智能交通系统的重要组成部分,车联网的发展受到世界各国的重视。美国联邦通信委员会早在1999年分配了5.850～5.925 GHz通信频段用于智能交通系统内的通信。2011年,美国交通部宣布计划支持在美国轻型车辆之间引入车辆与车辆通信。2012年至2013年,美国密歇根州实施了一个预部署项目,用约2800辆不同种类车辆测试专用短程通信(DSRC)技术对道路安全的改善情况。自2013年以来,一些美国互联网企业和车企大力研发智能网联汽车,计划为车联网未来出行服务提供智能终端。

2014年,欧盟委员会的行业利益相关方"C-ITS部署平台"开始研究欧盟范围内V2X的监管框架。欧盟各成员国开展了各种预部署项目,并且建设实施V2X标准的真实场景,例如捷克布尔诺市第一个开展将V2X标准应用于交叉口驾驶辅助的商业项目。自21世纪以来,日本着重发展车联网业务,先后发展了网联车辆安全驾驶辅助系统、电子不停车收费系统、汽车导航系统智能化、交通管理优化等车联网应用,以此减少交通事故,提高道路利用率与通行效率。

2010年9月,在我国无锡市举行的世界物联网大会上,"车联网"一词被首次提起,这标志着我国车联网产业的诞生。2018年年底,我国工业和信息化部正式印发了《车联网(智能网联汽车)直连通信使用5905—5925 MHz频段管理规定(暂行)》,并支持向5G标准的演进,以此推动国内车联网的研究和规模化应用。

根据组成成分和功能的差异,车联网体系架构可分为感知层、协调层、人工智能层、应用层和业务层,如图8-1所示。

(1) 感知层:该层由车载传感器、执行器、路侧单元、个人设备组成,其主要

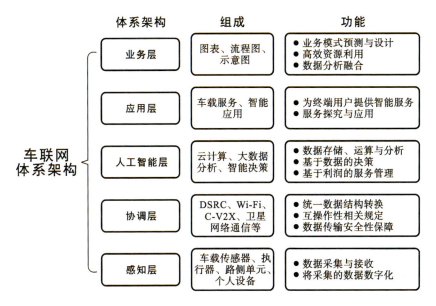

图 8-1 车联网体系架构示意图

功用为获取车联网通信传输的数据。这些数据包含车辆自身状态信息(如车辆的速度、加速度、行驶方向、制动情况等)、交通环境信息(交通密度、天气)和个人设备的信息。该层将感知到的数据数字化并传输到协调层,然后基于异质网络实现数据通信。

(2) 协调层:该层是一个虚拟的通用网络协调模块,该模块适用于由 DSRC、Wi-Fi、C-V2X 和卫星网络通信等组成的异质网络通信。该模块将感知层感知到的信息安全地传输到人工智能层。同时协调层将具有不同物理层协议标准的通信技术整合到一个通信体系中,使得基于异质网络通信结构的车联网拥有可靠的网络连接。总体来说,该层的主要任务是处理从异构网络接收到的具有不同数据结构的信息,并重新组合成统一的结构。

(3) 人工智能层:该层主要为虚拟云基础设施,负责储存、处理和分析来自协调层的数据,并基于数据进行决策。人工智能层是车联网信息管理中心,其应用的计算与分析技术包括云计算、大数据分析、智能决策等。

(4) 应用层:车联网服务中的智能应用是应用层的典型代表。这些应用包括用于保证交通安全、提高通行效率、提供智能出行服务的智能应用和多媒体信息娱乐应用。应用层的主要职责包括高效地将人工智能层提供的服务提供给终端用户,并向业务层提供终端用户应用程序的使用数据。随着智能应用的实现越来越多,车联网体系架构正逐步发展成为一种可靠的全球性车载通信网络。因此，应用层的智能应用是车联网研究和开发的主要内容。

（5）业务层：该层典型代表是车联网操作管理模块。该层的主要职责是根据智能应用程序的使用数据进行统计分析，并预见相关业务模型的开发策略。业务层主要面向开发商和运营商，负责车联网投资和资源使用相关的决策、应用程序的使用定价、运营和管理费用预算和数据管理汇总等。

感知层和协调层是车联网体系架构的基石，车联网顶层智能应用的实现依托于高效、可靠、精准的V2X通信技术。因此，V2X相关技术的迭代更新对车联网发展起到至关重要的作用。

8.1.2 车联网技术分类及特点

由车联网体系架构可知，车联网的协调层应用V2X通信技术将感知层获取的数据发送给人工智能层，进行智能决策与应用实现。由于底层通信技术的差异，V2X通信技术可分为两类：基于无线局域网（wireless local area network，WLAN）的车联网通信和基于蜂窝网络的车联网通信。

2012年，电气与电子工程师学会（Institute of Electrical and Electronics Engineers，IEEE）首次发布了IEEE 802.11p通信标准。该标准对基于无线局域网的车联网通信标准进行了详细说明，在IEEE 802.11标准基础上增加了车载环境中的无线接入（wireless access for vehicular environment，WAVE）相关技术标准，并且定义了支持智能交通系统应用所需的相关增强功能，包括车辆与车辆，车辆与道路基础设施之间的直连通信，为DSRC提供了底层通信技术标准。

DSRC是一种无线通信技术，旨在实现智能交通系统中车辆对其他车辆和道路基础设施之间的数据传输。通信实现方式通常为DSRC设备之间的信息交换。其中DSRC设备包括车载单元（on board unit，OBU）和路侧单元（road-side unit，RSU）。DSRC技术支持V2V和V2I通信。在V2V通信中，DSRC通过OBU来实现车辆之间的信息交互，通信信息一般为车辆状态的基本安全信息，如车辆的速度、方向、制动情况和周围环境信息等。这种通信通常是安全性应用，如车辆之间的避障预警、转弯与超车预警等。在V2I通信中，DSRC通过OBU与RSU来实现车辆与道路基础设施之间的信息交互，以此扩大车辆环境感知的范围，提醒驾驶员道路上潜在的危险。

对于DSRC的实际应用与推广，美国联邦通信委员会于2009年通过了IEEE 802.11p标准，将其作为DSRC的物理层技术标准。2012年8月到2013年8月，美国交通部在密歇根州安娜堡东北部开展了"安全试点示范部署"

(safety pilot model deployment)项目,测试了 V2V、V2I 通信技术较大规模使用的效果。2016 年 12 月,美国国家公路交通安全管理局发布了一项拟议规则制定通知书,要求对所有轻型车辆进行 V2V 通信测试。该建议包括 V2V 通信性能要求,并主要使用车载 DSRC 设备来双向交换车辆的基本安全信息。图 8-2 所示为美国 DSRC 网络协议架构图。

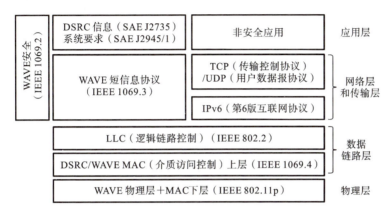

图 8-2 美国 DSRC 网络协议架构图

在 V2X 早期应用中,DSRC 技术可满足车联网通信需求,其优势具体体现在以下几点。

(1) 便于建立通信,实现快速的网络获取。DSRC 基于无线局域网的车联网通信,使相互通信的目标在进入通信范围内时即可立即建立通信网络。

(2) 低延时。DSRC 具有毫秒级的低延时,满足车联网环境下车辆智能辅助驾驶功能对通信延时的需求,如紧急避障功能。

(3) 高可靠性。由于 DSRC 覆盖范围很小,因此即使在极端恶劣天气条件下,通信效果也几乎不受干扰。

(4) 具有互操作性。互操作性是指 DSRC 下不同的通信单元和网络一起协同工作和共享信息的能力。DSRC 的互操作性使 DSRC 在实际应用中便于部署。

DSRC 技术的优势使得 DSRC 技术成为车辆短距离快速通信的理想选择。美国、欧洲、日本等国家和地区在车联网通信方式上一直主要发展 DSRC。随着自动驾驶车辆的应用场景愈发复杂,智能网联汽车对车联网通信的要求逐渐提高,DSRC 技术存在的一些问题也逐渐显现出来,主要体现在以下几个方面。

(1) DSRC 技术不适用于长距离通信。由于 DSRC 物理层采用的通信技术限制了最大传输功率和传输范围,因此在需要长距离通信的场景中,应用 DSRC 技术难以获取远方道路状况和环境信息。

(2) DSRC 技术不适用于拥挤路况下的通信。由于 DSRC 的底层通信标准 IEEE 802.11p 采用的信道接入策略在拥挤的情况下表现不佳,因此 DSRC 技术在车辆拥堵情况下发挥作用效果较差。

(3) DSRC 技术没有明确的演进路径。智能网联汽车对于 V2X 在通信延时、通信丢包率和通信安全方面提出了更高的要求。而对于 IEEE 802.11p 标准来说,没有一条清晰的发展道路来适应新兴的 V2X 使用场景。

针对 DSRC 技术在应用中存在的问题,C-V2X 逐渐成为车联网通信技术研究和讨论的热点。C-V2X 概念的提出和发展可以分为以下三个阶段。

第一阶段:2014 年,第三代合作伙伴项目(the 3rd generation partnership project,3GPP)开始制定 C-V2X 底层标准 Release 14,并于 2017 年发布 C-V2X 标准的详细说明。由于其主要基于长期演进(long term evolution,LTE)技术,因此也被称为 LTE-V2X。

第二阶段:2018 年,3GPP 发布基于 5G 的 C-V2X 标准 Release 15,5G-V2X 成为 C-V2X 的另一种技术代称。

第三阶段:3GPP 正在制定 Release 16,利用 5G 进一步增强 C-V2X 的功能。

目前 LTE-V2X 主要通过 4G 实现。由运营商提供的基于通信基站的 4G 服务具有覆盖面广、容量大、可靠性高的优点,但端到端通信延时较大。为同时满足通信覆盖面与通信延时的需求,LTE-V2X 通信方式分为两种,分别为广域蜂窝式(LTE-V-cell)通信方式与短程直通式(LTE-V-direct)通信方式,如图 8-3 所示。前者基于现有的 4G-LTE 技术,主要承载广域覆盖的车联网业务,其通信实施的物理接口为直连通信接口(PC5 接口)。后者引入 LTE-D2D(device to device,设备到设备)技术,基于蜂窝通信接口(Uu 接口),实现 V2V 和 V2I 的直接通信,进而达到高速移动情况下车辆之间的低延时及安全通信的要求。

在此基础上,C-V2X 能够针对"覆盖范围内"和"覆盖范围外"两种场景提供通信服务,如图 8-4 所示。前者基于资源调度模式,也就是 C-V2X 中的 mode3,由基站安排传输资源,基站与车载设备通过 Uu 接口通信。而对于车辆处于基站覆盖范围外的场景,也可以基于自动资源选择模式,即 C-V2X 中的 mode4,实现分布式调度,车辆之间可以直接通过 PC5 接口通信。这两种通信模式实现了蜂窝通信和直连通信两种通信方式的优势互补,通过合理分配车联网系统负

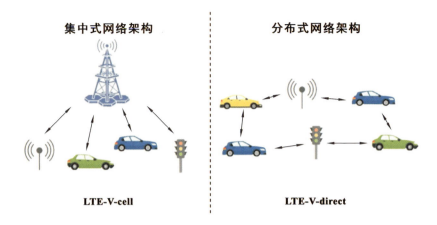

图 8-3　LTE-V2X 通信方式示意图

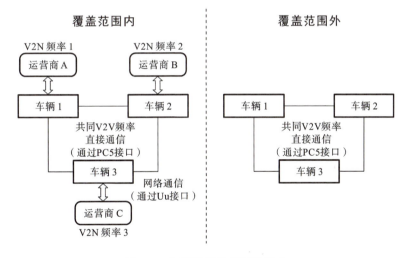

图 8-4　C-V2X 通信的两种模式

注：V2N—车辆与网络。

荷，共同保证通信的可靠性、安全性，满足低延时的需求。

　　第五代移动通信技术(5G)是最新一代移动通信技术。5G 的性能目标是提高数据传输速率、减少延时、节省能源、降低成本、提高系统容量和增大设备连接规模。5G 的商业化将推动车联网技术取得前所未有的突破，因为其具有以下特性。

　　(1) 高容量。最高峰值速率可以达到 10 Gbit/s 以上。

　　(2) 低延时。5G 具备更少的传输延时，空口延时可以小于 1 ms。

　　(3) 安全性提高。支持电信级安全接入，极大地提高了通信可靠度。

（4）支持直连通信。5G 支持 D2D 通信，可促进车联网产业飞速发展。

随着世界各国移动通信运营商对 5G 的试运营，LTE-V2X 技术正向着 5G-V2X 技术平滑演进，面向 5G-V2X 的车联网将随着 5G 的商业化激发出更多有价值的场景，推动汽车移动互联网呈指数级发展。由于 C-V2X 支持 5G，因此 C-V2X 是面向未来的。

V2X 通信技术对比见表 8-1。

表 8-1 V2X 通信技术对比

通信技术特征	Wi-Fi	DSRC	LTE-V-cell	LTE-V-direct
延时	秒级	<50 ms	100 ms	<50 ms
移动性	5 m/h	200 km/h	500 km/h	500 km/h
通信距离	<100 m	<1000 m	<1000 m	<500 m
数据传输速率	6～54 Mbit/s	3～27 Mbit/s	500 Mbit/s	12 Mbit/s
通信频段	2.4 GHz	5.86～5.925 GHz	5.905～5.925 GHz	5.905～5.925 GHz
通信带宽	20 MHz	10 MHz	1.4～20 MHz	20 MHz
标准	IEEE 802.11a/c	IEEE 802.11p	3GPP Release 14	3GPP Release 14

8.1.3 V2X 的实际应用与作用

为规范 V2X 在智能交通系统中的实际应用，各国为合作式智能交通系统（cooperative intelligent transport system, C-ITS）通信分配专有频段，以满足车联网通信需求。美国联邦通信委员会授权 5.850～5.925 GHz 频段作为 V2X 专有通信频段，欧洲则授权 5.875～5.905 GHz 频段作为 V2X 专有通信频段，这为全球车联网产业应用奠定了基础。日本分别授权 0.756～0.765 GHz 和 5.875～5.925 GHz 作为 V2X 专有通信频段。我国工业和信息化部于 2018 年首次将 5.905～5.925 GHz 频段作为 LTE-V2X 车联网试点应用频段。V2X 通信频段全球频谱划分如图 8-5 所示。

V2X 可以总结为以下四种通信形式。

（1）V2V 通信。V2V 通信可保证安全，防止事故发生。车辆之间的信息交互，使得车辆自身对周围车辆的速度、位置、驾驶方向、油门刹车状态等有更清晰的感知，进而彼此协调，避免交通事故发生。V2V 通信也可实现智能网联

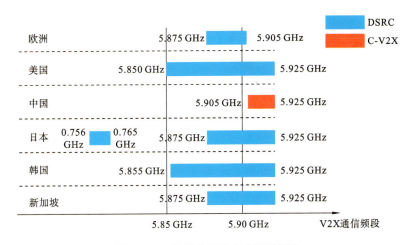

图 8-5　V2X 通信频段全球频谱划分

汽车之间的组群行驶，协助规划整个车辆编队的行驶策略，进而实现更加安全、高效、节能的组群行驶。

（2）V2I 通信。道路基础设施包括信号灯、公交站、建筑物、隧道等所有装有 V2X 路侧单元的建筑设施。V2I 通信信息包含道路信息、路况信息、信号灯信息等。通过获取与道路相关的关键信息，可有效扩大网联车辆对道路环境的感知范围，进而做出更优的决策，实现车路协同。

（3）V2N 通信。V2N 通信是应用 C-V2X 实现的新的车联网通信方式。V2N 通信将车辆连接到蜂窝基础设施和云端，使驾驶员可以享受到更丰富的车内服务，并且使网联车辆与智能交通系统中的共享网络实现信息交互，极大扩展了车联网通信范围，同时为实现车辆云计算、车辆资源调度和整个交通系统的优化提供了通信技术支持。

（4）V2P(vehicle to pedestrian，车辆与行人)通信。V2P 通信最初用于减少交通事故，当行人进入事故多发的场景中时，如横穿马路，V2P 通信能够及时探测到行人或骑行者，并向他们发出预警，进而避免交通事故的发生。行人的探测可以由车辆自身、道路基础设施或行人携带的移动智能设备来实现。车辆与智能手机的通信是 V2P 通信最易实现的方式。

C-V2X 通信场景示意图如图 8-6 所示。

V2X 对于智能网联车辆和智能交通系统的作用，体现在以下三点。

（1）V2X 是实现自动驾驶的重要手段。

目前，汽车正朝着智能化与网联化方向发展。智能化的汽车实现自动驾驶

图 8-6　C-V2X 通信场景示意图

需要解决车辆感知、决策与控制层面的问题。国际自动机工程师学会（SAE International）将车辆的自动驾驶水平分为 L0～L5 六个等级，目前车辆自动驾驶水平集中在 L2、L3 等级，要想实现更高等级的自动驾驶，需要车辆在感知、决策与控制层面有更高的性能。在感知层面，小范围内的感知可通过搭载高精度车载传感器，如毫米波雷达、激光雷达、摄像头等来实现，但对于整个交通系统，如交叉口信号灯信息、主干道交通密度等，车辆难以通过自身传感器性能的提升而得到更全面的信息，而且车载传感器存在感知范围被障碍物干扰和遮挡的问题。针对车载传感器感知的局限性，V2X 通信给予车辆一种"超视距"感知，使车辆能够更广地感知道路交通环境，从而进行更全面的自动驾驶决策。在决策与控制层面，V2X 通信为车路协同提供通信保障，使道路基础设施为一个区域内车辆整体协调决策提供技术支持。进一步，基于 5G 的 V2N 通信使车云协同成为可能。云计算突破了车载控制器计算能力的限制，保证了更高等级的自动驾驶决策的实现。

（2）V2X 为车辆间协同驾驶提供通信技术支持。

作为智能网联车辆的典型应用，协同自适应巡航基于 V2X 通信、自动驾驶与系统决策，可显著提高车辆编队整体的安全性与经济性，V2X 通信相关技术满足了车辆组群协同行驶的通信需求。通过 V2V 通信，车辆可以实时获取前车和队列头车的行驶状态，并以此优化车辆的跟车状态，从而达到提高队列弦稳定性的目的，实现更小的跟车间距，进而减小风阻，提高道路利用率。另一方面，V2X 通信也为提高车辆组群行驶的生态性提供了技术支持。在一些复杂的交通场景中，如有信号灯的交叉口、高速公路匝道口等，可通过 V2I 通信提前获取道路环境信息，如交叉口信号灯信息、匝道口车流信息等，进而对区域内的车辆组群进行优化与控制，降低车辆组群整体能耗和实现绿色生态出行。

(3) V2X改善交通系统性能。

智能网联车辆是智能交通系统的重要组成部分。V2X提高了智能网联车辆的感知、决策与控制能力,并为车辆组群协同行驶提供通信保障,保证了智能交通系统底层对顶层规划的稳定、高效响应,使整个交通系统的安全性和通行效率显著提升。在安全性方面,V2X减小了车与车、车与人之间发生碰撞的概率,并将事故信息在交通范围内及时播报,便于车辆危险预警。在通行效率方面,V2X使车辆在交通层面得以进行信息交流,以便从更为宏观的角度对交通进行调整规划,从而实现整个交通系统的效率提升与能耗降低。除此以外,5G带来的高速率与大容量通信为车载云技术等的实现提供了新的技术手段,为未来交通人、车、路、云与顶层应用的有机互联和安全、高效、节能的智慧交通提供了发展前景。

8.2 车联网的软件应用

在汽车智能生态出行系统的研究与应用中,测试并验证已开发的算法是技术发展与应用的重要组成部分。在智能交通技术的研发过程中,如果测试与验证都基于实车,则可能需要进行高达百万千米以上的测试来确保算法的安全性和可行性,这将造成巨大的人力、物力和时间的浪费。并且,对于一些极端的道路和不安全的交通场景,实车测试是一种非常不安全的方式。

因此,在汽车智能生态出行相关技术研发过程中,仿真试验得到了广泛的应用。仿真试验省去了智能汽车及其相关领域功能开发时的大量道路测试,提升了产品的开发质量,加快了开发进度,并且有效减少了开发过程中的代价。通过仿真试验,可以实现并测试更多的路况和交通场景,并且可以通过搭建不同的仿真环境和测试情景来实现对多种方法和技术的探索,从而在不同的层面进行功能的测试与验证。

在感知层面,仿真试验可以对传感器进行仿真,从而对感知算法进行测试。对于摄像头,可通过产生三原色(red green blue,RGB)图像和黑白深度图像来模拟现实测试中的图像信息,测试基于图像处理算法的汽车智能生态出行感知功能,包括道路识别和跟踪、物体探测、分类和追踪、图像的分割。对于激光雷达,通过模拟其工作机理,在仿真环境中模拟探测光束的发射及反射来形成虚拟的点云图,从而实现对于激光雷达的探测仿真。此外,还可以对短距雷达等传感器进行仿真测试。作为汽车智能生态出行系统中的重要组成部分,V2X部件及相关的功能同样需要被测试与验证,以确保基于V2X的信息传递算法能够正常运行。对于 V2X 应用的软件模拟,可利用以下方式来开展。其一是直接使用仿真器内置的 V2X 数据模拟数据包的传递过程。其二是通过编程或编写脚本来生成基于不同协议的信息包,从而模拟和仿真 V2X 的信息传递。此外,也可以通过仿真模拟来验证和改善 V2X 通信延时和通信丢包的算法和技术。

在控制器设计及高层行为设计方面,仿真环境与模拟试验同样发挥了至关重要的作用。控制器及高层行为设计与决策是自动驾驶的核心部分,例如,在汽车智能生态出行系统的研究与应用中,决策与路径规划算法能够生成自动驾驶的行车路线,并且生成控制指令让智能汽车对行车路径进行跟随。性能好的控制器可以让智能汽车以极小的误差跟随所规划的行车路径,达到汽车智能生态出行系统的设计目的。通过仿真软件模拟多种工况下控制器的控制效果来优化控制器参数,可有效简化控制器设计流程,改善控制器在实际应用中的控制效果。

8.2.1 智能交通模拟软件综述

智能交通场景不仅包含分布式控制的单个车辆,还包含车辆与不同道路场景的交互、车辆与车流中其他智能汽车或者非智能汽车的交互。因此,为了高度还原交通场景,仿真软件需要考虑到不同的道路场景和车辆,从而再现各交通元素之间的交互。表 8-2 给出了一些常见的并且得到广泛应用的智能交通仿真软件。

表 8-2 智能交通仿真软件概览

仿真器类别	仿真器系统名称	软件开发者/供应商
微观交通仿真软件	Corridor Microscopic Simulation(CorSim)	美国佛罗里达大学 McTrans 中心
	PTV VisSim	PTV Planung Transport Verkehr AG
	Simulation of Urban Mobility(SUMO)	德国宇航中心
基于游戏引擎的仿真软件	AirSim(基于 Unreal 引擎)	微软公司
	CARLA(基于 Unreal 引擎)	西班牙巴塞罗那自治大学计算机视觉中心
	SVL Simulator(基于 Unity 引擎)	LG 电子美国研发实验室

CorSim 是最早基于窗口的微观交通仿真软件,相对于同期存在的其他仿真软件来说,它具有先进的跟车和车道变换模型,并且以 1 s 的时间间隔来模拟

车辆运动,能够模拟定时或动态的绿波控制信号、车辆排队、高速公路交织区域以及停车绕行控制交叉口等。

PTV VisSim 可以很方便地构建各种交通环境、高速公路及大型环岛,可以控制微观个体的行为及多车之间的交互。PTV VisSim 也可以将组件对象模型(component object model,COM)作为接口,直接与 MATLAB/Simulink 进行协同仿真,从而测试自动驾驶算法。图 8-7 所示为 PTV VisSim 仿真场景。

图 8-7　PTV VisSim 仿真场景

SUMO 是一种开源微观交通仿真软件。它附带了一个交通仿真网络编辑器,名为 NetEdit。在 SUMO 中,一般使用"节点-连接"结构来描述路网,并可以用多种方式来创建仿真交通网络,如从 VisSim 转换、使用 OpenStreetMap 数据库、使用 OpenDrive 形式的路网等。在运行时,可以同时处理数平方千米内多达几万辆车的连续交通仿真需求。SUMO 通过一个基于 OpenGL 的可视化端来实时显示交通仿真的结果。此外,SUMO 还提供了便捷的 C++、MATLAB 和 Python 接口,可以灵活地与第三方仿真程序联合运行。图 8-8 所示为 SUMO 仿真场景。

以上微观交通仿真软件已经具有多年的发展历史,但是由于场景和交互界面的限制,它们在感知算法方面存在一定的局限性,不能满足所需要的功能。并且由于人工智能算法的发展,在开发过程中需要越来越多的数据集,在仿真软件中获得行驶数据成为一个重要的获得数据集的手段,因此,基于游戏引擎的仿真软件逐渐受到重视。

常见的游戏开发引擎主要有 Unity 引擎和 Unreal 引擎,两者都是具有 3D

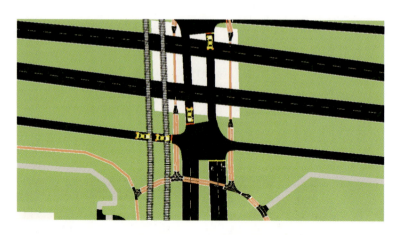

图 8-8　SUMO 仿真场景

环境渲染功能的开发平台,因此能够更好地将现实世界投射到仿真环境中,从而方便地进行感知算法的开发与测试,以及数据集的采集。如表 8-2 所示,AirSim 和 CARLA 是基于 Unreal 引擎的仿真软件,它们提供了多种多样的传感器仿真模型,并且可以通过加入其他的模型来实现与他车或者其他的道路用户的交互。CARLA 仿真场景:交叉口与环岛如图 8-9 所示。SVL Simulator 是基于 Unity 引擎的仿真软件,它除了具有优秀的 3D 环境渲染功能和传感器仿真模型以外,还提供丰富的应用程序编程接口(API),可以进行车辆控制方面的测试。SVL Simulator 可以通过传输控制协议/因特网互联协议(TCP/IP)与机器

图 8-9　CARLA 仿真场景:交叉口与环岛

人操作系统(robot operating system,ROS)连接。因此可以在 ROS 中进行算法开发,并在 SVL Simulator 中进行功能测试。

8.2.2 智能车辆模拟软件综述

为了提高仿真的真实性,测试智能驾驶和生态出行的功能,基于真实的物理规律和自然环境来构建仿真环境显得极为重要。在构建仿真环境时,需要考虑路面光滑程度、道路坡度等对汽车动力系统和传动系统的影响,楼房、树木和一些道路基础设施对智能汽车传感器组件的感知影响,以及信号灯和交通标识等对车流的影响。主流的智能车辆模拟软件主要有 CarSim(TruckSim)、CarMaker(TruckMaker 和 MotorcycleMaker)、PreScan 与 PanoSim。

CarSim(TruckSim)是一款整车动力学仿真软件,主要从整车角度进行仿真,它内建了相当多的车辆数学模型,并且这些模型具有丰富的经验参数,可以快速使用,免去了繁杂的建模和调参的过程。CarSim 模型在计算机上运行的速度比实时快 10 倍,可以仿真车辆对驾驶员、3D 路面及空气动力学输入的响应,模拟结果高度逼近真实车辆。因此,其主要用来预测和仿真汽车整车的操纵稳定性、制动性、平顺性、动力性和经济性。CarSim 自带标准的 MATLAB/Simulink 接口,可以方便地与 MATLAB/Simulink 进行联合仿真,用于控制算法的开发。

CarMaker(TruckMaker 和 MotorcycleMaker)是德国 IPG 公司推出的动力学仿真软件。该软件同样可以对车辆的本体模型进行精准的仿真和模拟。与 CarSim 相比,CarMaker 还可以进行"车辆—驾驶员—道路—交通环境"的闭环模拟,并且可以构建多种多样的道路场景。

PreScan 是一款 ADAS 测试仿真软件,主要用于提供场景的预定义和场景执行。PreScan 提供多种传感器组件、可视化的行人模型和车辆模型,并可控制天气环境可视化。此外,PreScan 还可以与其他软件(如 CarSim 和 MATLAB/Simulink)进行协同仿真。

PanoSim 是一款集车辆动力学模型、汽车三维行驶环境模型、汽车行驶交通模型、车载环境传感模型(相机和雷达)、MATLAB/Simulink 仿真环境自动生成工具、图形与动画后处理工具等于一体的大型汽车模拟仿真软件平台。PanoSim 基于物理建模及兼顾精确和高效的数值仿真原则,利用先进的虚拟现实技术逼真地模拟汽车行驶的各种环境和工况,基于几何模型与物理模型相结合的建模理念建立了高精度的相机模型与雷达模型,以支持在高效、高精度的数字仿真环境下汽车动力学和性能、汽车电子控制系统、智能辅助驾驶和主动安全系统、环境传感与感知、无人驾驶等的研发、测试和验证。

PanoSim 包含复杂程度不同的车辆动力学模型,支持对各种典型驱动形式和悬架形式的小型、中型、大型轿车的建模和仿真试验分析。对于车辆试验过程中的众多状态和变量,PanoSim 定义了成体系的输出及后处理,以支持对车辆操纵性能的分析等。此外,PanoSim 完好地兼顾了建模精度与数值仿真速度两方面的需求。其中复杂三维非线性车辆动力学模型包括底盘(制动、转向和悬架)模型、轮胎模型、驾驶员模型、动力总成(发动机和变速箱)模型。图 8-10 所示为车辆动力学建模界面。

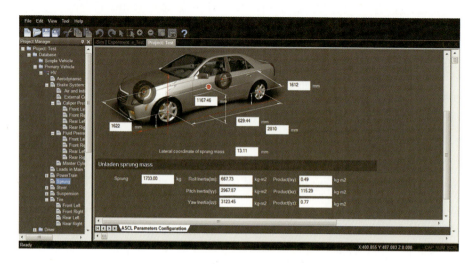

图 8-10　车辆动力学建模界面

PanoSim 提供了先进的三维数字虚拟试验场景建模与编辑功能,支持对道路和道路纹理、车道线、交通标识和设施、天气、夜景等汽车行驶环境的建模与编辑,为汽车智能行驶及环境传感与感知(包括车道线识别、障碍物识别、交通标识和信号检测、目标和障碍物检测、传感信息融合等)奠定了基础。图 8-11 所示为虚拟环境建模,图 8-12 所示为虚拟传感器建模。

高置信度传感系统模拟方法研究主要针对相机和雷达两类车载传感器展开,如图 8-13 所示。车载相机建模技术包括基于视觉的成像机制和图像衰减的建模理论,以及考虑复杂天气与光照影响机制的图像模拟技术。车载雷达建模技术包括基于雷达的电磁波发射、传播、反射和接收机制,考虑复杂天气和行驶场景对电磁波传播影响机制的雷达建模技术,以及目标模拟与雷达散射面积估算技术。

  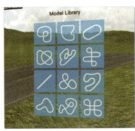

图 8-11 虚拟环境建模

图 8-12 虚拟传感器建模

实际目标

简化几何模型

回归模型

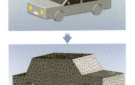
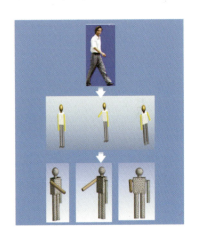

图 8-13 车载相机和雷达建模方案

PanoSim 采用最新计算机软件技术,用户界面全部图形化,操作简便、直观、清晰,不仅支持纯软件仿真,还支持实时硬件在环仿真和驾驶员在环模拟器仿真,以实现在实验室和虚拟环境下对汽车的高效、安全和数字化开发,旨在极大地降低汽车研发成本、缩短开发周期、提高研发质量和安全性。图 8-14 所示为场景配置界面。

PanoSim 还提供与 MATLAB/Simulink 的无缝接口,为控制算法的设计、

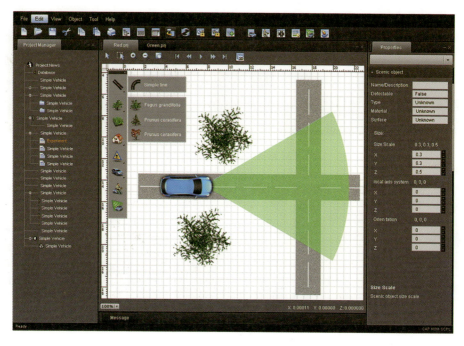

图 8-14 场景配置界面

测试和验证提供了较为有效的仿真环境,基于 Simulink 的系统集成示意图如图 8-15 所示。仿真场景描述文件包含场景的布置信息、主车辆信息、交通环境设

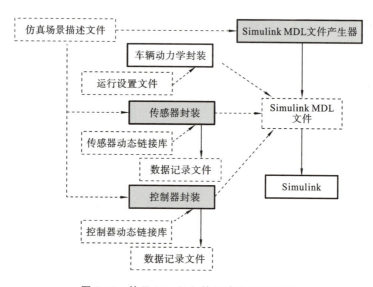

图 8-15 基于 Simulink 的系统集成示意图

置信息、驾驶员控制信息和大量的传感器信息等。仿真场景描述文件由交互式图形化用户界面根据用户的设置自动产生。Simulink MDL 文件产生器读取并分析仿真场景描述文件并自动生成一个 Simulink MDL 文件。该文件包含大量 S-Function 动态链接库,典型的如车辆_SF、Sensor_SF 和 Control_SF,它们是仿真计算需要的最主要的动态链接库。S-Function 以特殊的方式与 Simulink 方程求解器交互,这和 Simulink 内建模块的做法非常相似,S-Function 计算结果通过 Simulink 端口输出到相应的数据记录文件。

8.3 车联网硬件实现

V2X 通信的实现与大规模普及需要依靠高效、可靠且商业化的 V2X 通信方案,即需要与 V2X 相关的基站、通信设备及芯片提供的硬件支持。无论是 DSRC 还是 C-V2X,这些技术的设计开发不仅需要提供新的 V2X 通信方案,还需要证明其实际可行性。目前无论是汽车行业、通信行业还是政府和科研机构,都在大力研发和推广高效且可靠的 V2X 通信方案。

8.3.1 V2X 通信设备

V2X 通信种类主要有 V2V、V2I、V2N 及 V2P,其设备包括悬置在道路基础设施上的 RSU、安装在智能网联车辆中的 OBU、相应的通信基站及安装在智能移动终端和为行人提供 V2X 通信服务的设备等。汽车最早是利用无线电台信号与外界进行通信的,但随着通信行业与智能网联汽车概念的兴起,致力于为 V2X 通信提供解决方案的供应商应运而生。国内外 V2X 设备产品对比见表 8-3。

表 8-3 国内外 V2X 设备产品对比

设备制造商	设备型号	设备类型	V2X 通信技术	GNSS 模块	数据安全实现方式	操作系统	外拓接口
Cohda Wireless	MK6C EVK	OBU/RSU	C-V2X	有	硬件	Linux	Ethernet,CAN
	MK5 OBU	OBU	DSRC	有	硬件	Linux	CAN
	MK5 RSU	RSU	DSRC	有	硬件	Linux	Ethernet,USB,CAN
Commsignia	ITS-OB4	OBU	DSRC/C-V2X	有	硬件	Linux/RTOS	USB,GPIO
	ITS-RS4	RSU	DSRC/C-V2X	有	硬件	Linux/RTOS	USB,GPIO

续表

设备制造商	设备型号	设备类型	V2X通信技术	GNSS模块	数据安全实现方式	操作系统	外拓接口
Unex	RSU-301E	RSU	DSRC	有	硬件	Linux	Ethernet, Type-N
	OBU-301E	OBU	DSRC	有	硬件	Linux	RS232, CAN, USB, GPIO, Ethernet
华为	LTE-V RSU5201	RSU	C-V2X	有	软件	—	CAN, RJ45, USB, Ethernet
大唐电信	DTVL3100-OBU	OBU	C-V2X	有	—	Linux/Android/Kernel	CAN, RS232, USB, SIM, Ethernet
	DTVL3100-RSU	RSU	C-V2X	有	—	Linux/Android/Kernel	CAN, RS485, Ethernet
金溢科技	WB-L20B	OBU	DSRC	有	—	—	CAN, RS232

注：Ethernet—以太网；CAN—控制器局域网；USB—通用串行总线；RTOS—实时操作系统；GPIO—通用输入输出；SIM—用户识别模块。

目前，V2X设备主要分为RSU和OBU两种。RSU一般安装在道路基础设施上，如交通信号灯；OBU则安装在车辆内部。通过OBU与RSU之间的信息交互，智能网联汽车可实现V2V、V2I通信。除了用于上述通信的V2X设备，还有一些小型的智能移动通信设备，如LocoMate Me系列，通过与智能手机的协同，为行人提供基于DSRC的V2P通信服务。而V2N通信的实现，除了依靠OBU对各种通信标准的支持以外，还依靠通信基站的建设。

除了使用场景不同以外，RSU与OBU的硬件与功能也有一定的差异。RSU由于悬置在道路基础设施上对在恶劣环境下稳定工作的要求更高。一些设备制造商增大了RSU机箱的强度，如Cohda Wireless的MK6C EVK、Commsignia的ITS-RS4、Unex的RSU-301E等的RSU机箱均满足IP67安全防护等级。对于RSU来说，其不仅要实现与OBU、道路传感器之间的通信，还要产生覆盖范围足够广的通信网络，以能够与一定区域内的V2X设备实现通信，这对RSU的网络覆盖度和通信稳定性提出了更高要求。除了根据使用场景的区别单独设计OBU和RSU以外，一些设备制造商也在尝试创建通用设备，将RSU

和 OBU 组合到一个系统中,典型例子是 Cohda Wireless 的蜂窝通信 V2X 评估套件 MK6C EVK。

对于 V2X 设备使用的通信技术,由于 DSRC 技术的提出与推进要早于 C-V2X 技术的,因此市场上的设备较多支持的是 DSRC 技术。由于 C-V2X 通信标准的提出及其具有的技术演进优势,一些硬件设备制造商着眼于未来,制造的通信设备逐渐支持两种通信模式,如 Commsignia 的 ITS-OB4 与 ITS-RS4 系列设备。我国车联网通信技术起步较晚,以华为、大唐电信为代表的设备制造商主推以 C-V2X 为通信手段的车联网通信设备。

由于 V2X 设备之间收发信息需要时间同步,因此几乎所有的 V2X 设备都包含 GNSS 模块,其接收的 GNSS 信号用于设备定位与时间同步。V2X 设备与其他设备,如道路传感器、车载传感器、整车控制单元之间的信息交互可由设备的外拓接口来实现,如 CAN 接口、以太网接口等。此外,多数 RSU 还支持以太网供电(power over Ethernet,POE)功能,更便于设备的安装和路侧单元给设备供电。

V2X 设备之间的通信安全尤为重要,一般从通信标准、硬件和软件三个层面来实现通信安全,切实保证通信信息不被泄露。在通信标准层面,需要制定相应的通信技术标准来保障 V2X 通信安全。DSRC 使用 IEEE 1609.2 标准中定义的安全机制来保障通信安全,该标准对通信设备中的应用及管理信息的安全服务做出规范,防止信息泄露。对于 C-V2X 通信安全,相关的安全需求由 3GPP SA1 提出,3GPP SA3 则针对 C-V2X 通信中相应的安全威胁和解决方案进行了研究,并记录在 3GPP TR 33.885 中。在硬件层面,V2X 设备主要采取硬件安全模块来实现通信数据的硬件防护,如 Commsignia 的 ITS-RS4 采用硬件安全模块 SLI97 实现数据安全保护。硬件安全模块是一种安全加密处理器,用于保护和管理强认证系统所使用的密钥。硬件安全模块包括物理防篡改和强认证等功能,通过确保各种应用程序的加密、解密和身份验证,为应用程序提供保护。在软件层面,V2X 设备通过数据加密实现通信安全,如华为的 RSU5201,通信数据在通过 PC5 接口和 Uu 接口发送前会被加密,以防数据被窃取。

8.3.2　V2X 通信芯片与通信基站

V2X 设备使用的芯片组主要包括两类:射频收发器芯片组和基频处理器芯片组。射频收发器芯片组用于实现 V2X 设备所使用通信技术的物理层,基频处理器芯片组负责管理所有需要天线的射频服务。根据 V2X 通信技术的不同,射频收发器芯片组所使用的芯片类型也会有所不同。常见的 V2X 设备所使用的芯片及对应的供应商见表8-4。

表8-4 常见的V2X设备所使用的芯片及对应的供应商

设备名称	设备类型	V2X通信技术	射频收发器芯片组	基频处理器芯片组	射频收发器芯片组供应商	基频处理器芯片组供应商
Cohda Wireless MK5 OBU	OBU	DSRC	THEO-P1	SAF5100	u-blox	恩智浦半导体
Cohda Wireless MK5 RSU	RSU	DSRC				
Cohda Wireless MK6C EVK	RSU/OBU	C-V2X	高通9150	i.MX8QXP	高通	
Commsignia ITS-RS4-D	RSU	DSRC、C-V2X		i.MX6		
Commsignia ITS-OB4-D	OBU	DSRC、C-V2X				
Kapsch RIS-9260	RSU	DSRC、C-V2X	—		—	
Unex OBU-201	OBU	DSRC	ATK3100	ATK4100	Autotalks	Autotalks
Unex RSU-101	RSU	DSRC				
Unex OBU-310E	OBU	DSRC	PLUTON2	CRATON2		

V2X设备芯片组供应商主要有Autotalks、恩智浦半导体(NXP Semiconductors)和高通(Qualcomm)。Autotalks是一家致力于提供V2X全球性解决方案的公司，其产品覆盖DSRC与C-V2X通信标准。目前Autotalks旗下有三款V2X设备可用的芯片组：CRATON2、SECTON和PLUTON2。CRATON2是Autotalks专为智能网联汽车设计的通信处理器芯片组，集成了DSRC和C-V2X通信。此外，CRATON2还支持IEEE 802.11a/b/g/n/ac标准，启用车辆外联Wi-Fi来提供增值通信服务。SECTON是一款全球性的V2X硬件附加芯片组，能够轻松地与任何外部主控芯片集成，也能够平滑灵活地接入多种客户架构中。SECTON的功能是全面处理V2X安全运算，使应用开发人员能够专注于提升应用的可靠性，而不用过于注重网络安全攻击漏洞。PLUTON2是一款射频收发器芯片组，支持双频段IEEE 802.11p标准或单频段C-V2X直连通信(PC5)和IEEE 802.11a/b/g/n/ac标准。可以看出，Autotalks供应的芯片组

致力于提供全球性的 V2X 通信芯片产品,支持 DSRC、C-V2X 与 Wi-Fi 通信,并致力于保障通信安全。

恩智浦半导体的业务涉及汽车、通信基站、智能手机、智慧城市等。在 V2X 芯片方面,恩智浦半导体在基频处理器芯片组、射频收发器芯片组、CAN 通信芯片组、以太网芯片组等有相应产品,典型产品有 TEF5100、SAF5100。TEF5100 是用于 IEEE 802.11p 标准的双无线电多波段射频收发器,通信频段符合日本(760 MHz)、美国和欧洲(5.9 GHz)V2X 通信频率需求。SAF5100 是用于软件定义的基频处理器,满足 IEEE 802.11p 和 IEEE 1609.4 标准。除此以外,恩智浦半导体还推出可以应用于 V2X 设备中的主处理器芯片,如 i.MX6SX 处理器、i.MX 8X 处理器系列。

高通推出的高通骁龙 602 车载平台和 820 车载平台具有 LTE、Wi-Fi、DSRC 通信模块,支持 V2X 通信。此外,高通推出的基于 3GPP Release 14 标准的 9150 C-V2X 芯片组解决方案,支持通信频段为 5.9 GHz 的直连通信,该芯片组已经应用于许多设备制造商的 RSU、OBU 及汽车安全和试验模块中。

通信基站对于 V2X 通信的硬件实现也是不可或缺的。5G 是当下热议的通信技术,世界各国都在积极部署 5G 网络。我国 5G 网络已在小范围内实现试运营。未来有望为 C-V2X 提供基站,为迎接新一代通信技术做准备,同时也为 V2X 与 5G 的结合奠定基础。

8.4 智能网联汽车示范区

2020 年 2 月,我国国家发展和改革委员会、工业和信息化部等联合印发《智能汽车创新发展战略》,明确了到 2025 年实现有条件自动驾驶的智能汽车的规模化生产,以及高度自动驾驶的智能汽车在特定场景下的市场化应用的战略目标。由此可见,我国已将发展智能网联汽车产业上升到国家战略层面。《智能汽车创新发展战略》还指出,中国智能汽车产业发展的主要任务包括开展特定区域智能汽车测试运行及示范应用,验证车辆环境感知准确率、场景定位精度、决策控制合理性、系统容错与故障处理能力,智能汽车基础地图服务能力,"人-车-路-云"系统协同性等。推动有条件的地方建设城市级智能汽车大规模、综合性应用试点,支持优势地区创建国家车联网先导区。建设智能网联汽车示范区,对探索智能网联汽车行业发展模式和发展途径具有重要意义,可有效促进我国智能网联汽车的发展。

8.4.1 智能网联汽车示范区建设现状

道路测试是开展智能网联汽车技术研究不可或缺的重要环节。为发挥我国在通信网络设施及应用场景上的优势,车路协同已逐渐成为我国智能网联汽车产业实现跨越式发展的关键技术路线。以政府为主导推动智能网联汽车示范区建设,进而促进智能网联相关技术的发展,推动智能网联汽车产品落地,是实现我国汽车行业弯道超车的关键。

2015 年,工业和信息化部就开始布局,陆续在全国各地建立智能网联汽车和智慧交通应用示范区,以促进自动驾驶、车联网技术和产业的发展。我国目前正在规划或建设的智能网联汽车示范区主要分为两类:一类是由国家相关部委联合地方政府批复,由相关企业或研究机构承担建设的封闭测试场地;另一类是在地方政府的支持下,由高校、车企、研究机构自主建设的测试道路或示范区。国家级智能网联汽车示范区如表 8-5 所示。

表 8-5 国家级智能网联汽车示范区

地点	建设时间	示范区名称	建设现状
上海	2015 年 6 月	国家智能网联汽车(上海)试点示范区	截至 2021 年 1 月,已支撑 22 家企业完成了 152 辆自动驾驶车封闭区测试工作,涵盖城市主干道、城市次干道、产业园区主干道等多种交通场景
浙江	2015 年 9 月	国家智能网联汽车与智慧交通浙江(杭州)示范区	包含嘉兴桐乡测试场和杭州云栖小镇测试场,已初步建成 5G 车联网应用示范试点,促进智能驾驶技术与 5G 的商业化应用
北京、河北	2016 年 1 月	国家智能汽车与智慧交通(京冀)示范区	自动驾驶车辆道路测试安全行驶超过 3 万千米,分布在海淀、亦庄和顺义三个测试场,涵盖了城镇、乡村、高速公路 85% 的交通场景,可实现更复杂的交通场景测试评估
重庆	2016 年 1 月	国家智能网联汽车与智慧交通重庆示范区	一期已经建成占地约 410 亩(1 亩 ≈ 666.667 平方米)的智能网联汽车模拟城市交通场景测试区;二期将建成占地 3500 亩的综合测试试验区
长春	2016 年 11 月	国家智能网联汽车应用(北方)示范区	2019 年,东北智能网联汽车示范应用正式进入实操阶段

续表

地点	建设时间	示范区名称	建设现状
武汉	2016年11月	国家智能网联汽车与智慧交通湖北(武汉)示范区	依托示范区建设,构建新业态、新模式,进行新能源汽车、智能网联汽车以及智慧交通产业的研发
无锡	2016年11月	国家智能交通综合测试基地(无锡)	一期工程规划占地14万平方米,包括高速公路、普通公路和城市街区等6大测试区,是国内首个以车辆运行安全为出发点的测试场

上海已形成了嘉定、临港、奉贤、金桥四地联动发展的智能网联汽车产业格局。国家智能网联汽车(上海)试点示范区由工业和信息化部于2015年6月批准建立,分四阶段进行建设(封闭测试区与体验区、开放道路测试区、典型城市综合示范区、城际共享交通走廊),并有规划地逐步形成测试评价体系和综合测试平台。

2016年6月,上海嘉定建成并对外开放第一个封闭测试区,其是国内智能网联汽车测试能力最强、技术水平最高的测试示范区,这标志着智能网联测试已经从国家战略层面进入了实操阶段。该示范区测试道路总里程约为53.6 km,搭建了1580个测试场景,围绕智能网联汽车道路测试,开展了限速信息识别及响应、跟车行驶、靠路边停车、并道行驶、超车和网联通信等17个测试项目,共计62个逻辑测试场景,其活动范围已延伸至工业区、商业区、交通枢纽、住宅区等。其开放测试道路,不仅实现5G信号全覆盖,还建有V2X车路协同应用系统、全息道路感知系统、安全监管监控平台、路侧智能终端等基础设施。未来,嘉定还将启动智能网联汽车测试道路的全域开放,道路总里程将近1300 km,覆盖全区464 km^2。此外,通过对嘉闵高架等道路进行智能改造,增加高速公路测试场景,形成汽车城与虹桥商务区两个独立共享交通闭环,预计测试车辆达到万辆级。

2019年8月23日,上海临港智能网联汽车综合测试示范区正式开园,是国内唯一拥有全出行链、全风险类别、全测试链条,向全车种开放的多场景示范区,可为全国智能网联汽车提供社区、园区、校区、景区、商区、城区六大典型场景。一期工程已建成26.1 km的开放测试道路、3.2 km^2 的封闭测试区及数据中心,并实现了区域内4G、5G网络全覆盖,初步构建了车路协同智能交通系统环境。封闭测试区内还设有国内最长的用于测试的隧道场景和国内最长的雨雾测试道路。通过搭建和组合不同类型的自定义场景,上海临港智能网联汽车综合测试示范区可提供 33 类功能场景及 130 项逻辑场景等测试服务,满足自动驾驶在不同环境中的行为能力测试需求。图 8-16 所示为国家智能网联汽车(上海)试点示范区示意图。

图 8-16　国家智能网联汽车(上海)试点示范区示意图

国家智能网联汽车与智慧交通浙江(杭州)示范区涉及两个测试场,嘉兴桐乡测试场于 2018 年 9 月建成,可提供 20 余种网联式场景测试,包括交通安全类、通行效率类和信息服务类;杭州云栖小镇测试场已初步建成 5G 车联网应用示范项目,主要结合云栖大会开展智能网联汽车测试展示活动。

国家智能汽车与智慧交通(京冀)示范区涉及 3 个测试场,其中海淀测试场于 2018 年 2 月启用,是北京首个自动驾驶车辆封闭测试场,涵盖了城市和乡村道路类型,符合 T1～T3 级别自动驾驶车辆研发测试与能力评估的场地要求;亦庄测试场于 2019 年 7 月正式启用,是北京市首个 T1～T5 级别测试场,可供测试车辆在更复杂的交通场景中进行测试评估,进而申请更高级别的自动驾驶道路测试试验牌照;顺义测试场于 2020 年 11 月正式挂牌,场区附属设施占地 2.8 万平方米,测试道路面积为 11 万平方米,测试场包含城镇道路、高速公路、乡村道路等多种模拟场景,同时设有虚拟仿真板块、智慧城市车路协同板块等。

国家智能网联汽车与智慧交通重庆示范区于 2016 年 11 月建成并开放,已搭建了 50 个城市交通测试场景,涵盖了弯道、隧道、坡道、桥梁、交叉口场景,尚无高速公路和乡村道路场景,为企业提供了大量的测试服务,正在推进重庆西部试验场的建设。

国家智能网联汽车应用(北方)示范区于 2018 年 7 月正式对外开放,其封闭场地面积为 35 万平方米,封闭道路里程为 3 km,具有 6 大类 99 个测试场景,通过行驶场地和驾驶情景的组合可以扩展到 300 余个场景,智慧交通设施共有 4 大类 100 余个,并实现了高精度地图和 5G 信号的全覆盖。

国家智能交通综合测试基地(无锡)一期项目于 2020 年 11 月竣工,包括高速公路测试区、普通公路测试区和城市街区等 6 大测试区。内测试环境包括总长 1090 m 的城市街区和总长 450 m 的普通公路测试区,以及长达 10.4 km 的外场半开放道路测试环境。二期项目于 2021 年下半年启动建设。

除了国家级智能网联汽车示范区以外,由地方政府支持,高校、车企、研究机构自主建设的测试道路或示范区也正在逐步发展,成为全国智能网联汽车示范区的重要组成部分,如表 8-6 所示。

表 8-6 地方级智能网联汽车示范区汇总

地点	建设时间	示范区名称
常熟	2015 年 8 月	中国智能车综合技术研发与测试中心
芜湖	2016 年 5 月	全无人驾驶汽车运营区域
深圳	2016 年 7 月	无人驾驶小镇
长沙	2016 年 9 月	智能网联汽车(长沙)测试区
武汉	2016 年 12 月	雷诺自动驾驶示范区
漳州	2017 年 1 月	无人驾驶汽车社会实验室
德阳	2017 年 6 月	Dicity 智能网联汽车测试与示范运营基地
芜湖	2017 年 9 月	奇瑞 V2X 示范场地
银川	2018 年 2 月	智能网联汽车测试与示范运营基地
广州	2018 年 3 月	智能网联汽车与智慧交通应用示范区
平潭	2018 年 3 月	福建无人驾驶汽车测试基地

除此之外,为规范引导自动驾驶封闭场地测试工作,推动自动驾驶技术发展,依据《自动驾驶封闭测试场地建设技术指南(暂行)》,交通运输部组织开展了自动驾驶封闭场地测试基地认定工作。交通运输部认定的自动驾驶封闭场地测试基地(部分),如表 8-7 所示。

表 8-7　交通运输部认定的自动驾驶封闭场地测试基地(部分)

地点	示范区名称	建设现状
陕西	长安大学车联网与智能汽车试验场	占地 28 万平方米,建有 2.4 km 高速环形跑道和 1.1 km 直线试车道。集成了多种无线网络,构建了较为完备的车联网通信体系
北京	交通部公路交通试验场	占地面积约 3700 亩,试验场拥有 8 个基础试验平台、1 个科学数据平台和 38 个学科/专业实验室。拥有长圆形、总长度为 5505 m 的低速沥青路及低、中、高速水泥路四条试验车道
重庆	自动驾驶测试应用示范基地	包括封闭测试区、半开放测试区和开放示范区三部分,涵盖了城市、高速、乡村三种道路类型,以及城市交通、智慧物流、智慧公交三种示范形态
上海	临港智能网联汽车综合测试示范区	一期已建成并试运行,包括 26.1 km 开放测试道路、3 km² 封闭测试区及数据中心,并实现了区域内 4G、5G 网络全覆盖,初步构建了车路协同智能交通系统环境
江苏	自动驾驶封闭场地测试基地(泰兴)	总体规划 2500 亩,一期投资 6 亿元,占地 600 亩,测试基地将面向自动驾驶应用,为关键产品研发提供测试验证环境
湖北	自动驾驶封闭场地测试基地(襄阳)	四期试车场项目规划征地 1629 亩,总投资 24 亿元,建设工程包括智能车路协同能力建设、专用短程通信网络、高精度定位基站、路侧传感器等路侧设备建设,关键车路协同场景验证,无人驾驶关键场景验证等

由此可见,我国智能网联汽车示范区建设以国家级示范区为中心,已初步形成京津冀、长三角、渝湘鄂和珠三角四大产业集群,集群内示范区辐射带动周边城市发展,共同构建产业生态。目前我国智能网联汽车示范区经过多年的发展已经覆盖了全部的一线城市和中东部二线城市,辐射效应已经形成,并且智能网联汽车示范区的产业扶持政策效应明显。

8.4.2　智能网联汽车示范区组成与测试项目

我国智能网联汽车示范区规划建设过程中,整体遵照国家出台的各项管理规范及技术指南等系列文件,综合考虑封闭测试场地、开放测试道路、公共示范区域及云控管理平台等功能规划,进行专业且完备的自动驾驶测试场景及网联应用验证场景设计,兼顾前瞻技术研究、测试评价服务及示范运行应用等多类型功能角色。其中,封闭测试场地是为自动驾驶车辆提供日常测试训练、能力评估、验证等服务的全封闭场地,包含测试训练场地和能力评估场地两类功能区域;开放测试道路主要针对现有城市公共道路进行智能化及网联化改造,为智能网联汽车在城市道路的测试提供真实路况环境;公共示范区域主要为 L4 级别的具备自动驾驶功能的无人小巴、无人物流车、无人售卖车等专用车辆及 L2 级别的具备自动驾驶功能的乘用车提供短程运输、观光游览和试乘试驾等运行体验;云控管理平台则用于支持智能网联汽车实际测试与运行应用,存储并分析车辆运行、基础设施、交通环境、交通管理等动态基础数据。

在场景设计方面,主要考虑自动驾驶测试场景和网联应用验证场景。其中,自动驾驶测试场景主要用于智能网联车辆在申请办理测试车辆临时行驶号牌之前必须要进行的实车检查和测试;网联应用验证场景则主要用于智能网联车辆与其所能到达的区域范围内的道路基础设施之间的互联互通功能验证和应用。示范区内的各个场景,都应具有明确的概念定义、测试功能、设计标准、测试流程、测试方法等,使全国示范区测试验证结果具有一定的协同性与权威性。

2018 年 8 月,中国智能网联汽车产业创新联盟、全国汽车标准化技术委员会智能网联汽车分技术委员会联合发布了《智能网联汽车自动驾驶功能测试规程(试行)》。该文件给出了 14 个测试项目,规定了 34 个细分测试场景,示范区测试内容包括无人驾驶车辆智能决策与控制、即时定位与地图构建(simultaneous localization and mapping,SLAM)、高精度地图匹配与融合、V2X 通信等。示范区测试项目总体分类见表 8-8。

表 8-8 示范区测试项目总体分类

测 试 类 型	测 试 内 容
智能＋网联	无人驾驶、高精度地图等
智能	自适应巡航＋车道保持、传感器性能测试
智能	高精度定位
智能	低速自主驾驶、车道保持、跟车行驶等
智能＋网联	V2V 通信、行人辅助
智能	车道保持、跟车行驶

以国家智能网联汽车(上海)试点示范区为例,其于 2016 年着手搭建开放道路 V2X 测试环境,逐步为智能网联技术、产品提供测试验证和系统级试验环

境。2016年年中就已完成6个交叉口DSRC路侧单元的安装及信号灯的调试,初步构建了创新港周边及博园路V2X网联环境,可供V2X车辆进行测试。同时结合驿动大巴行驶路线,完成了30辆大巴的背景车载设备的安装工作。此外,还组建了汽车城核心区V2X环境建设规划工作组,并启动核心区V2X环境建设项目。到2017年年底,完成汽车城核心区25 km^{2}范围内主要道路的V2X环境搭建。

在自动驾驶及V2X车辆公共技术承载平台建设方面,通过对大巴进行控制执行层改造,使其具有无人驾驶控制接口;安装感知传感器和决策计算平台,使其初步具有无人驾驶硬件功能,在此基础上,搭载谐振式无线充电设备,将其打造成无人驾驶公共开发调试平台,并进一步将其打造成无人驾驶公共汽车示范应用平台及无人驾驶车辆的测试与开发平台。

在测试场景方面,示范区中可用于测试的道路长达3.6 km,包含T字路口、十字路口等多种交通道路类型,同时建有模拟隧道、模拟林荫道、模拟加油站等设施。目前可实现V2X的测试场景有50余种,并通过柔性设计保证了环境要素的多样性,能够复现多种交通场景,满足自动驾驶测试的需要。

在测试能力方面,示范区涵盖了网联类测试、自动驾驶测试等多方位测试。其中在网联类测试方面,测试场提供50种网联类测试,涵盖安全类、效率类、信息服务类、新能源汽车应用类及通信能力类测试,并可组合成多种自定义场景,包含车辆紧急碰撞预警、无信号灯交叉口通行、十字路口通行辅助、车辆转弯辅助、车辆绿波带通行、自动泊车等前沿车辆网联自动驾驶功能测试。在自动驾驶测试方面,测试场提供场景柔性化设计,可组合成多层次、多类型的自定义场景,满足自动驾驶在正常驾驶工况下的行为能力测试、危险工况下的避撞能力测试及退出机制和应对能力测试三方面的测试需求,同时支持低等级自动驾驶中驾驶员误操作应对能力测试。在测试设备方面,测试场配备了完善的设备,主要包括通信网络系统设备、定位系统设备、视频监控系统设备、道路环境模拟设备、数据采集设备等。

我国智能网联汽车产业处于发展初期并以战略布局为主,示范区建设为智能网联相关技术测试与认证提供必要生产要素支撑,是产业初期发展的关键。国家级示范区针对智能网联汽车产业潜在的各类发展模式和发展途径进行了差异化布局和探索。我国部分区域已通过智能网联汽车示范区及示范项目建设完成了产业的初步积累和发展,接下来产业发展的重点是通过车联网先导区的建设探索智能网联汽车产业的商业模式和应用场景,逐步构建智能网联汽车产业生态，同时与新基建进程有机结合，完善智能网联汽车产业配套基础设施。

本章参考文献

[1] 缪立新，王发平. V2X 车联网关键技术研究及应用综述[J]. 汽车工程学报，2020，10(1)：1-12.

[2] AL-SULTAN S，AL-DOORI M M，AL-BAYATTI A H，et al. A comprehensive survey on vehicular ad hoc network[J]. Journal of Network and Computer Applications，2014，37：380-392.

[3] KAIWARTYA O，ABDULLAH A H，CAO Y，et al. Internet of vehicles：motivation，layered architecture，network model，challenges，and future aspects[J]. IEEE Access，2016，4：5356-5373.

[4] 刘宗巍，匡旭，赵福全. V2X 关键技术应用与发展综述[J]. 电讯技术，2019，59(1)：117-124.

[5] 滑思忠. V2X 关键技术在城市道路智能交通中的应用研究[D]. 西安：长安大学，2018.

[6] VUKADINOVIC V，BAKOWSKI K，MARSCH P，et al. 3GPP C-V2X and IEEE 802.11p for vehicle-to-vehicle communications in highway platooning scenarios[J]. Ad Hoc Networks，2018，74：17-29.

[7] ZHAO L，FANG J Y，HU J L，et al. The performance comparison of LTE-V2X and IEEE 802.11p[C]//Proceedings of IEEE Conference on Vehicular Technology(VTC). New York：IEEE，2018.

[8] NAIK G，CHOUDHURY B，PARK J M. IEEE 802.11bd & 5G NR V2X：evolution of radio access technologies for V2X communications[J]. IEEE Access，2019，7：70169-70184.

[9] 陈山枝，时岩，胡金玲. 蜂窝车联网(C-V2X)综述[J]. 中国科学基金，2020，34(2)：179-185.

[10] SUN B H，DENG W W，WU J，et al. An intention-aware and on line driving style estimation based personalized autonomous driving strategy[J]. International Journal of Automotive Technology，2020，21(6)：1431-1446.

[11] ZHAO J，LI Y X，ZHU B，et al. Method and applications of lidar modeling for virtual testing of intelligent vehicles[J]. IEEE Transactions on

Intelligent Transportation Systems,2020,22(5):2990-3000.

[12] SUN B H,DENG W W,HE R,et al. Personalized eco-driving for intelligent electric vehicles[C]//Proceedings of Intelligent and Connected Vehicles Symposium. New York:Society of Automotive Engineers,2018.

[13] KIELA K,BARZDENAS V,JURGO M,et al. Review of V2X-IoT standards and frameworks for ITS applications[J]. Applied Sciences,2020,10(12):4314.

第9章 智能网联汽车认知交互研究

9.1 智能网联下驾驶人意图识别与行为感知

驾驶人始终是"人-车-路"系统中的核心,驾驶人的短期决策是在与交通环境(其他道路使用者或道路基础设施)进行交互之后产生的结果。从认知心理学角度看,意图是一个人在行动之前的想法,是直接指导未来行动的主要态度。意图行为的三层架构通常包括意图层、活动层和状态层。意图的产生发生在行为动作开始之前,因此,驾驶人意图可以被定义为驾驶人控制车辆未来机动过程的打算。理解驾驶人的意图和行为对于提高智能网联汽车的安全性及其应用的有效性至关重要。尽管车内安全系统(如安全气囊和安全带)在发生严重交通事故时可减轻驾驶人和乘客所受的伤害,但是预防且尽可能地避免事故的发生更加符合期望。在准确辨识驾驶人意图的基础上,智能驾驶系统一方面通过预警信息的交互实现对驾驶人感知信息能力的扩展,另一方面在感知危险驾驶行为后,通过智能控制系统实现对车辆运行状态的及时修正,避免因驾驶人失误或分心而造成交通事故。

意图检测与意图预测是从认知心理学发展而来的两个重要概念。意图检测指的是基于观察到的动作过程来判断该动作是否为有意地被执行,即判断动作表象下是否具有潜在的意图并对其进行检测;意图预测指的是基于观察到的动作推断所要实现的目标。从时间尺度区分,意图检测指的是对已经开始的行为进行识别的过程;意图预测指的是根据预测指标对还未开始的行为进行预测的过程。驾驶人意图直接支配驾驶行为,作为驾驶人内心状态的一种思维活动,驾驶人意图识别通常可以通过观察驾驶人的姿态动作、注视行为、面部表达及生理信号来实现。驾驶人意图形成的时间点往往很难预测,然而可以通过对一系列数据的分析来推断其中隐藏的驾驶模式。因此,驾驶人意图识别是根据驾驶人的物理行为和生理信号,结合车辆状态和交通上下文信息,采用一定的建模方法对其进行反向推理的过程。驾驶人意图识别结构示意图如图 9-1 所示。需要注意的是，对机动车辆驾驶人意图进行识别是驾驶人意图检测过程，亦可称为驾驶行为感知。

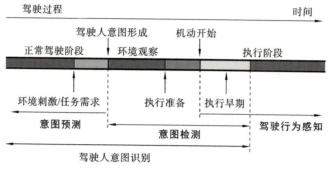

图 9-1 驾驶人意图识别结构示意图

驾驶人意图从时间线上可划分为策略层、机动层和控制层三个层次，如图 9-2 所示。策略层定义为行驶旅程的总体规划，包括驾驶目的、路线和模式的选择，以及所涉及的成本和风险的评估。策略层规划源自对交通和机动性的一般考虑，也来自诸如驾驶满意度和舒适度等伴随因素的考虑。此阶段的时间周期至少以分钟或小时为单位。在机动层，驾驶人需做出短期决策以应对实际路况，如避障、间隙选择、转弯和换道等。尽管决策在很大程度上受实际情况的限制，但是决策过程还需满足从策略层衍生的标准。此阶段的时间周期以秒为单位。控制层，也可称为操作层，是一种安全舒适驾驶人意图的体现过程，此阶段的时间周期以毫秒为单位。基于以上，Salvucci 提出一种思维-理性认知结构驾驶人模型，该模型包含控制、监测和决策三个部分，展示了该认知结构如何在一般人类能力和约束的背景下促进对驾驶行为的理解。对于驾驶过程而言，该模型整合了模仿人类能力的内置特征。统计结果表明，驾驶人的短期机动决策，如换道、转向、制动等，容易引起交通事故，对驾驶安全影响更大。在驾驶人的战术意图上，车辆在横向和纵向运动方向上更能体现驾驶人的短期目标。驾驶行为是发生在驾驶人意图形成后的一种具体的车辆操纵行为。与驾驶人意图识别不同，驾驶行为感知通常具有一定的滞后性，即在具体行为发生后，其才能被感知，如图 9-1 所示。而驾驶人意图通常在行为发生前就被识别，具有一定的提前性。一般情况下，驾驶人意图的截止点被认为是驾驶行为的开始点。

智能驾驶系统中驾驶人意图识别与行为感知系统通常涉及多个模块，采用多种技术协同工作。这些模块包括交通环境感知模块、车辆状态识别模块、驾

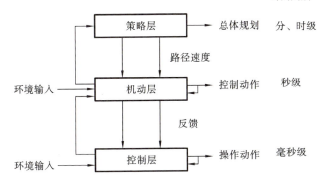

图 9-2 描述驾驶人意图的三层结构示意图

驶行为感知模块等,采用的技术包括基于视觉的感知(交通和驾驶行为感知)技术、数据融合与同步技术、基于机器学习方法的意图识别与行为感知模型、驾驶人认知决策模型等。图 9-3 所示为驾驶人-车辆-交通环境的内在关系。驾驶人

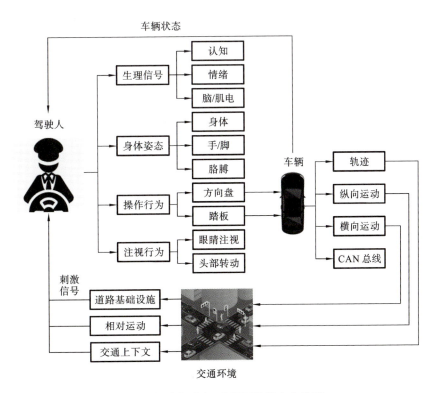

图 9-3 驾驶人-车辆-交通环境的内在关系

意图的形成与交通环境的刺激信号密不可分,车辆状态受制于驾驶人的输入信号(驾驶行为),也影响交通环境,由此形成一种闭环系统。

驾驶人、车辆和交通环境分别产生不同的信号,需要对这些信号进行分析和感知、识别,驾驶人意图识别与行为感知系统如图 9-4 所示。首先,交通环境信息被交通环境感知模块捕捉,并输出道路基础设施信号(车道线、信号灯等)、车车交互(相对距离)信息及交通上下文信息;其次,车辆状态识别模块可通过 GPS、激光雷达、毫米波雷达、惯性测量单元、CAN 总线获得车辆位置、轨迹和纵横向运动状态,结合交通环境感知模块的输出可获得自车与周围车辆的相对距离、相对速度和未来运动情况。交通和车辆动态数据将与驾驶行为信息一起输入推理模块。驾驶行为信息通常包括注视行为、操作行为、身体姿态和生理信号。然后,驾驶人意图识别与行为感知模块将基于整合的信息形成操作短期决策。最后,交互模块将基于驾驶人决策控制机动车辆。选择合适的参数对于构建不同驾驶人意图识别与行为感知模型至关重要。例如,方向盘转角和横摆角速度是反映车辆横向运动的重要参数,也是构建驾驶人换道意图识别模型的重要参数。但是,若需检测驾驶人制动意图,则制动踏板信号更能反映出驾驶人的意图。如图 9-4 所示,驾驶人意图识别与行为感知系统的输入包括交通环境信息、车辆状态信号和驾驶行为信息。系统通过交通环境信息可以了解驾驶人所处的驾驶环境,结合车辆状态可以进行更合理、精确的意图判断;车辆状态信号反映了驾驶人执行意图所采用的驾驶行为,是意图检测的重要输入;驾驶行为信息有助于确定意图产生的时间(生理信号)、检测车辆运动开始前的驾驶人意图(注视行为)。因此,驾驶人意图识别与行为感知系统的输入是多模态信号。

驾驶人意图识别与行为感知需要多种传感器协同和数据融合来实现,不同传感器采集的数据往往是多维的,例如驾驶人换道意图预测系统收集了 200 多种信号,这些信号包括交通环境、车辆状态和驾驶行为,最后构成的特征向量超过 500 维。面对如此巨大的数据量,机器学习方法是最合适的数据融合和模型构建工具。不同算法具有不同的优势,当然也存在局限性。其中,判别模型对单目标检测的效果优于生成模型的,而生成模型更适用于求解多任务分类问题。此外,深度学习、半监督学习、基于规则的模型及驾驶人认知模型也是构建驾驶人意图识别模型的有效工具。驾驶人意图识别与行为感知系统的性能评价指标有两个:检测精度和预测时域。大多数意图识别模型都是采用机器方法构建的,本质上都是建立一种二分类器或者多分类器。因此,受试者工作特征

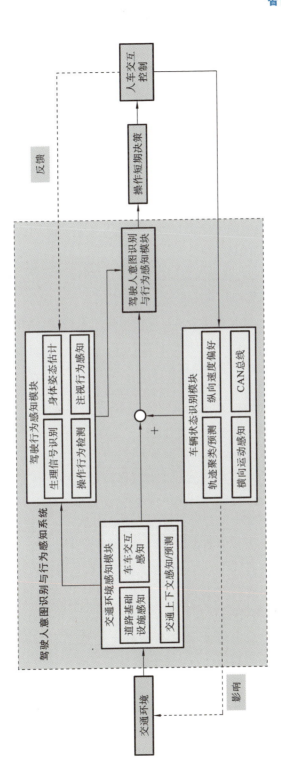

图 9-4 驾驶人意图识别与行为感知系统

(ROC)曲线是判断模型泛化性能的有力工具。ROC曲线的纵轴是真正例率(TPR),横轴是假正例率(FPR)。TPR表示分类器描述成功检测到意图的次数,而FPR表示分类器将意图分类到错误类别的次数。需要注意的是,在对两种分类器进行性能对比时,两种分类器的ROC曲线可能会交叉,此时可选择ROC曲线下方的面积(AUC)作为判据标准。此外,还可以采用精确率(precision)、召回率(recall)及F1-分数(F1-scores)作为评价指标。通过混淆矩阵可以直观地了解模型的平均识别准确率,也可以直观地掌握模型对具体类别的分类效果,从而反映出模型的泛化性能。预测时域指的是系统实现对驾驶人意图与行为准确识别和感知在时间上的滞后性。时间越接近机动时间或行为持续的时间越长,预测性能通常越好。

根据应用目的的不同,驾驶人意图识别与行为感知研究可分为以下三类。

(1)面向车辆操控策略优化的驾驶人意图识别与行为感知研究。这类研究基于驾驶人意图识别与行为感知结果对变速箱换挡策略、制动和加速策略进行优化,从而实现车辆安全、高效、节能的目标。

(2)面向车辆驾驶安全辅助系统的驾驶人意图识别与行为感知研究。这类研究通过自车换道、转向、加速、减速、紧急避险等典型驾驶人意图识别与行为感知,为换道预警辅助系统、前撞预警系统、车道偏离预警系统、车辆横向稳定控制系统等提供与驾驶人相关的信息支撑。

(3)面向智能驾驶系统的驾驶人意图识别与行为感知研究。这类研究通过对自车驾驶人及周围车辆的换道、转向、紧急避险等典型驾驶人意图特征进行分析与辨识,为智能网联下的智能决策与控制策略提供支撑。

与面向车辆驾驶安全辅助系统的驾驶人意图识别与行为感知研究相比,面向智能驾驶系统的驾驶人意图识别与行为感知研究更注重以下两点:

(1)由自车意图识别与行为感知扩展到周围车辆意图识别与行为感知;

(2)考虑自动驾驶技术、智能网联技术等对驾驶人意图与行为特征的影响。

目前,针对驾驶人意图识别和行为感知的研究主要集中在传统环境中,智能网联作为未来交通的发展趋势,由于数据稀缺,还没有针对智能网联环境和非智能网联环境中驾驶人意图和行为表征参数差异性比较的研究。尽管智能网联环境提供的信息可以优化交通流并使驾驶人获取更多的道路信息,但这必将极大地改变人们的驾驶方式,如驾驶人注意力分配方式和环境感知方式。探索智能网联环境和非智能网联环境中驾驶人意图和行为表征参数的差异性,从而有针对性地建立智能网联环境中的意图识别模型和行为感知模型,将识别结果反馈到智能驾驶系统和周围车辆,这对于提高自车的行车安全性及优化交通流具有实际意义。

针对上述存在的问题,我们对智能网联环境下驾驶人换道过程中三个连续阶段(换道意图、换道行为及换道轨迹)进行了有益的探索。首先,基于六自由度驾驶模拟器搭建了智能网联环境,招募被试者开展了智能网联环境与非智能网联环境下的模拟驾驶试验;其次,在模拟驾驶数据的基础上对比分析了智能网联环境与非智能网联环境下换道意图和换道行为表征参数的差异性;然后,在此基础上,确定了换道意图的表征参数集,进而建立了智能网联环境下的基于 Stacking 集成学习的换道意图识别模型;最后,分析换道行为表征参数,建立了基于注意力机制的双向长短期记忆网络(AT-BiLSTM)的换道行为感知模型,并在该模型的基础上结合神经工效学认知框架建立了智能网联环境下的换道轨迹预测模型。具体研究内容与研究结果如下所述。

(1) 智能网联环境对驾驶人换道意图及换道行为表征参数的影响分析。

智能网联环境可能会改变驾驶人的注意力分配方式和环境感知方式,进而影响驾驶人的换道行为。为探究智能网联环境究竟会对驾驶人的换道意图和换道行为带来哪些变化,基于所搭建的智能网联环境和非智能网联环境开展了驾驶人换道试验,采集了驾驶人换道意图时间窗口长度、换道压线时间、驾驶人眼动数据、头部转动数据、驾驶人操作数据及车辆状态数据等。利用统计学方法对比分析了智能网联环境和非智能网联环境下驾驶人换道意图和换道行为表征参数之间的差异性,建立了智能网联环境下换道意图和换道行为的表征参数集。图 9-5 所示为智能网联环境下驾驶人换道意图识别与行为感知试验场景与设备。

研究结果表明,智能网联环境下的换道意图时间窗口长度较非智能网联环境下的长,提升约 60.96%。同时,在基于事件的智能网联信息提示下,驾驶人的换道意图产生位置较非智能网联环境下的显著提前。换道意图表征参数也存在统计学意义上的显著差异性。具体来说,智能网联环境下车辆状态参数值和驾驶人操作参数值的波动较非智能网联环境下的小,表明车辆运行得更安全、舒适与稳定。智能网联环境下驾驶人的注视次数和后视镜注视时间、后视镜注视次数都显著高于非智能网联环境下的,说明智能网联环境下驾驶人在换道过程中对目标车道的交通环境的观察更为仔细。此外,智能网联环境下的换道压线时间(2.1 s)显著长于非智能网联环境下的换道压线时间(1.1 s),提升约 90.91%。通过统计换道行为发生后 0.3 s、0.5 s 和 0.8 s 时的车辆横摆角速度、方向盘转角、

图 9-5　智能网联环境下驾驶人换道意图识别与行为感知试验场景与设备

横向位移及横向加速度发现，无论是均值还是标准差，智能网联环境下的值都小于非智能网联环境下的值。由此可见，智能网联环境下，驾驶人换道时的车辆稳定性能更好。

(2) 智能网联环境下基于 Stacking 集成学习的换道意图识别模型研究。

智能网联环境下的驾驶人换道意图表征参数集确定为：横向速度、横向加速度、横摆角速度、方向盘转角、方向盘转矩、方向盘转速、眼睛三维注视方向、头部三维转动角度、自车与故障车辆之间的距离。在此基础上，基于 Stacking 集成学习建立换道意图识别模型。该模型在换道前 0.5 s 时的识别精度达到了

98.24%,在换道前 3 s 时的识别精度达到了 92.23%。通过与非智能网联环境下的换道意图识别模型对比发现,在换道前 0.5 s 时,智能网联环境与非智能网联环境下的识别精度都较高,且无较大差异,分别为 98.24% 和 96.60%。在换道前 2 s 时,这两种环境下的识别精度分别为 93.48% 和 85.63%,非智能网联环境下的识别精度出现了大幅下降。在换道前 3 s 时,智能网联环境下的识别精度仍然较高且达到了 92.23%,非智能网联环境下却出现了模型训练不收敛的情况。结果表明,智能网联环境下的预测时域较非智能网联环境下的更好。图 9-6 所示为智能网联环境下换道意图识别模型的识别性能。

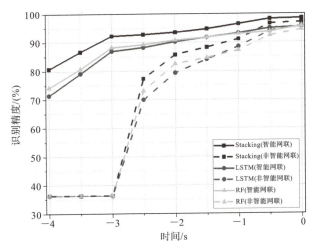

图 9-6　智能网联环境下换道意图识别模型的识别性能

注:LSTM—长短期记忆;RF—随机森林算法。

(3) 基于注意力机制的双向长短期记忆网络的换道行为感知模型研究。

通过对比智能网联环境与非智能网联环境下换道行为表征参数的差异性,建立智能网联环境下的换道行为感知模型。首先,利用统计分析方法得出车辆的换道压线时间,目的是评估压线前一定时间内的换道行为模型的识别精度。然后,对车道保持、左换道及右换道时表征参数的差异性进行对比分析,确定换道行为感知模型的输入,最终确定的参数主要包括:自车与故障车辆之间的距离(网联信息)、横向加速度、横摆角速度、方向盘转角及自车与车道线之间的距离等。最后,为能够有效剔除数据中的无用数据,尽可能完整地保留有用数据,提高换道行为感知模型的识别精度,在双向长短期记忆网络中引入了注意力机制,基于注意力机制的双向长短期记忆网络建立了智能网联环境下的换道行为感知模型。图 9-7 所示为感知时间窗口为 0.8 s 时各算法识别准确率。

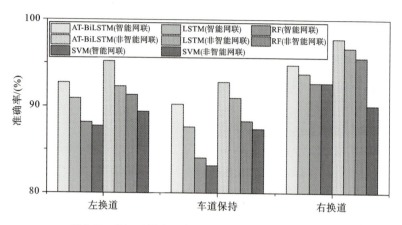

图 9-7 感知时间窗口为 0.8 s 时各算法识别准确率

注：SVM—支持向量机算法。

结果表明，无论是在智能网联环境下还是在非智能网联环境下，AT-BiLSTM 均优于其余三种算法。在智能网联环境下，左换道的精确率、召回率及 F1-分数分别为 92.73%、92.73% 及 92.73%；车道保持的精确率、召回率及 F1-分数分别为 90.26%、91.07% 及 90.67%；右换道的精确率、召回率及 F1-分数分别为 94.79%、93.81% 及 94.30%。非智能网联环境下驾驶人选择换道时情况相对紧急，左换道、车道保持与右换道行为阶段的换道行为表征参数差异性更明显，算法更能轻易捕捉到关键特征，因此非智能网联环境下的上述指标均高于智能网联环境下的。

（4）基于神经工效学与换道行为的车辆轨迹预测模型研究。

车辆轨迹预测模型主要基于学习与物理约束的方法构建，将车辆的坐标、速度等参数作为该模型的输入，训练得到车辆轨迹预测模型，较少地考虑了驾驶人的换道行为和认知特性。事实上，车辆轨迹在一定程度上也是由驾驶人决定的，因此本书提出了能够反映驾驶人认知特性的神经工效学认知框架，该认知框架融合了基于换道行为的车辆轨迹预测模型。车辆轨迹预测模型的主要输入参数为车辆与车道线之间的距离、横向加速度、横摆角速度、方向盘转角及换道行为。换道行为的识别通过基于 AT-BiLSTM 的换道行为感知模型实现。图 9-8 所示为车辆轨迹预测模型均方根误差对比图。

结果表明，在不同预测时域下，基于隐马尔可夫算法（HMM）的车辆轨迹预

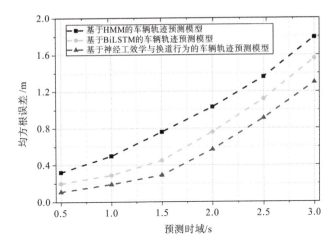

图 9-8 车辆轨迹预测模型均方根误差对比图

测模型和基于 BiLSTM 的车辆轨迹预测模型的均方根误差均大于基于神经工效学与换道行为的车辆轨迹预测模型的均方根误差。由此可知,本书提出的车辆轨迹预测模型具有更好的预测性能。此外,随着预测时域的逐渐降低,模型的均方根误差逐渐减小,预测性能逐渐变好。与换道行为发生后 0.3 s 和 0.5 s 时的车辆轨迹预测模型的均方根误差相比,换道行为发生后 0.8 s 时的最小,这主要是因为换道行为发生后 0.8 s 时的换道行为感知模型的精度提高了,同时 0.8 s 内包含的能有效体现换道轨迹的信息更丰富了,故此时车辆轨迹预测模型的预测精度最高。

9.2 智能网联人机协作驾驶

随着智能网联通信技术、人工智能技术、车辆线控技术的迅速发展,以智能网联为基础的智能驾驶技术成为解决当前汽车发展带来的交通拥堵、环境污染等问题的有效途径。国际自动机工程师学会(SAE International)根据车辆智能化发展水平的不同,将车辆智能化等级划分为手动驾驶、驾驶辅助、部分自动化、有条件自动化、高度自动化和完全自动化。我国国家智能网联汽车创新中心发布的《智能网联汽车技术路线图 2.0》指出:到 2025 年,我国部分自动化和有条件自动化级别的智能网联汽车销量占汽车总销量的比例超过 50%,C-V2X 终端的新车装配率达 50%,高度自动化级别的智能网联汽车首先在特定场景和限定区域实现商业化应用,并不断扩大运行范围;到 2035 年,各类网联式高度自动化级别的智能网联汽车广泛运行于我国广大地区。其他国家也相继提出了"零死亡""零拥堵""零排放"等汽车发展终极目标,智能网联汽车作为车辆、通信、人工智能等多学科、多技术深度融合的典型应用,可实现"安全、高效、舒适、节能"目标,已成为新一代汽车发展的战略方向。

随着车辆智能化等级的提升,智能驾驶系统在车辆行为决策与控制中所起的作用越来越大,而驾驶人的作用被逐渐弱化。然而,在实际驾驶过程中,驾驶人所面临的许多问题具有不确定性、脆弱性和开放性,这就决定了任何等级的智能驾驶系统都无法完全取代驾驶人。作为智能车辆的直接使用者,驾驶人或乘客对车辆功能性、安全性和舒适性的主观感受与评价是衡量智能驾驶系统可接受程度的重要指标,因此,成熟的车辆自动化技术改变的应该是驾驶人在车辆控制中扮演的角色,但这并不意味着智能驾驶系统不再需要驾驶人的干预。研究人员通过开展理论与仿真分析、实车测试数据分析、典型事故分析等不同类型研究,对智能驾驶系统的安全性及可靠性进行了深入分析。Shneiderman认为现有车辆智能化等级这种单一维度的分类要求设计者在驾驶人和智能驾驶系统中做出选择,车辆智能化等级的提升势必意味着驾驶人控制权限的降低,然而过度地依赖驾驶人或过度地依赖智能驾驶系统都会降低智能驾驶系统的可靠性、安全性及可信性。例如,驾驶人容易出现分心、疲劳等不安全驾驶状态,因此,在传统车辆事故中,驾驶人是引发交通事故的主要因素。从波音737 MAX的坠机事故到特斯拉、Uber等智能车辆事故表明,过度依赖智能驾驶系统也会带来一定的安全隐患问题。Nunes等人在开展智能网联车辆实车测试后提出,当前技术背景下的自动驾驶技术并不能实现高度自动化驾驶或完全自动化驾驶,驾驶人的控制权仍然需要保留在智能驾驶系统中。Kalra等人的研究结果表明,自动驾驶车辆需要完成88亿英里($1~\text{mi} = 1.609344~\text{km}$)的测试里程才能证明其安全性相比于人类驾驶员有显著的提升。

智能驾驶技术目前面临的主要困境可概括为以下两个方面。

(1)技术缺陷,第一表现为智能驾驶系统软件与硬件的故障,第二表现为智能驾驶算法本身的缺陷。从传统机器学习到深度学习,从监督学习、半监督学习到无监督自主学习,从深度神经网络到卷积神经网络、循环神经网络,每种算法或网络结构都有各自的优点及不足,依赖人工智能的智能驾驶系统在可解释性、可靠性、安全性及可接受性等方面面临严峻挑战。

(2)在高等级的智能驾驶系统中,虽然驾驶人不再拥有车辆控制的主导权,但当其主动介入车辆行为决策时,智能驾驶系统还无法完全响应驾驶人主观认知与满足其个性化需求。此外，在面对网络安全或伦理道德问题时，智能驾驶系统无法像驾驶人一样做出有效决策。

针对上述智能驾驶技术面临的困境，国内外研究人员对驾驶人在智能驾驶系统中所扮演的角色进行了重新定位。Flemisch 等人认为当前的智能驾驶技术并不能有效地解决交通安全及交通拥堵问题，受人类骑马行为的启发提出了人机共驾的概念，利用驾驶人与车辆操控系统之间的互动实现车辆对驾驶人意图的随时响应。Soualmi 等人考虑"人-车-环境-智能驾驶系统"提出了人机共驾总体规划系统，具体包括路径规划模块、驾驶人状态监测模块、驾驶环境及车辆状态感知模块，该系统基于每个模块的状态自动切换到自动驾驶、人机共驾、驾驶人独自驾驶各个模式。Shneiderman 提出了"以人为中心"的人工智能的二维框架，强调只有人类控制与自动化控制同时达到较高的应用程度时，智能驾驶系统才能具有更高的可靠性、安全性和可信性，并将该二维框架应用于智能车辆控制设计中，为了避免过度依赖驾驶人或智能驾驶系统，在未来（2040 年）智能车辆中，驾驶人同样拥有较高的控制权限。为了避免智能驾驶系统过度化，Xu 等人认为驾驶人的干预应该纳入智能驾驶系统设计中，从而确保驾驶人作为最终决策者的地位。

郑南宁院士认为人工智能并不是独立、封闭和自我循环发展的，而是通过与其他学科领域的交叉结合来融入人类社会发展的各个方面的，面对人工智能发展带来的问题，混合增强智能是一个重要的发展趋势。将人的作用或人的认知模型引入人工智能系统，形成混合增强智能的形态，这种形态是人工智能可行的、重要的成长模式。人类作为智能机器的服务对象，是"价值判断"的仲裁者，人类对机器的干预应该贯穿于人工智能发展始终，即使人类为人工智能系统提供充足的甚至无限的数据资源，也必须由人类对人工智能系统进行干预。混合增强智能的基本形式可以分为两类：一类是人在回路的人机协作混合增强智能，另一类是将人的认知模型嵌入机器学习系统中，形成基于认知计算的混合增强智能。

国务院发布的《新一代人工智能发展规划》明确提出了包含人机协作混合增强智能的发展技术路线，强调了混合增强智能对于发展人机协作系统的重要性。在此基础上，我国混合增强智能相关研究机构及丰田公司等汽车生产商提出"以人为核心"的智能车辆发展路线，强调智能车辆的发展永远不应该放弃人对汽车驾驶的主动权，人工智能与人之间的关系应该是互补关系，因此，人在回路的人机协作混合增强智能被认为是智能车辆未来发展的必然模式，甚至是智能驾驶发展的一种终极形态。智能车辆人机协作控制系统作为一种典型的人在回路的人机协作混合增强智能系统,应充分融合驾驶人与人工智能系统各自的优势,一方面利用人工智能系统强大的环境感知能力与精准的控制执行能力,另一方面将人的作用引入人工智能系统中,弥补人工智能较弱的认知能力,兼顾驾驶人主观决策需求。通过人机协作控制使驾驶人的认知能力与人工智能系统强大的运算能力相结合,实现基于信息双向交互的人在回路的人机协作混合增强智能,构成"1+1＞2"的人机协作混合智能形态。

智能网联人机协作系统研究的难点在于如何有效协调人机关系,使得两者充分发挥各自优势,从而实现人在回路的人机协作混合增强智能。针对人机冲突、人机融合等关键问题,研究人员从感知层、决策层、控制层三个层面对人机协作系统进行了大量探索,主要包括驾驶人感知能力增强、人机控制权切换、人机控制权共享等方面。

(1)驾驶人感知能力增强,主要是指通过毫米波雷达、相机等车载传感器信息融合,实现对驾驶人视觉、听觉和触觉等多方位的预警,间接增大驾驶人对周围信息的获取深度和广度,实现初级人机协作。这一方面增强了驾驶人对周围车辆及自车运动状态的感知能力,另一方面通过辅助系统的预警实现了驾驶人对危险场景感知能力的增强。人机协作辅助系统的常见作用包括盲区监测、环视、行人监测预警、碰撞预警、换道辅助预警等。

(2)人机控制权切换,是指特定场景下实际工况超出人工智能系统能力或驾驶人能力范围时,人工智能系统需将控制权转移给驾驶人或驾驶人移交控制权给人工智能系统的过程。广义上,人机控制权切换分为以下三类:驾驶人主动发起的自由切换,此时驾驶人和人工智能系统同时具备驾驶能力,但驾驶人可主动选择开启或屏蔽人工智能系统;驾驶人主动发起的强制性控制权转移,此时驾驶人判断当前场景下人工智能系统将无法有效控制车辆,从而主动接管车辆控制权,或者此时驾驶人因自身原因无法控制车辆而主动将控制权转移给人工智能系统;人工智能系统主动发起的强制性控制权转移,此时人工智能系统因设计缺陷等问题而向驾驶人发出接管请求,或人工智能系统判断驾驶人此时无法完成驾驶任务而主动接管车辆控制权。人机控制权切换的过程通常由物理开关或明确的切换准则控制,这就需要对驾驶人和人工智能系统之间的博弈过程进行重点分析,因此目前的研究主要集中在控制权切换中的人因研究、驾驶人认知影响因素分析、接管质量评价、控制权切换时机和切换方法等方面。然而人机控制权切换并未从根本上解决冗余造成的人机冲突和负荷加重等问题。

(3)人机控制权共享,是指驾驶人和人工智能系统同时在环,在人机信息双向交互的基础上满足安全、舒适等性能指标的约束,动态分配人机之间控制权从而实现人机对车辆的协同控制。影响人机控制权共享的主要因素包括机器对驾驶行为的感知能力、人机控制权动态分配策略、人机共驾系统介入时机等。广义上,人机共驾根据控制模式划分为单控双驾、双控单驾、双控双驾三类。单控双驾系统中的控制指令由驾驶人或控制系统一方单独发出,而对车辆的控制指令则由双方共同执行。双控单驾系统中的控制指令可由驾驶人和控制系统同时发出,而对车辆的控制指令则由其中的一方执行。双控双驾系统中的控制指令可由驾驶人和控制系统同时发出,且对车辆的控制指令可由双方共同执行,如何协调人机之间的控制权成为双控双驾系统中的研究难点。根据控制方式的不同,控制权动态分配实现方式包括基于触觉的协同控制和间接协同控制。基于触觉的协同控制将驾驶人操作与反馈控制器的输出进行叠加,然后作用于车辆控制中,一方面利用触觉反馈使驾驶人与人工智能系统持续交互,可保持驾驶人更深程度的在环,另一方面在紧急状况下可确保驾驶人对车辆的最终控制权。间接协同控制是指驾驶人控制不直接输入到方向盘或踏板,控制系统接收驾驶人控制并对其进行修正,然后输出到控制端,与基于触觉的协同控制相比,间接协同控制中控制权的过渡更加平滑,人机冲突发生的可能性大大降低。

针对人机协作关系、驾驶人认知决策、人机控制权动态分配、智能决策与控制等方面的研究,国内外学者取得了丰硕成果,为今后的研究奠定了坚实的基础,但人机协作系统的许多基础理论与关键技术问题仍有待进一步研究和解决。

(1) 目前尚未提出有效兼顾驾驶人与人工智能系统各自优势的人机协作关系。当前针对人机协作关系的研究主要集中在感知层及执行层中,驾驶人与人工智能系统之间非合作博弈或共享控制权的协作关系可使控制权逐渐交接,保证驾驶人的实时在环,但仍然存在人机冲突的可能,基于决策层中的人机协作更倾向于对驾驶行为进行引导。此外,针对控制权被动转移过程(人工智能系统达到设计边界条件下的车辆控制权被动转移)下的接管行为与控制策略研究取得了一定成果,而针对驾驶人主观风险认知与个性化需求下的人机协作关系研究并未广泛涉及。以驾驶人意图识别为出发点的人机协作控制问题是人在回路的人机协作混合增强智能系统急需解决的关键问题。

(2) 人机协作系统中的人机融合仍需进一步探索。如何把驾驶人的认知能力与人工智能系统精准的响应紧密耦合是人机协作系统研究的关键问题。驾驶人意图可预测性、人机对环境感知和认知的一致性是当前人机协作系统研究的重点。目前在人机协作控制研究中,驾驶人依然占据车辆控制的主导地位且一直保持在环状态,对于高等级的智能驾驶系统而言,驾驶人控制角色的转变及重返回路的状态将直接影响意图表征参数。基于驾驶人意图识别的研究并未考虑智能驾驶系统对驾驶人意图与行为的影响,缺乏对人机协作系统中驾驶人感知和认知等方面的特征分析。此外,当前自然驾驶下驾驶人典型意图识别的准确率有较大提升,但智能驾驶下驾驶人典型意图分类并不明确。

"以人为核心"是人在回路的人机协作混合增强智能系统构建的基础,人机协作关系的构建将有效解决人机冲突、人机协作安全等问题。人机协作控制是指驾驶人和人工智能系统同时在环,协作完成车辆驾驶任务,因此,如何把驾驶人对复杂、不确定环境的认知能力与人工智能系统迅速、精准的响应进行紧密耦合是人机协作系统研究的关键问题。针对上述关键问题,首先对人机双方各自优势进行对比分析,如图9-9所示。

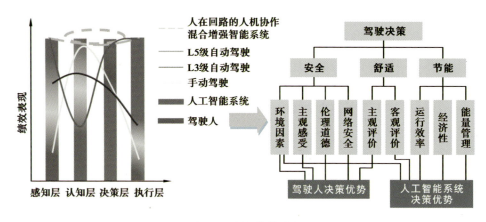

图9-9 人机优势对比

从感知、认知、决策、执行四个层面对人机优势进行对比。与人工智能系统相比,驾驶人更具弹性、适应力更强、更有创造性,对于不断变化及无法预料的情况,驾驶人的响应能力更加出色,因此,对于在认知层中的绩效表现,驾驶人显著优于人工智能系统。然而,人工智能系统强大的环境感知能力,快速、精准的执行能力,多目标优化能力(强大的计算能力),以及不会出现疲劳、分心等危险驾驶状态,都是驾驶人难以企及的,因此,人工智能系统在感知层与执行层中的绩效表现更佳。而在决策层,驾驶人与人工智能系统都各具优点,如人工智能系统对目标的优化处理能力,驾驶人面对伦理道德、突发问题时的灵活决策能力等。按照国际自动机工程师学会对车辆智能化等级的划分,在L2和L3阶段,通过人工智能系统的辅助,驾驶人在感知层和执行层的绩效得到了有效提升。然而，在 L5 阶段，人工智能系统认知能力的不足，可能会造成整体绩效的下降。"以人为核心"的人在回路的人机协作混合增强智能技术路线及"以人为中心"的人工智能的二维框架强调将驾驶人与人工智能系统融合，即在认知层和决策层保留驾驶人控制权，在感知层、决策层与执行层则由人工智能系统主导，从而改善人工智能系统整体的绩效表现。

在驾驶过程中，驾驶人对驾驶环境的认知最终需通过具体决策表现出来，而人工智能系统决策与驾驶人决策都有各自的优势，因此，从安全、舒适、节能三个方面对人机决策优先权进行划分。人工智能系统决策时可同时对安全性、客观舒适性和燃油经济性等指标进行客观分析，其多目标性能优化能力明显强于驾驶人的。虽然驾驶人可以从安全性和舒适性主观感受出发进行决策，在面对网络安全或伦理道德问题时可以做出有效决策，但对于具体执行策略的制定很难像人工智能系统一样进行全面考虑。显然，驾驶人更多地依赖主观感受与认知进行决策，这也是驾驶人更具弹性与适应性的主要原因，对于具体的执行策略无法做到像人工智能系统一样精准。

综上所述，在人机优势分析的基础上，我们将人机互补的协作关系引入智能车辆人机协作混合系统中，提出决策层中"以人为主"、执行层中"以机为首"的新型人机协作关系，所建立的人在回路的人机协作混合增强智能系统框架如图 9-10 所示。

人在回路的人机协作混合增强智能系统具体包含驾驶人意图识别模块和基于意图识别的轨迹重规划模块。人机之间信息的高效交互是人机协作系统建立的基础，其中驾驶人意图的准确识别可帮助人工智能系统及时掌握驾驶人的意愿、需求及主观认知。例如，当驾驶人感知旁车对自车行驶存在一定威胁时，驾驶人可通过操纵方向盘传递换道意图；当驾驶人感知前方存在危险障碍物而人工智能系统误认为不存在危险时，驾驶人可通过紧急操纵方向盘与制动踏板传递紧急避险意图。基于意图识别的轨迹重规划模块在对驾驶人换道、紧急避险、超车、加减速等典型驾驶行为数据进行训练的基础上，可基于驾驶人意图辨识结果，通过对当前交通环境及自车状态的感知、分析，制定拟人化的具体驾驶策略轨迹。例如，通过对驾驶人正常驾驶下不同换道策略特征的分析，人工智能系统可通过模拟驾驶人行车轨迹制定满足驾驶人期望的换道轨迹；通过对驾驶人紧急避险轨迹的分析，人工智能系统在获取驾驶人意图后制定针对前方危险障碍物（人工智能系统可感知障碍物信息，但缺乏对障碍物风险的认知）的拟人化避障轨迹。驾驶人意图识别模块与基于意图识别的轨迹重规划模块

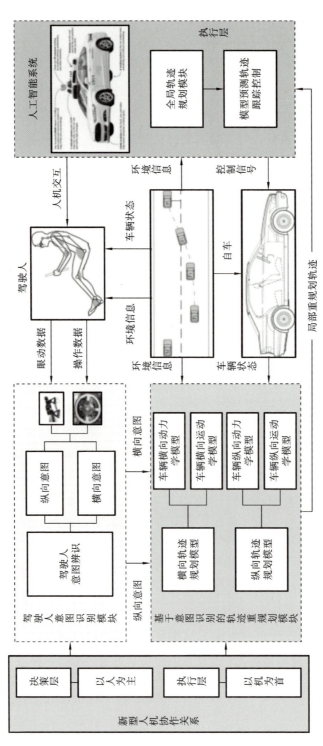

图 9-10 人在回路的人机协作混合增强智能系统框架

共同实现决策层中"以人为主"的人机协作关系,执行层中则利用轨迹跟踪控制器对重规划轨迹进行精准跟踪。所提出的新型人机协作关系一方面可将驾驶人与人工智能系统融合,提升人工智能系统对环境的理解能力,同时满足驾驶人的主观需求,另一方面基于模仿学习建立拟人化轨迹重规划模型,提升人工智能系统对紧急状态的响应能力,使驾驶人对人机协作系统的接受度提升。在实际应用中,人工智能系统可自主完成大部分驾驶任务,当驾驶人介入时,驾驶人将作为车辆的一个临时大脑,仅在决策层对车辆的行为进行干预,具体执行仍由人工智能系统实现。

基于上述人在回路的人机协作混合增强智能系统框架,可开展以下四个研究。

(1) 人机信息交互研究。驾驶人与人工智能系统之间信息的双向交互是人机协作系统有效运行的基础。主要研究方向包括人机交互界面设计、人机之间信息交互方式、人机交互信息类型等。

(2) 驾驶人意图识别研究。驾驶人意图的准确识别是建立人机互信的核心,车辆智能化、网联化的发展势必会引起驾驶人意图表达特征及操作状态的变化。主要研究方向包括驾驶人状态监测、典型场景下驾驶人意图辨识、驾驶人意图理解、人机互信模型等。

(3) 人机协作混合智能决策研究。混合智能决策的有效制定能够表征驾驶人与人工智能系统之间协同工作的能力。主要研究方向包括驾驶人认知决策特征分析、驾驶人认知模型、混合智能认知迁移学习、混合智能决策优化等。

(4) 执行层拟人化控制研究。人在回路的人机协作混合增强智能系统执行层中的输出将影响驾驶人主观感受,拟人化程度较高的智能控制可有效提升驾驶人对人机协作系统的接受度和可信性。主要研究方向包括拟人化轨迹规划、轨迹跟踪鲁棒控制、动态联合轨迹规划与跟踪控制、人机协作系统测试等。

基于所提出的决策层"以人为主"、执行层"以机为首"的人在回路的人机协作混合增强智能系统,对驾驶人横向意图下的人机协作系统展开研究,初步研究结果包括以下三个方面。

(1) 将驾驶人的横向意图划分为换道意图和紧急避险意图,利用驾驶模拟器开展自动驾驶下驾驶人意图识别试验,基于驾驶人眼动数据(注视行为、扫视行为)、操作数据(油门、制动踏板数据,方向盘数据)对换道、紧急避险意图表征参数进行分析,将 BiLSTM 与注意力机制模型相结合并建立意图分类识别模型,综合考虑模型的识别精度与识别时间指标,确定意图识别模型时间窗口长度。基于驾驶人操作行为表征参数与眼动行为表征参数对自动驾驶下驾驶人换道意图与紧急避险意图进行对比分析,结果表明,不同意图下驾驶人操作行为特征与眼动行为特征都有显著的差异:在换道意图阶段,驾驶人扫视行为所占比例明显有所增大,驾驶人首次接触方向盘的平均时间为 1.44 s 且平均间隔 1.15 s 后开始执行换道操作;在紧急避险意图阶段,驾驶人主要关注道路前方故障车辆且眼动行为以注视为主,平均持续时长为 0.79 s 并且制动操作比转向操作平均提前了 0.07 s。利用 AT-BiLSTM 建立驾驶人意图识别模型,通过对不同时间窗口长度数据的截取及训练,综合考虑模型的识别准确率与时滞性需求,最终确定时间窗口长度为 1.53 s,可在意图开始执行后 0.033 s 时输出识别结果,识别准确率达到 96.47%。换道意图与紧急避险意图下驾驶人操作行为特征对比如图 9-11 所示,换道意图与紧急避险意图下驾驶人眼动行为特征对比如图 9-12 所示,换道意图与紧急避险意图识别结果对比如图 9-13 所示。

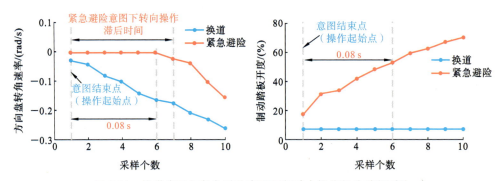

图 9-11　换道意图与紧急避险意图下驾驶人操作行为特征对比

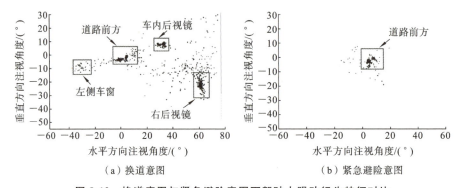

图 9-12　换道意图与紧急避险意图下驾驶人眼动行为特征对比

(2) 对换道与紧急避险轨迹重规划模型进行构建,考虑到换道轨迹重规划对拟人化需求的程度较高,而紧急避险轨迹重规划更多注重的是安全性,因此,

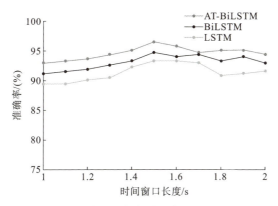

图 9-13 换道意图与紧急避险意图识别结果对比

针对换道与紧急避险两种行为分别建立基于双向长短期记忆网络的换道轨迹重规划模型及改进人工势场和模型预测算法相结合的紧急避险轨迹重规划模型,并基于驾驶模拟器试验对驾驶人操作下的换道轨迹与紧急避险轨迹进行提取与特征分析,从而为轨迹重规划模型的建立提供依据。

提取驾驶模拟器试验中驾驶人操作下的换道轨迹,并用换道时长、越线时长和最大横向加速度三个指标对换道行为特征进行统计分析。随后基于 Python Keras 深度学习框架建立 BiLSTM 换道轨迹重规划模型,该模型本质上与换道轨迹预测模型一致。对该模型进行离线测试验证,结果表明,所建立的换道轨迹重规划模型的均方误差(MSE)为 0.012,其可实现换道轨迹重规划且具有较高的拟人化程度。换道轨迹特征统计分析如图 9-14 所示,换道轨迹规划输出如图 9-15 所示。

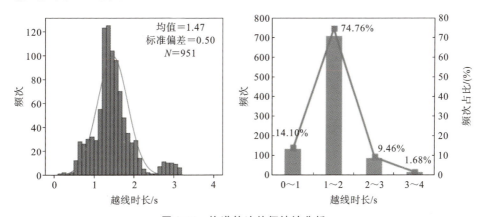

图 9-14 换道轨迹特征统计分析

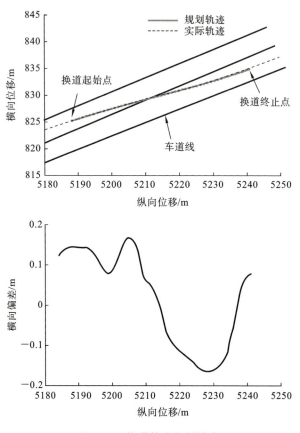

图 9-15 换道轨迹规划输出

提取驾驶模拟器试验中驾驶人操作下的紧急避险轨迹,分别从最大横向距离、最大制动减速度和紧急避险纵向距离三个方面对不同速度下的静态障碍物工况和动态障碍物工况下的紧急避险轨迹特征进行统计分析,结果表明,不同速度、不同工况对驾驶人紧急避险过程中的最大横向距离没有显著影响,动态障碍物工况下的制动最大减速度(绝对值)略低于静态障碍物工况下的最大制动减速度,随着紧急避险初速度的增大,不同工况下的最大制动减速度逐渐增大。不同工况对紧急避险纵向距离没有显著影响,随着速度和碰撞时间(TTC)的增加,紧急避险纵向距离逐渐增大。针对传统人工势场算法的不足,以车辆运动学模型为基础在传统人工势场算法中加入运动学约束,同时对障碍物斥力势场函数进行改进并引入道路边界斥力势场函数,在此基础上利用模型预测控制算法对规划轨迹进行优化,从而构建新型人工势场轨迹规划模型。仿真结果表明,所设计的紧急避险轨迹重规划模型对不同工况下的紧急避险轨迹规划都具有较高的可行性。改进人工势场模型如图 9-16 所示,紧急避险轨迹规划输出如图 9-17 所示。

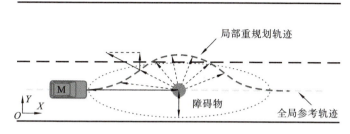

图 9-16 改进人工势场模型

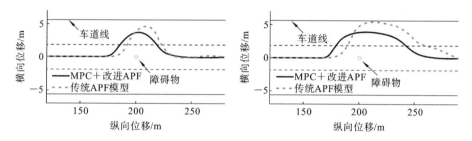

图 9-17 紧急避险轨迹规划输出

注:APF—人工势场策略。

(3) 基于驾驶模拟器搭建人在回路的人机协作混合增强智能系统硬件在环测试平台,并从实时性、有效性方面对所构建的人机协作模型开展测试验证。所搭建的硬件在环测试平台主要由 dSPACE 实时仿真平台、驾驶模拟器平台及驾驶人三部分组成。硬件在环测试主要是指对人在回路的人机协作控制器进行的实时在环测试,分别对人机协作系统的驾驶人意图识别功能、换道与紧急避险轨迹重规划功能和车辆期望轨迹跟踪控制功能进行在环仿真验证,具体从可靠性与时效性两个方面进行性能测试,其中可靠性包含驾驶人意图识别准确率、规划轨迹与实际行驶轨迹偏差等方面;时效性包含驾驶人意图识别时间间隔、轨迹重规划模型响应时间间隔及车辆控制模型响应时间间隔等方面。人机协作控制器由工业控制计算机(简称工控机)和 dSPACE 实时仿真平台构成,其中驾驶人意图识别模型和换道轨迹重规划模型基于 Python 编写并实时在工控机中运行,紧急避险轨迹重规划模型和执行层车辆纵横向控制模型基于 MAT-LAB/Simulink 编写并实时在 dSPACE 实时仿真平台中运行。驾驶模拟器与工控机、dSPACE 实时仿真平台、眼动仪之间的数据传递通过以太网 UDP（user datagram protocol，用户数据报协议）的方式实现，眼动仪向驾驶模拟器传递注视点向量时间序列数据，驾驶模拟器分别向工控机和 dSPACE 实时仿真平台传递车辆及环境信息，工控机向 dSPACE 实时仿真平台传递换道轨迹点，并向驾驶模拟器传递驾驶人意图识别结果，dSPACE 实时仿真平台中紧急避险轨迹重规划模块向轨迹跟踪控制模块传递紧急避险轨迹点，而轨迹跟踪控制模块向驾驶模拟器传递方向盘转角、油门踏板开度及制动压力等车辆控制信息。人在回路的人机协作混合增强智能系统硬件在环测试平台框架设计如图 9-18 所示，换道意图下人机协作系统运行时间示意图如图 9-19 所示，紧急避险意图下人机协作系统运行时间示意图如图 9-20 所示。

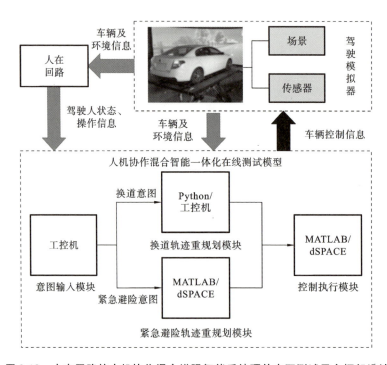

图 9-18　人在回路的人机协作混合增强智能系统硬件在环测试平台框架设计

硬件在环测试结果表明，所有测试试验中意图识别模块均能准确地识别出驾驶人的换道意图与紧急避险意图，换道意图下人机协作系统从开始识别驾驶人意图到开始控制车辆按照规划轨迹行驶的平均时长为 0.0684 s，紧急避险意图下人机协作系统从开始识别驾驶人意图到开始控制车辆按照规划轨迹行驶的平均时长为 0.0509 s。该结果表明，人机协作系统具有较强的响应能力，可满

第 9 章 智能网联汽车认知交互研究

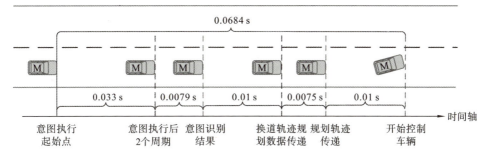

图 9-19　换道意图下人机协作系统运行时间示意图

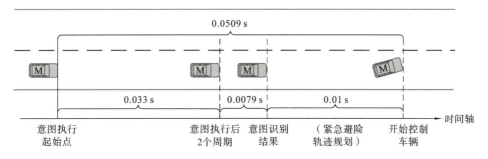

图 9-20　紧急避险意图下人机协作系统运行时间示意图

足车辆控制实时性需求。自由换道、强制换道和紧急避险场景下人机协作系统测试结果表明，本书所设计的轨迹规划与轨迹跟踪控制器可有效满足不同场景下的车辆运动控制需求，在保证换道与紧急避险过程安全性的前提下兼顾车辆平顺性与舒适性需求。换道意图下硬件在环测试结果如图 9-21 所示，紧急避险意图下硬件在环测试结果如图 9-22 所示。

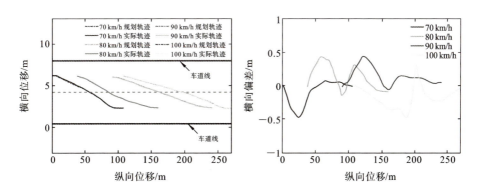

图 9-21　换道意图下硬件在环测试结果

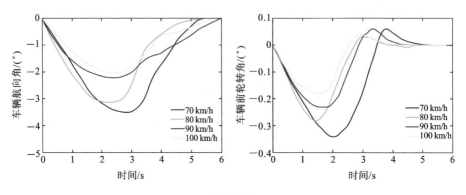

续图 9-21

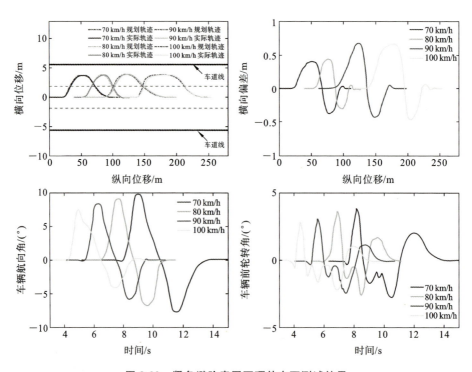

图 9-22 紧急避险意图下硬件在环测试结果

综上所述,所构建的感知-决策-执行一体化人在回路的人机协作混合增强智能系统,可实现驾驶人与人工智能系统的融合,解决人机冲突等问题并提升智能网联人机协作系统的安全性和接受度。

9.3 智能网联下驾驶行为认知交互

智能网联车辆作为一种服务于人和社会的智能化产品,应该具备较强的认知交互能力,否则,自动驾驶技术将成为一个陷阱。智能网联人机协作驾驶系统强调智能驾驶系统与车内驾驶人或乘客之间的信息交互与认知交互,与此同时,智能网联车辆还应重点考虑在实际道路空间中,如何与周围车辆、行人、道路基础设施等道路交通参与要素进行有效的信息交互与认知交互,从而达到安全、高效、舒适、节能的目的,并提升用户及其他道路交通参与者对智能驾驶系统的接受度及可信性,因此,对驾驶行为认知能力的提升是智能网联车辆需要关注的重点。

社会认知是社会心理学的重要理论之一,它是指个人对他人的心理状态、行为动机和意志做出推测和判断的过程,主要是指对他人表情的认知、对他人性格的认知、对人与人关系的认知、对人的行为原因的认知。该过程既是根据认知者的过去经验及对有关线索的分析进行的,又是通过认知者的思维活动(包括某种程度上的信息加工、推理、分类和归纳)进行的。社会认知是个体行为的基础,个体行为是社会认知做出各种裁决的结果。

驾驶人是一种具有丰富情感与情绪的社会人,其操控车辆的行为可作为反映其内心情感与情绪的一种客观指标。在实际驾驶过程中,驾驶人根据对他车驾驶行为的研判,可实现对他车驾驶行为动机、状态及意图的预测,进而通过调整自车行为来降低冲突发生的可能性。这种社会认知通常包括以下两个方面。

(1) 对自车与道路交通参与者之间交互行为的认知。自车驾驶人可通过对其他道路交通参与者行为的研判,实现对其动机、意图及情感等方面的预测。例如,通过与他车之间的交互,判断他车的驾驶行为具有较强的攻击性,自车可选择避让;通过对交叉口行人过街行为的分析,判断其可能因比较着急而促使其产生闯红灯等违规的行为;通过对自车行驶前方电动车或自行车骑乘人转头观察行为的分析,判断其可能有借道行驶的意图。因此,对周围交通参与者行为的理解,可为自车的决策制定提供支撑。

(2) 对其他道路交通参与者之间交互行为的认知。自车驾驶人可通过对其他道路交通参与者之间交互行为的研判,实现对两者之间交互动机、交互意图及情感传递等方面的预测。例如,通过对自车前方车辆之间攻击性驾驶行为的理解,调整自车及时避让;通过对相邻道路车辆与路边行人之间交互行为的解读,判断相邻车辆对行人的礼让行为,从而促使自车礼让行为的产生;通过对其他车辆统一的借道行驶或换道行为的理解,推测出前方道路有故障或慢车,进而保持自车与其他车辆驾驶行为的一致性。因此,对其他道路交通参与者之间交互行为的认知,也可为自车的决策制定提供支撑。

成熟的智能驾驶技术应该从人类驾驶员认知与情感两个维度实现对驾驶人信息获取、逻辑思维与信息加工过程的模拟,然而目前绝大多数的智能驾驶系统仅利用理性分析的方式对驾驶人认知决策进行研究,即通过自然语言处理、机器学习、模式识别、物联感知、逻辑推理等技术的综合应用,使机器具备一定的逻辑思维判断能力,但这种逻辑思维判断能力无法理解复杂情感、异常状态等,也不会像驾驶人一样表达自身的社会属性,因此,脱离了社会认知属性的赋能,智能驾驶系统依旧是简单的机器。

智能网联车辆社会认知属性即认知交互能力提升的研究内容,主要包括意图辨识、意图理解、行为响应三个方面,如图9-23所示。

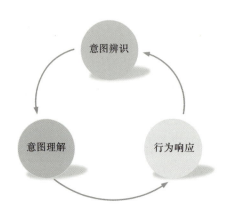

图 9-23　智能网联车辆认知交互能力提升的研究内容

(1)意图辨识研究。驾驶人意图直接支配驾驶行为,作为驾驶人内心的一种思维活动,驾驶人意图可依据驾驶人操作行为、车辆状态及交通环境信息来间接识别。智能网联车辆意图辨识研究,应考虑智能驾驶技术、智能网联技术对驾驶人意图表达特征的影响,并从对自车驾驶人或乘客意图的识别扩展至周围车辆、行人等其他交通参与者意图的识别。在意图识别基础上,对期望轨迹及车辆状态等参数进行预测,形成对驾驶人意图及具体行为决策的全面辨识,从而为智能决策提供依据。常用的辨识方法包括机器学习(如 SVM、RF、HMM、贝叶斯滤波、神经网络模型等)、强化学习和深度学习。

(2)意图理解研究。意图理解是指在意图辨识基础上对意图产生的动机进行深入挖掘,并融合驾驶人认知、情感等社会属性要素,实现对其他交通参与者某种行为产生原因的认知。意图理解通常从驾驶人认知模型出发,模拟驾驶人认知过程中关键线索提取、信息加工等过程,同时考虑情感因子等诱发因素对认知过程的影响,并将驾驶人认知模型进行迁移,与机器智能相融合,使智能驾驶系统具备反向推导意图产生原因的能力。常见的驾驶人认知模型如下。

① 考虑知识、智力与记忆为一体的 SOAR(state, operator and result, 状态、算子和结果)认知模型。该模型将认知决策过程中的规则、意识知识和事实等元素整合,构建推理和学习的认知过程。

② 基于推理思维的自适应控制(ACT-R)模型。该模型以人脑信息加工过程为基础,构建了脑功能区与信息加工过程相应模块之间的内在联系,在驾驶行为分析中得到了广泛应用。

③ 排队网络(QN)模型与 ACT-R 模型相结合的 QN-ACTR 模型。该模型可更好地模拟复杂情境下驾驶人认知过程,在任务绩效与脑负荷分析方面展现出了优势。

(3)行为响应研究。智能车辆的行为响应需同时满足"合情"与"合理"要求。"合情"是指智能车辆的决策响应符合驾驶人的情境认知,即在意图辨识与意图理解基础上,兼顾驾驶人个性化需求,制定符合驾驶人意愿的行为决策;"合理"是指智能车辆的行为响应能被其他道路交通参与者所预测和理解,即智能车辆的行为应与驾驶情境相匹配。行为响应研究通常包括智能驾驶系统决策层的拟人化研究和执行层的拟人化研究,当前基于深度学习或强化学习的自动驾驶技术利用端到端的多层卷积神经网络来模拟决策、规划与控制过程,提高了模型运算效率和车辆控制的平顺性,但驾驶行为的可解释性有待进一步提升。分模块运行决策、规划与控制,提升了系统的可解释性与可评估性,但如何使多模块之间进行动态联合从而提升系统的鲁棒性与可靠性仍然需要进一步研究。

为有效提升智能网联车辆认知交互能力,以考虑相邻车辆切入行为预测的跟车模型研究为例进行了初步探索。现有智能车辆跟车模型并未对相邻车辆切入行为进行预测,仅在相邻车辆越线后将其选为跟随目标,导致自车纵向控制出现突变并极易产生安全隐患;而驾驶人在正常驾驶过程中,可提前对相邻车辆的切入行为进行预测并基于预测结果对自车跟车控制进行及时调整。因此,智能车辆在面对相邻车辆切入行为时,往往需要较大的制动减速度以保持安全的跟车间距,从而降低了乘客的舒适性,增大了事故发生概率。针对上述问题,我们以实车高速公路相邻车辆切入行为数据分析为基础,考虑驾驶人面对切入行为时的操控响应,建立了基于相邻车辆切入行为预测的智能车辆跟车模型,具体研究内容与研究结果如下。

(1)通过对实车高速公路相邻车辆切入行为数据的筛选和分析,确定相邻车辆切入行为类别,并对切入行为表征参数进行统计分析。高速公路相邻车辆切入过程分析如图 9-24 所示,图中 a、b、c 表示相邻车辆 R 可能执行的换道方式,分别为 R 车加速,切入自车 M 的前车 MF 前方;R 车切入自车 M 与自车 M 的前车 MF 之间;R 车减速,在自车 M 后方切入。三种不同的切入方式会改变不同的车辆的行驶状态。切入方式 a 将导致自车 M 的前车 MF 的行驶状态发生变化,而自车 M 跟随其前车 MF 行驶,自车 M 的行驶状态发生变化;切入方式 b 将导致自车 M 的跟车目标由其前车 MF 转化为 R 车,打破原来的跟车状态;对于切入方式 c,主要由 R 车调整自车 M 的行驶状态,避免碰撞。其中,切入方式 c 对自车 M 影响较小,因此,重点对切入方式 a 和切入方式 b 进行分析与预测模型构建。

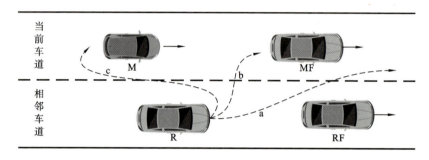

图 9-24　高速公路相邻车辆切入过程分析

(2) 基于 LSTM 的相邻车辆切入行为预测模型建立研究。在实车数据分析基础上,确定相邻车辆切入行为预测模型的表征参数为自车速度、前车相对速度、相邻车辆相对速度、自车与前车之间的距离、自车与相邻车辆之间的距离,并基于 Python Keras 深度学习框架构建基于 LSTM 的相邻车辆切入行为预测模型。将时间窗口为 1 s 的自车速度、前车相对速度、相邻车辆相对速度、自车与前车之间的距离、自车与相邻车辆之间的距离输入 LSTM,判断相邻车辆的切入方式。相邻车辆切入行为预测模型性能测试(见图 9-25)结果表明,所建立的相邻车辆切入行为预测模型能很好地将两种切入方式分开,相邻车辆切入自车前方和自车跟随车辆前方的准确率分别为 95.83% 和 93.59%。

(3) 基于相邻车辆切入行为预测的跟车模型构建与仿真研究。为使跟车模型与驾驶人操作行为更相符,构建基于拟人化加速度决策模型的智能车辆改进跟车模型。当相邻车辆切入行为预测模型判断出相邻车辆有切入自车前方的意图时,采用加速度决策模型输出期望加速度直至相邻车辆触碰车道线,其中,加速度决策模型是基于循环神经网络模型构建的。随后切换跟车目标,采用原

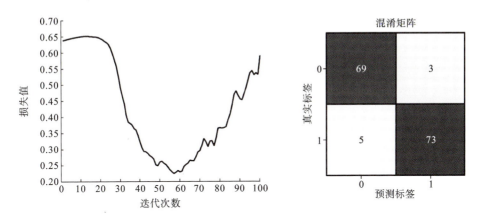

图 9-25 相邻车辆切入行为预测模型性能测试

跟车模型,若相邻车辆无切入自车前方的意图,则始终由原跟车模型控制,跟随所在车道前方车辆行驶。联合仿真测试结果表明,与不考虑相邻车辆切入的原跟车模型相比,改进跟车模型即考虑相邻车辆切入的跟车模型的安全性与舒适性都有所提升。图 9-26 所示为基于相邻车辆切入行为预测的跟车模型框架。

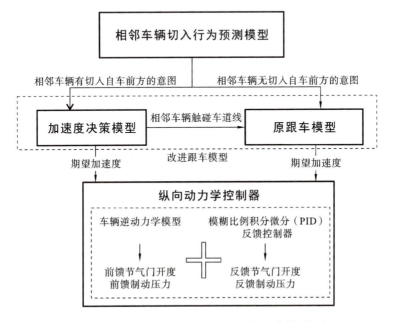

图 9-26 基于相邻车辆切入行为预测的跟车模型框架

（4）基于驾驶模拟器搭建硬件在环测试平台，并从实时性、有效性两个方面对所构建的模型开展测试验证。从图 9-27 中可以看出，相邻车辆切入意图产生开始到加速度决策模型控制车辆为止，平均时长为 1.259 s。上述结果表明，所建立的相邻车辆行为预测模型在硬件在环测试工况中，可提前识别出相邻车辆的切入意图，并在相邻车辆切入行为开始前对车辆进行控制。

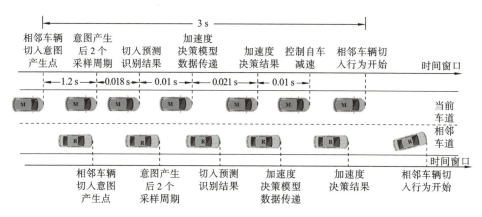

图 9-27 基于相邻车辆切入行为预测的跟车模型实时性分析

此外，对最小跟车间距、最大制动减速度进行分析，结果（见图 9-28）表明，相邻车辆切入当前车道时，与自车的速度差越小、初始间距越大，即切入间距越大，自车在相邻车辆切入过程中的最小跟车间距越大，符合正常驾驶过程中的驾驶人操作习惯；而相邻车辆切入速度增大、与自车的初始间距增大都会导致

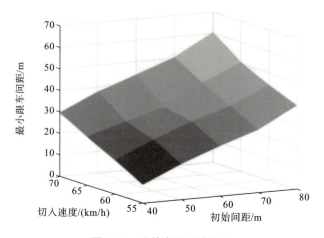

图 9-28 硬件在环测试结果

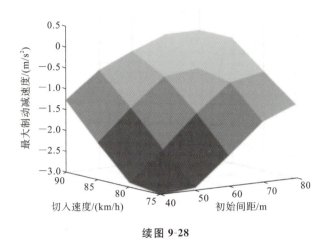

续图 9-28

最大制动减速度减小。由此可知,所建立的跟车模型在提前辨识相邻车辆切入意图的基础上,可及时切换跟车目标,确保跟车模型的安全性,且模型实时性可满足控制需求。综上所述,所建立的考虑相邻车辆切入行为的跟车模型具有较好的拟人化决策能力,可有效提高智能网联车辆对相邻车辆驾驶行为的理解能力,从而提升自车的安全性与舒适性。

本章参考文献

[1] 袁伟,付锐,郭应时,等. 基于视觉特性的驾驶人换道意图识别[J]. 中国公路学报,2013,26(4):132-138.

[2] BRATMAN M E. Intention, plans, and practical reason[M]. Cambridge: Harvard University Press,1987.

[3] WANG C, SUN Q Y, GUO Y S, et al. Improving the user acceptability of advanced driver assistance systems based on different driving styles: a case study of lane change warning systems[J]. IEEE Transactions on Intelligent Transportation Systems,2020,21(10):4196-4208.

[4] 马勇,付锐. 驾驶人视觉特性与行车安全研究进展[J]. 中国公路学报,2015,28(6):82-94.

[5] WANG C, LI Z, FU R, et al. Lane change safety assessment of coaches in naturalistic driving state[J]. Safety Science,2019,119:126-132.

[6] EVANS L,SCHWING R C. Human behavior and traffic safety[M]. New York:Plenum Press,1985.

[7] SALVUCCI D D. Modeling driver behavior in a cognitive architecture[J]. Human Factors,2006,48(2):362-380.

[8] ZHANG H L,FU R. Target vehicle lane-change intention detection:an approach based on online transfer learning[J]. Computer Communications,2021,172:54-63.

[9] ZHANG M F,FU R,Morris D D,et al. A framework for turning behavior classification at intersections using 3D LIDAR[J]. IEEE Transactions on Vehicular Technology,2019,68(8):7431-7442.

[10] GUO Y S,ZHANG H J,WANG C,et al. Driver lane change intention recognition in the connected environment[J]. Physica A:Statistical Mechanics and its Applications,2021,575(9):126057.

[11] 李克强. 智能网联汽车的发展现状与对策建议[J]. 机器人产业,2020(6):28-35.

[12] ZHENG N N,LIU Z Y,REN P J,et al. Hybrid-augmented intelligence:collaboration and cognition[J]. Frontiers of Information Technology & Electronic Engineering,2017,18:153-179.

[13] SHNEIDERMAN B. Human-centered artificial intelligence:reliable,safe & trustworthy[J]. International Journal of Human-Computer Interaction,2020,36(6):495-504.

[14] NUNES A,REIMER B,COUGHLIN J F. People must retain control of autonomous vehicles[J]. Nature,2018,556:169-171.

[15] KALRA N,PADDOCK S M. Driving to safety:how many miles of driving would it take to demonstrate autonomous vehicle reliability? [J]. Transportation Research Part A:Policy and Practice,2016,94:182-193.

[16] FLEMISCH F,KELSCH J,LÖPER C,et al. Cooperative control and active interfaces for vehicle assistance and automation[C]//Proceedings of FISITA World Automotive Congress. Paris:FISITA,2008.

[17] SOUALMI B,SENTOUH C,POPIEUL J C,et al. Automation-driver cooperative driving in presence of undetected obstacles[J]. Control Engineering Practice,2014,24:106-119.

[18] XU W. From automation to autonomy and autonomous vehicles: challenges and opportunities for human-computer interaction[J]. Interactions, 2021, 28(1): 48-53.

[19] 吴超仲, 吴浩然, 吕能超. 人机共驾智能汽车的控制权切换与安全性综述[J]. 交通运输工程学报, 2018, 18(6): 131-141.

[20] 孙秦豫, 付锐, 王畅, 等. 人机协作系统中车辆轨迹规划与轨迹跟踪控制研究[J]. 中国公路学报, 2021, 34(9): 146-160.

[21] 袁伟, 付锐, 马勇, 等. 基于高速实车驾驶数据的驾驶人跟车模型研究[J]. 汽车工程, 2015, 37(6): 679-685.

[22] FU R, LI Z, SUN Q Y, et al. Human-like car-following model for autonomous vehicles considering the cut-in behavior of other vehicles in mixed traffic[J]. Accident Analysis & Prevention, 2019, 132: 105260.

第 10 章

智能网联车辆应用及未来智慧出行系统

10.1 网联商用车队列生态协同驾驶

车辆编队行驶技术的发展为商用车的行驶安全和能源节约提供了新的途径。商用车编队是网联技术结合自动驾驶系统的多车协同行驶方法，基于车路协同软硬件条件，通过 DSRC 或 LTE-V 等多种车联网 V2X 通信方式实现车路云三者之间实时的信息交互，在安全行驶的前提下，利用先进算法控制队列弦稳定性且保持较小的跟车间距，以改善整个队列的空气动力学特性，从而达到节能减排的目的。目前，很多企业和科研院所都高度重视该技术在行驶安全和节能减排方面的潜力，并有针对性地开展技术预研、实际道路测试和商业试运营等以加速商用车编队行驶技术的落地与市场推广。

10.1.1 商用车编队行驶特点及优势

根据自动驾驶等级的不同，商用车编队行驶的自动化程度也存在区别。当自动驾驶能力有限时，商用车编队配备驾驶辅助系统，即商用车编队中每辆车至少需要一名驾驶员参与，当车辆进入可巡航阶段时或者驾驶员手动开启编队巡航功能时，商用车编队进入行驶状态，并由车载传感器判断车辆行驶环境和行驶状态以便随时退出编队巡航功能并将控制权交由驾驶员接管；当自动驾驶等级完善且队列内 V2V 通信及智能传感器配备完全时，商用车编队配备头车领航编队行驶系统，即头车需要一名驾驶员或安全员参与或监督，以应对车辆在行驶过程中遇到的复杂情况，队列中所有跟随车辆处于无人驾驶跟车状态，时刻响应头车信号并予以信息反馈；当自动驾驶技术完全成熟且车端、路端及云端等各智能系统协同参与时，商用车编队配备完全无人编队行驶系统，即队列中全部车辆无驾驶员参与，并且完全由云端管控，车辆自身感知决策控制系统协同运行以应对各种行驶状况。在不同自动驾驶等级，商用车编队中的头车

(领航车)和跟随车辆在行驶功能方面都是有区分的,领航车的驾驶行为决定了整个队列的行驶动作及状态,而领航车后面的所有跟随车辆将采取合适的跟车策略进行近距离跟车行驶。领航车面临的主要考验是如何处理复杂行驶环境下的各种需求与队列中车辆之间的信息交互,而跟车行驶的跟随车辆主要关注如何响应领航车和前车的信号,以及如何在前车遇到突发状况时采取有效且安全的制动行为。

理论上自动驾驶系统的反应时间比人为驾驶的短,在编队行驶过程中允许更小的跟车间距。然而,如果自动驾驶系统出现故障,仍然会有冗余安全控制系统或驾驶员来接管车辆以保障行驶安全。编队行驶相对于传统行驶具有诸多优势。一方面,编队行驶大大减小了跟车间距,展现出良好的空气动力学效果,队列中每辆车的空气阻力都较小,可以有效地降低燃料消耗和污染物排放。另一方面,近距离跟车行驶极大地减小了道路占用空间,提升了交通容载能力,考虑行驶场景特点并配合其他协同智能系统可有效缓解交通拥堵。另外,由于编队行驶过程中 V2X 通信全程覆盖,队列中每辆车都会随时传递并接收道路基础设施和周围车辆的信息,当前方有状况发生时,可以提前调整动作以避免发生碰撞和其他高危交通事故,极大地提高了行驶安全性。商用车编队行驶优势如图 10-1 所示。

图 10-1 商用车编队行驶优势

在有人驾驶向无人驾驶的过渡时期,即使相关技术日益成熟,但法律法规、伦理道德等方面还需要逐步完善,尤其是涉及人的因素时,整个自动驾驶网络的商业化落地变得困难。网联车辆编队行驶作为网联化无人驾驶的核心技术之一,相比于乘用车,商用车在商业化落地和运营方面更具有优势,主要体现在行驶场景、行驶风险、运营成本三个方面。

(1) 行驶场景。

目前商用车行驶场景较为单一、专用程度高。其一般主要行驶场景为高速公路、封闭园区和避开白天行驶高峰时段的城市道路。这些场景中的主要特点之一是在行驶环境中没有或者少有行人参与，减小了人为不确定因素带来的安全潜在风险。而乘用车行驶环境多为城市路况，相对复杂多变且人作为主要的交通参与者。相比之下，商用车更好实现市场推广。

（2）行驶风险。

商用车在多数时间处于行驶状态，传统人为驾驶中驾驶员存在疲劳驾驶的情况，有较高的交通安全风险。当商用车实现自动驾驶尤其是城际干线编队行驶时，自动驾驶系统替代人，不存在疲劳驾驶的情况，总体上行驶安全性会大幅提高。此外，商用车以运货为主，较少人或基本没有人参与，在责任划分、社会舆论及法律法规方面不会有过多人的因素涉及，也间接促进了商用车自动驾驶系统的商业化落地。

（3）运营成本。

从企业运营者角度来看，采用商用车的主要原因之一是其具有营利性。控制各方面成本是提升利润的重要手段。除了技术研发成本以外，商用车的自动驾驶系统会大大降低人力成本。此外，商用车的智能算法可以降低车辆的能耗，商用车以编队形式行驶可通过减小风阻进一步降低能耗，从而降低燃油成本。随着自动驾驶等级的提升、智能交通系统的完善及自动驾驶渗透率的增大，人力成本和燃油成本会进一步降低，企业用户的营利空间会进一步增大。

10.1.2 商用车编队行驶整体系统架构

车辆编队行驶技术在科研、区域运营以及国际合作推广等方面取得了重大进展，但要提高商用车编队落地后的适用性、进化能力以及对未来智能交通系统的匹配性，需要充分考虑商用车编队的异质特性，从而建立一套完善的架构来包容各个主机厂、品牌，使队列中的异质车辆可以实现无缝连接和实时操控。商用车编队行驶整体系统架构的目标是实现单个商用车、队列、物流解决方案提供商、政府管控、云端服务之间互操作性标准开发，以加快商用车编队智能系统的实际市场开拓和推广，并可以协调、维护及完善跨国界的相关法律框架。

目前由于商用车编队行驶技术还在测试和完善阶段，因此相关开放式系统架构仍处于探索阶段，一套高效的系统架构可以为多厂家异质商用车编队发展铺平道路，创造足够的厂商合作空间及提高技术进化和革新能力，并在实际道路上提高商用车的燃油经济性、行驶安全性和交通吞吐量。在全球诸多相关项目中，欧洲的 ENSEMBLE 项目成效显著，该项目联合了欧盟多个国家开展跨国的商用车编队行驶技术研究、标准制定和架构开发。ENSEMBLE 项目将 7

辆不同品牌的卡车组成一个编队,基于先期研发的编队行驶技术,在真实道路上根据实际交通条件穿越多个国家进行测试。国际大型项目进展很快,意味着商用车编队行驶技术具有良好的落地能力和发展前景,孵化出异质商用车编队的行驶要求和规范,并推进各主机厂依据共同标准来设计和生产满足要求的商用车本体和开放式服务接口。

商用车编队在行驶过程中会遇到各种各样的问题,也会面临多变且复杂的行驶环境,但无论外界环境对车辆产生怎样的影响,车辆编队行驶整体系统架构的搭建需要时刻满足以下基本原则,以形成"四有"编队。

(1) 协同共控的编队。当车辆组成一个可扩展的、多品牌的商用车编队时,队列中各车辆必须兼容,以确保正确和安全的操作。

(2) 安全的编队。安全是编队行驶技术发展和推广的关键因素之一。安全行驶需通过设计故障安全和容错机制实现,这其中包括编队与其他道路交通参与者的安全交互,以及 V2X 通信的网络安全保障。此外,与相关政府部门、公立组织合作,共同定义道路设计和使用要求,同时考虑编队对道路和道路基础设施的影响,如专用基建部署、智能路基建设与维护、道路磨损、形状特性、编队管理和所需的 V2I 通信等。

(3) 满足真实环境需求的编队。通过在封闭专用区域的示范测试和现实生活中的实际测试收集并分析自动驾驶数据,逐步使编队满足所有行驶场景需求。主要途径为:在现有的智慧交通应用示范区或配备 ITS 相关基建的真实道路进行测试;评估对交通、道路基础设施和物流效率的影响,同时收集关键场景的相关数据;通过联合开发、商业展会和国家级战略演示活动(如 2022 年北京冬季奥运会智能车辆运营等)促进多品牌、多厂商进行车辆成组与异质编队运营。

(4) 嵌入式编队。此处嵌入式有两层含义:第一层为编队本身作为元素可以融入各个相关行业中,例如智能商用车编队可以无缝集成到物流价值链中,实现方法是通过设计一个基于云的服务接口将编队概念嵌入物流链中;第二层为编队本身作为载体,拥有多个开放式的接口,可满足供应商在编队行驶功能或服务等方面的模块化、定制化和嵌入化需求。

上述系统架构包括具有多个交互层的分层队列系统。商用车编队系统架构概念图如图 10-2 所示。

不同的交互层各自定义了以下职责。

(1) 服务层:表示云端、物流服务操控台或某些具有顶层管控能力的运行

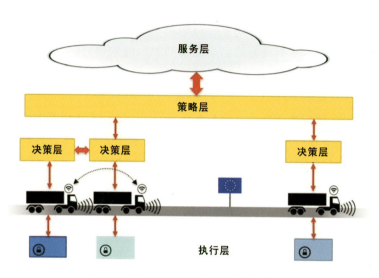

图 10-2　商用车编队系统架构概念图

平台。

(2) 策略层：基于云端智能交通系统解决方案，负责面向车辆兼容性和车辆成组等队列调度操作的高层决策，同时负责优化燃油经济性、行程时间，优化路径并分析其对道路交通流和基础设施的影响。此外，该层还负责判断离散车辆及多队列合并或分离的可行性。该层主要采用交通云控平台的集中式控制方式，根据 V2X 通信的发展与部署情况，交通云控平台与车辆/编队及驾驶员或安全员之间的交互使用现有蜂窝技术，从而实现远距离无线通信。

(3) 决策层：协调实际的车辆编队行为（包括队列成组、解散、合并、分离等行为）。此外，该层还能根据车辆编队行驶环境，如坡路、弯路、交通管制等，决策出最优的行驶速度、跟车间距和横向偏移量等。该层主要通过 V2I 通信获取道路和交通信息，而车辆编队行驶状态交互与分布式控制决策主要通过 V2V 通信和车载传感器完成。

(4) 执行层：涉及的硬件包括车辆底层控制器及对应的执行器。底层控制器响应上一层的决策指令并给出实时反馈以不断地接近决策期望值。在商用车编队行驶过程中，主要的控制任务是调节行驶速度与跟车间距，并根据队列实时运行状态、行驶车道状态和队列前车的横向位置等做出相应的加减速和转向动作。执行层的关键性能指标是车辆跟随效果和队列弦稳定性，后者是实现稳定的交通流和队列长度可伸缩的必要条件。

10.2 智能网联乘用车在智慧城市中的协同驾驶出行

在城市道路场景中,城市道路被若干交叉口分成多个路段。信号灯交叉口作为城市路网中连续交通流与间断交通流相互转化的关键节点,对城市道路利用率和车辆行驶状态有重要影响。首先,交叉口的信号灯约束造成了城市道路交通流的间断与波动,在确定的交叉口信号灯相位下,如何规划车辆的行驶策略,避免车辆停车和速度波动,是智能网联环境下提高通行效率和能量利用率的重要研究课题。与此同时,智能网联技术的应用也为交叉口信号灯相位智能分配提供新的技术支持,在智能网联环境下信号灯相位与智能网联车辆的协同优化,在宏观上对提高通行效率具有重要意义。在理想的交通环境下,城市道路中智能网联车辆渗透率达到100%时,可以用智能协同控制算法代替红绿灯,使车辆在无信号灯交叉口环境中安全、高效行驶,从而极大提高智能交通系统的出行效率。

10.2.1 信号灯交叉口车辆生态驾驶控制

城市道路交叉口信号灯的主要功用是对交叉口车辆发出行进和停止指令,避免不同方向的交通流发生干涉,进而避免交通事故发生,改善城市道路交通状况。信号灯的存在极大减少了交叉口交通事故,然而也切断了城市道路的交通流,造成交通流速度波动,极易导致车辆在信号灯交叉口排队等候。因此,车辆在信号灯交叉口频繁进行加减速、制动停车和怠速等操作。车辆的速度波动和发动机怠速导致能量利用率的大幅降低,同时发动机频繁处于恶劣工况,将产生更多的污染性气体。

交叉口车辆的生态驶入和离开(EAD)是生态出行在城市路况中的典型应用,EAD典型技术框架如图10-3所示。智能网联车辆在进入车联网通信范围内时,通过车联网通信获取交通信息和车辆信息,包括由V2I通信获得的交叉口信号灯信息和交叉口车辆排队情况,以及由V2V通信获得的周围车辆状态信息等。车辆根据获得的交互信息,基于车辆自身的动力学参数和能耗模型,综合规划出当前车辆状态下驶入和离开交叉口的速度轨迹,并做出生态行驶的控制决策(一般为期望加速度)。对于完全受控的智能网联车辆,可直接由车辆底盘的执行机构来控制车辆跟随响应生态行驶速度,最终通过交叉口,达到节能减排的目的。

信号灯交叉口的车辆生态行驶策略主要在于车辆纵向的速度轨迹规划,其

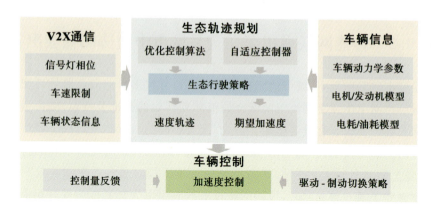

图 10-3 EAD 典型技术框架

设计方法从优化目的上主要分为两种:基于规则的和基于优化的车辆生态速度轨迹规划。基于规则的方法从信号灯交通规则角度认为车辆的能耗会随车辆加减速和怠速工况所占比例的增大而升高,不考虑车辆实际的能耗模型;从道路交通角度认为只要车辆以较平稳的速度保持交叉口绿波带通行,便可以实现能耗的降低,达到优化的目的。而对于基于优化的方法,从车辆实际的动力学和能耗模型出发,对优化问题进行求解,即优化车辆在确定的时间或确定的时间范围内行驶的速度轨迹,使车辆的能耗最低同时满足交叉口信号灯的约束。由于基于优化的方法涉及非线性的车辆动力学和较多约束,求解比较困难,通常采用数值方法求解,如伪谱法、动态规划法等。

连续多交叉口也是城市路况下生态驾驶的典型应用场景。当考虑多个信号灯交叉口场景时,一种做法是在每个交叉口进行 EAD 速度轨迹规划,如此循环,直至到达目的地。这种做法由于只考虑了局部交通信息,因此在决策规划时更易于实现,同时也能在一定程度上降低能耗,减少污染。但这种做法并不能得到全局最优解,车辆的速度轨迹仍有优化的空间。当全面考虑多交叉口场景,从更宏观的角度对车辆生态行驶策略进行决策时,信号灯约束的存在使得优化问题成为非凸优化问题。解决这类问题的核心思路在于,根据车辆动力学参数预估不同信号灯相位下车辆在交叉口的能耗,并利用搜索算法得到每个交叉口车辆通过的绿灯相位,进而还原优化问题的凸性以便得到车辆通过连续交叉口的能耗表现最优速度轨迹。

以上研究问题均建立在自由交通流这一城市路况的前提下,但是城市路况始终为自由交通流并不现实。因此,以上最优速度轨迹规划策略仅是交叉口生态驾驶的一小部分，还需要在此基础上充分考虑其他道路交通参与者的状态信息，进一步完善交叉口接近策略。首先，需要通过 V2V 或 V2I 设备获取前方车辆的状态信息，在保证不发生追尾的前提下对生态行驶速度轨迹做出有效调整，使车辆能够在保证安全的情况下实现节能。然后，被控的智能网联车辆还需要适当考虑其跟随车辆的生态特性，在规划其自身生态速度轨迹时，将其跟随车辆的生态特性适当引入代价函数中，以此来改善整体交通流的节能效果。特别是在车辆编队行驶技术普及后，进行速度轨迹规划时必须考虑跟随车辆的节能效果，甚至还需要考虑是否有必要对车辆编队进行分离、重组。当然，以上策略是从纵向速度轨迹规划层面做出的优化设计，还可以从横向车道选择层面进行优化设计。当被规划车辆前方有障碍时，考虑换至其他空闲车道为生态速度轨迹规划提供新的突破口。

10.2.2 交叉口信号灯配时

由于传统的交通信号控制系统不能根据道路交通需求实时调整信号灯配时，因此交通资源产生极大浪费。自适应信号灯控制是指根据道路实时交通状态，以实现某种优化为目标（如车辆抵达交叉口延迟最小化、排队距离最短），实时调整信号灯相位，达到道路资源利用率最优的目的。交叉口自适应信号灯控制依靠车联网技术所提供的强大支持，具有缓解城市交通拥堵的能力。

交叉口信号灯的信号控制策略经历了固定时间策略、驱动控制策略和自适应控制策略三个阶段。定时信号控制是利用道路的历史交通数据来确定信号灯相位，在信号灯相位确定后，一段时间内信号灯相位便固定不变。然而，现实中道路交通状况和需求是不可预测的，并且会随着时间的变化而波动。固定时间策略不能满足快速变化的交通条件要求。驱动控制策略通常应用于单个交叉口场景，通过基于道路基础设施的传感器收集实时交通数据，然后基于当前交叉口的交通需求做出相应调整，其中通常基于预先设置的控制参数（如绿灯相位的最大、最小时间）来调整信号灯相位。自适应控制策略则基于主干网或路网的全面交通数据，主要针对更宏观的应用场景，利用上游检测器数据估计进站交通流量，根据道路实时交通状况动态地调整信号灯相位，并寻求一种最佳的时间策略来最大化交叉口的吞吐量。

尽管驱动控制策略和自适应控制策略可根据道路交通状况实时调整信号灯相位，但是传统交通环境下的信号灯控制仍存在两个局限性。第一，它们都是利用道路基础设施上预装的探测传感器收集数据并进行优化的。这些探测传感器仅在车辆经过时提供瞬时车辆信息数据，而无法测量交叉口未来实时状态,如车辆的位置、速度、加速度、驱动和制动状态等。与此同时,这些探测传感器仅安装在交叉口附近的几个固定点上,只能在这些有限的点上收集交通数据,而基于有限的探测传感器,交叉口信号控制器无法准确、完整地掌握车辆到达信息,这可能导致交通信号控制的效率低下。第二,固定传感器安装维护费用高,且信号灯的控制效果依赖于交叉口的探测传感器。如果一个或多个环路检测器不工作,则自适应控制系统的性能可能会显著降低。

随着无线通信技术和 5G 的发展,智能网联车辆为道路交通的协同发展提供了新的途径,其中包括交叉口的信号灯控制。早在 2014 年,美国交通部的"环境应用:实时信息综合项目"就提出了基于实时路况的信号灯控制系统,应用智能网联车辆相关技术,在网联环境下控制交叉口信号灯相位,从而提高交叉口的通行效率,如图 10-4 所示。智能网联车辆结合了先进的无线通信、车载计算机处理、先进的车辆传感器、GPS 导航和智能基础设施等技术优势,通过为车辆配备车载单元(OBU),与周围车辆和道路基础设施进行实时通信。相比于传统的交叉口探测传感器,智能网联车辆可以被视为移动传感器。智能网联车辆可以提供实时信息(如车辆的位置、速度、加速度等数据),以评估路网上的交通状况,从而极大地提高交叉口的探测范围和探测精度。智能网联车辆不仅可

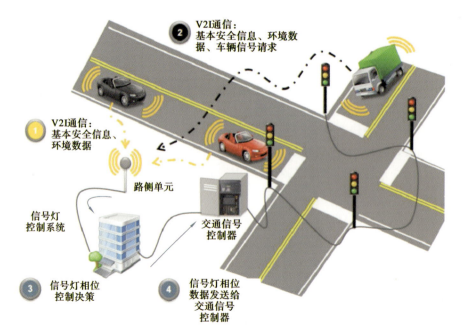

图 10-4 美国交通部提出的智能网联交叉口协同控制方案

以提供准确的轨迹信息,还可以检测或估计一些关键指标(如交叉口车辆排队长度、交叉口排队预计消散时间等)。这些指标可以反映交通性能,优化这些指标可以进一步提高交通信号控制的效率。

利用车联网技术进行自适应交通信号控制,可以分为两个主要步骤:交叉口交通信息的获取;生成最优的交通信号控制策略。基于以上两个步骤,智能网联环境下自适应交通信号控制框架如图10-5所示。该框架分为三个模块:输入模块、优化模块和输出模块。在输入模块中,基本信息包括车辆物理参数、跟车模型、道路状态信息、车速限制等,为优化模块提供基本的输入设置。在优化模块中,交叉口信号灯的优化控制器将计算相关参数,估计智能网联车辆的状态,以此预测每辆车的到达时间。在此基础上,根据目标函数对自适应交通信号控制进行优化。在输出模块中,信号灯的相关参数发送到优化模块,包括信号灯相位,以及其他预先设定的输出参数和其他优化参数等。

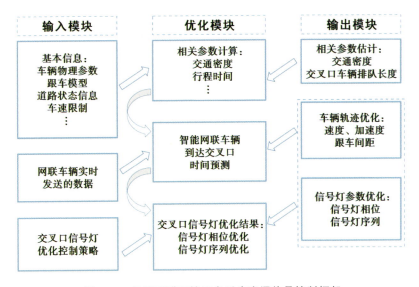

图10-5 智能网联环境下自适应交通信号控制框架

在自适应交通信号控制的第二个步骤中,交通信号控制优化的目标通常为最小化每辆车的平均延误时间或减小交叉口车辆排队长度。车辆到达交叉口的延误时间是指车辆从进入交叉口到车速达到自由交通流速度前经历的额外的行驶时间。根据信号灯的优化目标,信号灯配时的主流优化方法可归纳为模糊控制、遗传算法和人工智能机器学习三种。由于道路车流量具有很强的随机性和非线性,难以建立准确的数学模型,而模糊控制不需要被控对象的具体模型,因此其可以实现信号灯配时的优化。模糊控制通过观测模块得到当前信号灯相位下的交通强度,将其划分为若干模糊子集,并通过模糊推理得到下一个信号灯相位的绿灯延时。遗传算法是参数优化和决策优化的常用算法,通过建立种群个体优劣指标和算法迭代策略,达到控制器参数优化的目的。遗传算法通常搭配模糊控制来实现信号灯相位匹配,通过优化模糊控制系统的隶属度函数和模糊规则来提高信号控制器的性能。随着计算机和人工智能技术的发展,人工智能机器学习为解决智慧交通中的实际问题提供新思路。强化学习方法通过学习信号灯控制决策对交通流的变化的影响,隐式建立信号灯交叉口系统中复杂的动力学模型,并从学习到的输入输出对中寻找最优配时方案。强化学习方法的主要难点在于信号灯配时设计的复杂性随着所考虑的交通流状态和控制行为的数量的增大呈指数级升高。而结合了强化学习和深度学习两种方法的深度 Q 网络可弥补单一强化学习方法带来的缺陷,可同时解决复杂系统的建模和优化问题。

交叉口信号控制可影响车辆行为,同时智能网联车辆也可通过网联通信获取信号灯信息,进而优化车辆自身的行驶决策。因此,信号灯配时与智能网联车辆的协同控制是车联网环境下智慧交通的又一研究热点。根据智能网联车辆发送的交通信息优化信号灯配时,同时规划交叉口车辆的速度轨迹,以达到缩短交叉口车辆排队长度和车辆行驶延时的目的是这一领域的研究难点。由于信号灯配时和智能网联车辆的协同控制,控制策略维度增加,控制效果得到改善。目前一种做法是计算最佳信号灯配时,以减少所有接近交叉口的智能网联车辆的总延时,同时优化每个智能网联车辆的行驶速度。然而这种做法对于单个智能网联车辆来说可明显提高行驶效率,但当多个智能网联车辆存在冲突运动时,如何同时分配多个绿灯相位,并计算所有智能网联车辆的最佳行驶速度仍然是一个巨大的挑战。

10.2.3 无信号灯交叉口车辆协同控制

当道路上车辆全部为完全自动化行驶的智能网联车辆时,将交叉口信号灯配时与车辆生态速度轨迹规划相融合,车辆与道路基础设施便可实现更为宏观的信息交互,进而完全替代实体信号灯,实现无信号灯的交叉口协同控制,以此最大限度地提高交叉口的通行效率。无信号灯交叉口分为两种形式:其一是单纯去掉实体信号灯,通过车联网来广播信号灯配时,而车辆通过交叉口的模式与传统模式一致,即同一方向车辆安排较长的绿波带通行时间;其二是高度优化的交叉口协同策略,其优化对象已不再是某一交叉口某一方向的绿波带通行时间,而是每个车辆的通行时间,可能会出现不同方向的车辆同时进入入口的现象。

  无信号灯交叉口多车辆协调比一维车辆编队的情况更为复杂和富有挑战性。在交叉口,车辆从不同的入口进入,在交叉口区域其位置轨迹交叉,并从不同的出口离开,形成二维车辆编队。考虑二维车辆编队中车辆之间复杂的冲突关系,需要设计复杂的车辆决策,以避免车辆在交叉口发生碰撞。此外,交叉口车辆编队具有高维离散动力学特性,实现无信号灯交叉口多车辆协调是相当困难的。目前,大多数无信号灯交叉口的研究都采用中心化的协调方法,即利用整个交叉口的全局信息来集中组织所有接近车辆的运动。中心化的协调方法需要大量的计算资源,并需要一个集中式控制器来优化交叉口所有接近车辆的轨迹。该方法的优势在于车辆自身不需要具有很强的信息处理能力。对于一些计算量较大的任务,边缘计算可以将计算任务放在边缘节点处理,然后通过车联网通信将处理好的信息传递给车辆,车辆只需要进行少量计算就可以实施决策。车辆作为信息发送节点和执行节点来执行指令,边缘节点作为计算节点和控制节点来对交叉口车辆下发指令。这种方法具有逻辑简单、便于实施等优点,但是这种方法默认所有经过交叉口的车辆都会服从边缘节点的指挥,这对于车辆的自主性和灵活性来说是巨大的挑战。在中心化协同策略中,除了对高性能边缘计算的要求,每辆车都需要与集中式控制器进行通信,通信负荷较大,对信息安全要求严格。而分布式控制策略具有计算复杂度低、通信量小、信息安全性高等优点,是一种实现无信号灯交叉口车辆协同控制的有效方案。在分布式控制策略中,每辆接近的车辆都有一个单独的控制器来优化轨迹,其考虑到车辆的运动信息及与相邻车辆的冲突关系,使用安全驾驶模式来表示交叉口车辆的无碰撞运动,并规划无碰撞驾驶计划的单个车辆轨迹。

  无论是中心化协同策略还是分布式控制策略,无信号灯交叉口车辆协同控制首先考虑的是车辆的安全,关键问题是如何确定智能网联车辆通过交叉口的顺序。协同驾驶策略有三种:基于规则的策略、基于优化的策略和基于博弈的策略。这三种策略可用来确定车辆通过交叉口的顺序。基于规则的策略可以在很短的时间内利用一些启发式规则找到一个可接受的车辆通过顺序,如交叉口的先进先出规则、虚拟车队方法。一种典型做法是将交叉口二维车辆组群转化为一维虚拟车辆编队。一维虚拟车辆编队投影示意图如图 10-6 所示。将来自不同交通流的车辆投影到一个虚拟车道上,根据不同交通流之间的冲突关系引入一种无冲突的几何拓扑结构,再基于此设计车辆分布式控制器,最终构建一个无冲突的虚拟队列系统,以使车辆安全无冲突地通过交叉口。基于优化的策略通过列举所有可能的车辆通过顺序,通过一些先进的搜索方式(如蒙特卡洛树搜索法)找到全局最优解,其目标通常设置为最小化所有智能网联车辆的总延时,不过该策略的计算量将随着交叉口内部车辆节点数的增加而骤增。基于博弈的策略常用于研究多智能体系统中的策略推理,为无信号灯交叉口的多车协同提供了新的理论基础。交叉口处车与车之间的相互作用可被视为一个正则形式博弈,每辆车根据代价矩阵在"停"和"走"之间选择一个动作,而不考虑车辆动力学。交叉口决策可被描述为一个时间连续的多步骤决策过程,可通过博弈理论建立奖惩机制,从而实现车辆在交叉口的安全避障行驶,并提高交叉口的通行效率。在通过博弈理论建立的奖惩机制的基础上,序列决策问题可通过强化学习或深度学习来求解。

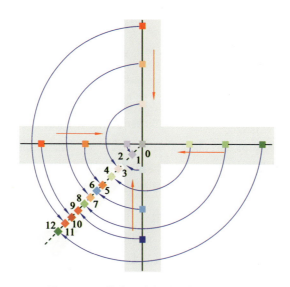

图 10-6　一维虚拟车辆编队投影示意图

10.3　未来智慧出行系统

10.3.1　多功能智能座舱

多功能智能座舱完全改变了我们对现有汽车形态的认知,可以设计成酒店、餐车和流动医院等多种形式,提供出行、零售,甚至住宿服务。多功能智能座舱全场景移动服务如图 10-7 所示。

图 10-7　多功能智能座舱全场景移动服务

多功能智能座舱具有以下特性。

（1）提供适用于物流、办公、休闲、销售、餐饮,甚至住宿等各类场景的全场景服务。多功能智能座舱能在不同的时间和空间里根据乘客的需要为其分配具备特定功能的车辆,完美满足乘客在移动中的各种需求,提供便捷的全场景覆盖式服务。

（2）模块化的设计。不同尺寸和功能是可以自由组合的,可以根据服务提供商的需求定制内饰,从而创造出全新的移动服务,获得城市出行、旅游、货物运输等全场景生活移动体验。此外,还可以设计通用电动车底盘（见图 10-8）,其集转向技术、驱动组件（电池、电机等）及悬架制动系统等于一体,用单一电力框架满足所有车型需求,可以实现多功能智能座舱的快速换点和功能转换。

（3）低底盘和箱式设计带来更大车内空间。根据行李舱单元数量,多功能智能座舱具有不同的车型,通过低底盘、箱式的无障碍设计,获得宽敞的车内空间,并可按照共享乘车、酒店、零售店等不同服务用途的需求,搭载各类设备。

（4）未来将支持多家服务提供商共享一辆车,以及使用尺寸不同的多辆车形成高效而衔接顺畅的运输系统。多功能智能座舱的模块化底盘设计可根据服务提供商的不同要求更换车厢本体,满足不同的功能需求,例如一辆车既可为外卖行业服务,又可为快递行业及共享出行服务,如果有需求也完全可以成

图 10-8 通用电动车底盘

为乘员的私家车。

（5）开放车辆控制接口。多功能智能座舱将向所有自动驾驶组件研发公司开放基于其高安全性的利用车辆控制技术研发的车辆控制接口。自动驾驶组件研发公司可通过多功能智能座舱服务平台公开的数据接口获得开发所需的车辆状态和车辆控制等信息，并将开发出来的自动驾驶组件（自动驾驶控制软件、摄像头、传感器等）搭载于车顶等部位。车辆控制接口除了具备外部的网络安全对策以外，还具备判断自动驾驶组件发出的车辆控制指令是否安全的高级安全驾驶辅助功能。此外，还支持服务商通过空中更新（OTA）机制，随时将自动驾驶组件中的软件更新到最新状态。

10.3.2 飞行组网式智能交通系统

各国汽车保有量的逐年增大和交通拥堵问题的日益严重，促使人类将出行方式由路面转到天空，交通系统模式由二维运动变为三维运动。基于飞行汽车及其所构成的飞行组群的飞行组网式智能交通系统由于具备高空间利用率及较高的经济性，成为智能交通系统的发展趋势之一。

飞行汽车的构想已具有百年的历史。第一台飞行汽车于 1917 年由美国的 Glenn Curtiss 发明，其开发的飞行汽车具备短距离飞行能力。飞行汽车与传统汽车和飞机的主要区别及优势体现在以下两个方面：

（1）飞行汽车具备飞行功能，同时具备在道路上行驶的功能，属于陆空两用型交通系统；

（2）飞行汽车相较于传统飞机，具备较小的体积和较低的成本，起降时间更短，工况适应能力更强。

飞行汽车的结构模式，目前多为融合飞机及汽车构型的结构模式。该设计理念可以保留空中飞行速度,并同时保证车辆的道路行驶性能。Airphibian 是最为典型的飞行汽车(见图 10-9),该飞行汽车于 1946 年由美国工程师 Robert Fulto 研发设计并通过了美国联邦航空局批准,具有可驾驶飞行器许可。近年来,飞行汽车多以滑翔式构型为主,典型的滑翔式飞行汽车为 2019 年研发的 Transition,该飞行汽车已量产上市,如图 10-10 所示。

图 10-9　Robert Fulto 研发设计的飞行汽车 Airphibian

图 10-10　滑翔式飞行汽车 Transition

相比于传统的飞行汽车构型,涵道风扇式及旋翼式飞行汽车也逐渐成为未来飞行汽车的主要设计原型。其中,较为典型的为 2018 年荷兰 PAL-V 公司制造的自悬旋翼式飞行汽车 Liberty,如图 10-11 所示。图 10-12 所示为概念级飞行汽车。

图 10-11　自悬旋翼式飞行汽车 Liberty

图 10-12　概念级飞行汽车

在飞行器及车辆动力源的混合配置模式下,未来飞行汽车将具备更高的空中飞行速度和道路行驶时速,以及更强的复杂交通场景适应能力。集成多个飞行器单体及目前较为成熟的交通组网技术,可得到未来"人-车-路-空-环境"的空地飞行组网式智能交通系统架构(见图 10-13)。该系统架构以三维地图信息作为路径导航依据,以天气信息作为可航行依据,通过实时获取周边陆空航道信息、周边交通信息及周边陆空车辆信息,规划系统中各车辆的行驶轨迹和运动模式。系统中空地飞行汽车基于智能交通系统提供的多源交通信息实现协同行驶,最大限度地利用空地行驶空间,提升行驶安全性、功能性及行驶效率。

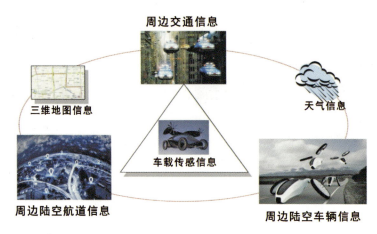

图 10-13 空地飞行组网式智能交通系统架构

10.3.3 轨道式智能交通系统

轨道式智能交通系统由多种具备特定行驶轨道空间的交通系统组成,是智能生态出行的主要发展趋势之一。传统车辆的二维路网构成了最为经典且实用的特定轨道行驶模式,而三维空间的特定轨道行驶模式旨在充分利用行驶空间,并最大限度地提高通行效率。作为特定轨道行驶的典型手段之一,轨道式智能交通系统主要分为轨道接触式、轨道悬挂式及磁悬浮式三种类型。

该系统采用路面铺设轨道的基础交通设施,车辆在特定轨道上行驶。主要的轨道接触式智能交通系统为火车、轻轨及过山车等,各类型轨道接触式车辆可以在特定轨道上行驶,智能交通系统通过中控台接收轨道网络上的车辆节点信息来控制车辆行驶模式,或通过定航线无交叉方式实现轨道网络上车辆的安全、高效行驶。该行驶模式在很大程度上解决了交通拥堵和安全问题,但大规模的轨道网络也提高了系统成本并阻隔了系统外交通环境的融合与共生。

管联网基于无线通信、传感探测等技术获取车辆和道路信息,通过 V2V 通信、V2I 通信进行交互和共享,实现车辆和车辆之间以及车辆和道路基础设施之间的智能协同与配合,达到合理利用系统资源、保证道路交通安全、缓解交通拥堵的目的,是一种先进的轨道接触式轨道系统(见图 10-14),也是智能交通系

第 10 章 智能网联车辆应用及未来智慧出行系统

图 10-14 轨道接触式轨道系统示意图

统的一个发展方向。

管联网智能生态出行系统是汽车电动化、智能化和信息化的综合创新平台,是集环境感知、规划决策、自动驾驶等功能于一体的现代运载工具和移动信息处理平台。大力发展智能生态出行不仅能解决日益严重的交通拥堵、事故频发和环境污染等问题,方便人们的出行,还将颠覆性地改变我国传统的汽车产业格局,以及产业结构落后和核心技术缺乏等现状,极大地促进智能网联汽车技术与现代电子信息技术的深度融合,是我国汽车技术水平提升和产业结构全面升级难得的战略机遇。

管联网具有以下几种用途。

(1) 连接楼宇。在管联网主网、支网与建筑物端网的配合下,完美解决了最后一英里(1 mile=1.609344 km)的交通运输问题,为老年人或其他无法驾车的人群提供代步选择;充当移动办公室,乘客就能承受更长的通勤时间;可完成如接送小孩、跑腿之类的日常任务。

(2) 打通城市。借助城市之间的智网主网,实现固定城市之间快速无阻塞的通行,并能够与城市间的公共交通方式和管联网支网实现无缝连接,实现固定城市内与城市间的公共交通通行与日程安排。

(3) 提供多种方式。管联网主网、支网和建筑物端网与公共交通方式的无缝连接,不仅能够为用户的点到点出行和短程出行提供按需的共享出行服务,还能根据用户不同的需求在智网平台上预约不同的车型,满足用户工作、旅游等不同的出行要求并保护隐私。

(4) 客货同行。管联网不仅能够满足用户对交通出行的要求,还能够提高城市之间的货物运输能力。快舱的设计不仅能够载客,还能够容纳特制的小型货箱,后台调度系统在保证客运能力的前提下,在夜间或者平时客运压力较小时,将部分快舱用于城市间的货运,通过智网实时的交通数据进行最优的控制。

管联网支网如图10-15所示,管联网空中/地下架设方案如图10-16所示。

图10-15　管联网支网

图10-16　管联网空中/地下架设方案

轨道悬挂式轨道系统示意图如图10-17所示,这种系统采用吊索或悬吊轨道形式的基础交通设施。由于具有悬挂式轨道的构型特点,轨道悬挂式轨道系统可以摆脱二维路面的几何约束而充分利用三维空间,且轨道布置更为灵活,交通系统网络也更为复杂而高效。在摆脱二维空间约束并提升系统性能的同时,轨道悬挂式轨道系统中的各车辆主要依靠轨道的拉力实现悬挂,且车辆行驶路程无明确路段,这对轨道交通系统网络设计、车辆调度及轨道结构性能提出了挑战。基于轨道悬挂式轨道系统的大规模交通系统开发及系统结构设计，将成为未来该系统发展中的关键技术。

图 10-17　轨道悬挂式轨道系统示意图

磁悬浮式共享交通系统（见图 10-18）及车辆单体（见图 10-19）构型，作为基础交通设施与车辆之间以非接触方式行驶的典型构型，具有极大的开发与应用潜力。磁悬浮技术依靠磁力作用，使基础交通设施与车辆之间出现悬浮气隙，通过消除物理摩擦及磨损，获得小阻力、低噪声、隔绝振动、平稳运行以及环境友好的系统性能。目前，主流的磁悬浮技术包括高温超导磁悬浮、永磁悬浮以及混合悬浮三种技术。根据磁通密度及磁力特性等评判方式，不同的磁悬浮技术具有不同的优势。结合不同磁悬浮技术优势实现的混合磁悬浮车辆、交通基础设施及其组成的智能交通系统，在实现未来智能生态出行的同时仍需要对磁污染做出定量的评估及采用规避手段。

图 10-18　磁悬浮式共享交通系统示意图

图 10-19　磁悬浮式车辆单体示意图

10.3.4 可变结构智能公共交通系统

可变结构智能公共交通系统是未来智能公共交通系统结构优化的主要解决方案之一。通过优化公共交通系统配置,可以实现更高的载客量及更大的载客空间,同时实现适应道路交通拥堵、各路段中交通设施配置多样性及公共路径优化等功能。可变结构智能公共交通车辆具备可升降、可编队、形态可变及空间可变等特性。

可升降机构可以使公共交通车辆在与车体垂直的方向上自由升降,该功能可以实现适应停车站台空间高度及行驶过程中躲避天桥、其他交通车辆及交通设施的功能,方便乘客上下车及提高行驶效率。由于可升降机构承载簧载质量,并参与车辆的驱动、制动及转向,故该机构自身动态响应特性及机构刚度需要严格设计及校核。可编队机构可以使公共交通车辆在相同路段公用同一动力源及同一自动驾驶系统来完成驾驶任务,当编队中车辆单体行驶路径不一致时,车辆单体之间可以安全脱开。当特定区域存在多个行驶路径相同的车辆单体时,车辆单体之间可以平顺接合。可变结构智能公共交通系统在空间及编队长度发生变化后,车辆的被控参数及动力学运动模式也会发生较大变化,设计面向车辆机构变化的自适应控制策略是这种系统面临的主要挑战。可变结构智能公共交通系统可以在更大程度上发挥公共交通系统的载客功能,提高系统的行驶安全性、通行效率和经济性。图10-20所示为可变结构智能公共交通系统,图10-21所示为可变结构公共交通编队。

图10-20 可变结构智能公共交通系统

图10-21 可变结构公共交通编队

变形态公共交通车辆尝试采用与传统车辆构型相差较多的新型结构形态,旨在实现车辆的高动力性、操纵稳定性及制动性等。变形态车辆构型将可能成为未来车辆结构形态的发展趋势,车辆的结构革新同时会带来人类对车辆的全新定义。变空间公共交通系统根据使用与存放、载人与载货、短途与长途等不同功用情况,可以实现车辆结构尺寸、空间形态及底盘结构的自适应变化。当车辆由使用状态变为存放状态时,车辆可以通过调整轴距及总高度等方式优化使用空间;当车辆由载人状态变为载货状态时,车辆可以通过调整内饰布置及底盘结构等方式实现舒适性到动力性的切换;当车辆由短途驾驶状态变为长途驾驶状态时,车辆可以通过调整自动驾驶等级及驾驶人辅助模式实现更具安全性和稳定动力性的驾驶。图 10-22 所示为新型变形态车辆,图 10-23 所示为新型变结构车辆。

图 10-22　新型变形态车辆

图 10-23　新型变结构车辆

本章参考文献

[1] ARK E J V,DUIJNISVELD M,EIJK E V,et al. Value case truck platooning: an early exploration of the value of large-scale deployment of truck

platooning[R]. Delft:TNO,2017.

[2] 杨澜,赵祥模,吴国垣,等. 智能网联汽车协同生态驾驶策略综述[J]. 交通运输工程学报,2020,20(5):58-72.

[3] LIN Q F,LI S E,XU S B,et al. Eco-driving operation of connected vehicle with V2I communication among multiple signalized intersections[J]. IEEE Intelligent Transportation Systems Magazine,2021,13(1):107-119.

[4] OZATAY E,ONORI S,WOLLAEGER J,et al. Cloud-based velocity profile optimization for everyday driving: a dynamic-programming-based solution[J]. IEEE Transactions on Intelligent Transportation Systems,2014,15(6):2491-2505.

[5] SHATNAWI I,YI P,KHLIEFAT I. Automated intersection delay estimation using the input-output principle and turning movement data[J]. International Journal of Transportation Science and Technology,2018,7(2):137-150.

[6] WU W,HUANG L,DU R H. Simultaneous optimization of vehicle arrival time and signal timings within a connected vehicle environment[J]. Sensors,2020,20(1):191.

[7] XU B,LI S E,BIAN Y G,et al. Distributed conflict-free cooperation for multiple connected vehicles at unsignalized intersections[J]. Transportation Research Part C: Emerging Technologies,2018,93:322-334.